군대 간
아들에게

사랑하는 _____ 에게

"나는 늘 너와 함께했다."
영원한 네 편으로부터…

공병호의 군대 간 아들에게
ⓒ 공병호, 2013

초판 1쇄 발행 2013년 5월 1일
초판 8쇄 발행 2021년 8월 18일

지은이 공병호
펴낸이 유정연

이사 임충진 김귀분
기획편집 신성식 조현주 김수진 김경애 이가람 **디자인** 안수진 김소진
마케팅 임우열 박중혁 정문희 김예은 **제작** 임정호 **경영지원** 박소영

펴낸곳 흐름출판 **출판등록** 제313-2003-199호(2003년 5월 28일)
주소 서울시 마포구 월드컵북로5길 48-9(서교동)
전화 (02)325-4944 **팩스** (02)325-4945 **이메일** book@hbooks.co.kr
홈페이지 http://www.hbooks.co.kr **블로그** blog.naver.com/nextwave7
출력·인쇄·제본 (주)상지사 **용지** 월드페이퍼(주) **후가공** (주)이지앤비(특허 제10-1081185호)

ISBN 978-89-6596-075-1 13320

- 이 책은 저작권법에 따라 보호를 받는 저작물이므로 무단 전재와 복제를 금지하며, 이 책 내용의 전부 또는 일부를 사용하려면 반드시 저작권자와 흐름출판의 서면 동의를 받아야 합니다.
- 흐름출판은 독자 여러분의 투고를 기다리고 있습니다. 원고가 있으신 분은 book@hbooks.co.kr로 간단한 개요와 취지, 연락처 등을 보내주세요. 머뭇거리지 말고 문을 두드리세요.
- 파손된 책은 구입하신 서점에서 교환해 드리며 책값은 뒤표지에 있습니다.

공병호의 군대 간 아들에게

Prologue

너의 성장을 지켜보는 것이
아버지의 가장 큰 기쁨이다

"아들아, 인생에는 리허설이 없다."

아들이 군대에 갈 때 간곡히 당부했던 말이다. 군 복무 기간을 대충 보내지 말 것을 당부하는 인생 선배로서의 진심 어린 마음을 전하고 싶어서였다. 또, 제대할 즈음에는 자신이 앞으로 무엇을 하고 살아야 할지를 결정하고, 당당히 자기 인생을 개척하는 의젓한 남자가 돼서 나오기를 희망하는 부모로서의 기대감을 전하고 싶었다. 나는 아들보다 인생을 좀 더 오래 살아본 선배로서 '군대'라는 낯선 환경을 얼마든지 인생의 든든한 반석으로 활용할 수 있음을 알려주고 싶었다. 그리고 그 기대가 현실이 될 수 있다는 것을 아들이 직접 체험해보길 바랐다.

다 자란 아들에게 전하고픈 아버지의 당부

내게는 두 명의 아들이 있다. 둘 다 대학 1년을 마치고 한여름 불볕더위 속에 군에 입대했다. 입대 당일은 헤어짐의 슬픔과 새로운 생활에 대한 불안감이 순간순간마다 교차했다. 하지만 어느덧 시간은 흘러 큰아들은 제대를 했고, 작은아들은 군 복무를 마무리할 시간이 되었다.

  슬하에 딸이 없어 딸 가진 부모의 마음은 정확하게 헤아릴 수 없지만, 아들 가진 아버지는 딸 가진 아버지보다 더 절박한 마음을 안고 산다. 허겁지겁 무엇인가에 쫓기듯이 살아간다는 표현이 맞을 것이다. 내 자신이 그랬듯 남자로서, 가장으로서, 아버지로서 살아간다는 것에는 엄청나게 큰 책임이 따른다는 걸 잘 알기 때문이다. 누군가 이야기하지 않았던가. "성인이 된다는 것은 책임을 진다는 것"임을 말이다. 오늘날은 아들과 딸을 구분하지 않는 시대이긴 하지만, 내가 촌스러워 그런지 몰라도 아직은 아들들이 인생에 더 큰 책임을 져야 하는 것 같다. 가족을 이루게 되면 가장이 되어야 하기 때문이다.

 자식이 군대에 입대할 즈음이면, 대부분 정규교육 기간이 마무리되는 시점일 것이다. 아들의 입대를 바라보는 아버지는 자식의 성장이 뿌듯하면서도, 어린아이인 것 같던 아들이 어느덧 모든 것을 스스로 책임져야 하는 위치에 선 것만 같아 착잡한 마음이 든다. '저 친구가 학교를 마친 다음에 자기 앞가림을 제대로 할 수 있을까?' 하는 걱정이 앞서기 때문이다.

 대학에 들어가든, 사회로 바로 뛰어들든 간에 앞으로 무엇을 하고 살지 그 목표와 계획을 뚜렷하게 세우는 자식은 드물다. 앞으로 짊어지고 가야 할 삶의 무게에 비해, 스무 살 남짓한 젊은 남자들의 인생에 대한 사고의 깊이는 참으로 얕다. 군대에 입대할 때도 장차 내 삶을 어떻게 경영할 것인지에 대한 계획들은 자욱한 안개 속에 휩싸여 있을 뿐이다.

 그래서 대다수의 아버지들은 군대에 있는 동안 아들이 미래에 대한 고민이나 방황에 마침표를 찍고 나오기를 바란다. 자식의 능력이 뛰어나서 척척 자기 길을 만들어온 아들을 둔 부모라면 걱정이 덜하겠지만, 모든 아버지가 그런 행운을 타고나는 것은 아니다. 그 때문에 아버지는 딸에 비해 아들을 더 심하게 다그치고, 그 결과 아버지와 아들 사이에 냉랭한 기류가 흐르는 가정도 주변에서 드물지 않게 만난다. 아마도 자식들이 아버지의 마음을 이해하는 것은, 그들이 아버지 나이가 되어서 자식을 키울 무렵이 되어야 하지 않을까.

   내가 이 책을 쓰기로 한 결정적인 이유는, 군 생활이 어떠한지에 대해 우리 아이들로부터 전해들을 수 있었기 때문이다. 알뜰하게 계획을 세워서 군 생활을 보내는 동료도 있지만, 어차피 복무기간은 인생에 잠깐 멈춰버린, 없는 시간과도 같다고 생각해서 대충 흘려보내버리는 동료 병사들도 있다고 했다.
   그러나 시간은 의도적인 계획에 따라 사용되어야 한다는 게 나의 오랜 굳건한 믿음이다. 그러니 군 생활도 그냥 흘려보내서는 안 되는 시간이라고 말해주고 싶었다. 내가 아들에게 "인생에 리허설은 없다"는 말을 한 데에는 이런 뜻이 담겨 있다.
   한번은 잘 알고 지내는 분들과 저녁 모임을 가졌는데, 한 아버지로부터 이런 하소연을 들었다. 훈련을 마치고 자대에 배치된 아들에게 고르고 골라 몇 권의 책을 부치면서, 인생에 도움이 되는 필독서이니 꼭 읽어보라고 신신당부를 했다고 한다. 그런데 아들이 제대한 후 그 몇 권마저 다 읽지 못한 것은 물론, 예전과 조금도 달라지지 않은 모습이라며 한숨 쉬는 것을 보았다. 나무라는 아버지에게 아들은 다른 동료들의 이야기를 전하며 "아버지, 저는 그래도 시간을 잘 보내고 온 편이예요. 다른 친구들은 저보다 더합니다."라고 당당하게 말하더란다. 이런 이야기를 묵묵히 들으면서 나는 군 생활이 인생에 얼마나 중요한 터닝포인트가 될 수 있는지를 젊은 친구들이 모르는 것 같아 안타까웠다. 그것이 이 책을 쓴 계기가 되었다.

인생의 어느 순간도 귀하지 않은 시간은 없다

우리는 흔히 "다음에 잘하면 되지요."라고 말하곤 한다. 하지만 지금 잘하지 않으면 다음에도 잘되지 않는다. 사람의 습성이란 한번 만들어지고 나면 여간 해선 고치기가 어렵다.

인생의 어느 순간인들 귀중하지 않은 시간이 있겠는가만, 젊은 청춘 시절만큼 소중한 때는 다시없다. 그런 소중함을 막상 그 시간들에는 알지 못하고, 지나고 나서야 그 순간이 얼마나 대단한 기회였는가를 아프게 깨닫는다.

나는 아이들과 비교적 사이가 좋은 편이다. 감사한 일이다. 고백

하자면, 밀어붙이는 성향이 다소 강해서 자식들이 부담을 느낄 수 있는 아버지이긴 하지만, 우리 부자는 대화가 많다. 나는 아버지의 역할이 좋은 '가이드'인 동시에 '치어리더'도 되어야 한다고 생각한다. 그래서 아들 녀석이 군 복무를 하고 있는 중에도 수시로 읽을 것을 권하고, 업무뿐만 아니라 업무 외 시간을 충실하게 보내라고 조언한 아버지이기도 하다. 처음에는 그런 압박이 어느 정도 작용했겠지만, 나중에는 본인들이 알아서 더 충실하게 군대에서 생활했던 것 같다.

나는 이 책에서 다소 거친 표현이 있더라도 내용을 크게 다듬지 않고 내가 갖고 있는 군 생활에 대한 당부와 그 이후의 삶에 대한 조언들을 찬찬히 정리해볼 생각이다. 요즘 위로와 위안을 제시하는 책들이 봇물처럼 쏟아지고 있는데, 사실 위로나 위안은 당장의 기분을 편안하게 만들어줄지언정, 긴 인생을 사는 데 어떤 도움이 될지는 잘 모르겠다.

인생을 감미로운 이야기만으로 채울 수는 없다. 남자들은 학교를 졸업하고 스스로 생계를 유지할 수 있어야 하고, 거친 세상살이에서 자신의 꿈을 이뤄내기 위해 불리하고 척박한 환경도 개척해나가야 한다. 젊은 날, 특히 군대에 있는 동안에는 병사로서 자신의 맡은 바 소임을 열심히 해야 함은 물론, 약간의 여가 시간이라도 생기면 인생의 기본기를 갖추기 위해 노력해주기를 바라는 마음이다.

군 생활을 인생의 반석으로 만들어줄 조언들

군대에서의 생활을 활용하기에 따라서는 인생의 결정적인 순간으로 만들 수도 있다. 얼마든지 터닝포인트가 될 수 있다. 앞으로 어떻게 살아갈 것인가에 대해 진지하게 고민하고 계획하며, 또한 세상을 살아가는 데 두고두고 무기가 될 기본기를 차근차근 축적할 수 있을 만큼 2년 남짓한 시간은 제법 긴 시간이다.

생의 모든 순간들을 사랑하지마는, 그런 순간들 중에서 이십대의 어느 날처럼 귀한 시간이 어디 있겠는가? 그 때는 시간 활용의 밀도만 높인다면 정말 많은 것들을 느끼고, 깨닫고, 준비할 수 있다.

오늘날 취업난이 심각하여 다들 학교를 마치고 마주하게 될 현실의 과제에 대해 걱정이 많을 것이다. 아버지의 한 사람으로서 안쓰럽고 미안한 마음이다. 하지만 걱정한다고 해서 달라지는 것은 아무것도 없다. 오로지 여러분이 지금 당장 할 수 있는 것, 그러니까 통제 가능한 것들이 무엇인가를 파악해서 이를 철두철미하게 관리해나가는 것이 중요할 뿐이다.

이런저런 소일거리를 하더라도 시간은 흘려가게 마련이다. 시간은 보내는 것이 중요한 것이 아니라, 무엇을 하면서 어떻게 보내는가가 중요하다. 큰 틀에서 바라보면, 군 생활은 절대로 덩그렇게 따로 떨어져 있는 시간이 아니다. 이 시간은 제대 후의 학교생활과 그 이후의 20대 중후반 시간들과 맞물려 있다. 군대 생활을 알차게 보내는 것이 군복무 시절의 보람으로만 그치지 않는다. 앞뒤로 맞물린 시간들을 풍요롭게 채우는 데 큰 역할을 하는 다리가 되기 때문이다.

이 책은 크게 네 부분으로 이뤄져 있다. 첫 번째 장에서는 군 생활을 어떻게 보내는 것이 가장 효과적인가를 다룬다. 어떤 계획을 세워서, 어떤 부분에 초점을 맞춰 생활할 것인가? 모든 일들을 다 잘할 수는 없기 때문에 특별히 중점을 둬야 할 부분을 명확히 체크하는 것은 매우 중요하다.

두 번째 장에서는 알찬 군 생활을 위해 지금 당장 실천에 옮길 수 있는 7가지 좋은 습관들을 정리하였다. 군 생활에서는 물론이고, 장차 자신이 원하는 삶을 살아가기 위해 젊은 날 반드시 갖춰야 할 지침들이다.

이어서 세 번째 장에서는 인생을 후회 없이 살아가기 위해 꼭 한 번은 진지하게 사색해봐야 할 생각과 가치관을 정리해보았다. 가치관이 올바르게 정립되면 살면서 시행착오를 줄일 수 있다.

마지막으로 네 번째 장에서는 우리 주변과 이 세상을 올바르게 이해하는 데 도움이 될 만한 이야기들을 담았다. 역사, 경제, 철학과 같은 거시적인 화두뿐 아니라, 부모, 가족, 친구 등 일상적이지만 중요한 가치들도 함께 다루었다.

나는 자식을 군대에 보냈거나 혹은 곧 떠나보낼 모든 부모들의 심정을 대신하여 진솔하게 이야기하려 애를 썼다. 다소 투박한 표현이 있더라도 너그럽게 이해해주길 바란다. 어쩔 수 없이 아버지 세대는 인생이 전쟁터임을 잘 알기 때문에 강하게 이야기할 때도 있었다. 세상의 아버지는 말주변이 서툴다. 하지만 아버지는 아들을 위해 울어줄 수 있고, 아버지는 영원히 아들 편이 될 수밖에 없기에, 그저 자식이 군 생활을 잘 마무리하고 자신의 앞길을 잘 개척해가길 마음 깊이 소망하는 진심 하나로 부족한 부분을 대신하려 한다.

며칠 전 군대에 있는 둘째 아들과 막 직장생활을 시작한 첫째에게 보낸 이메일에 이런 말을 건네었다.

"너희들이 자기 길을 척척 개척해가는 것이 이 아버지에게는 가장 큰 기쁨이다."

이것은 세상 모든 아버지가 아들을 바라보는 한결같은 바람일 것이다. 언제 어디서나 군대 간 자식의 안녕을 빌고 그들의 앞날에 영광이 함께하기를 비는 것이 아버지 마음이다.

수십 년 전, 객지 생활 끝에 돌아온 아들을 본 기쁨으로 "나는 늘 너와 함께했다."고 말씀해주신 내 아버지 일기장의 한 문장이 떠오른다. 아버지에게 자주 안부 전하기 바란다. 여러분 모두의 건승과 앞날에 하나님의 가호가 함께하길 빈다.

_ 2013년 봄
대한민국의 아버지를 대신하여 공병호 씀.

Contents

Prologue 너의 성장을 지켜보는 것이 아버지의 가장 큰 기쁨이다 • 4

PART 1 입대 전 마음속에 새겨야 할 것들

- 25   인생은 5분의 연속이다
- 30   시간은 곧 생명이다
- 36   모든 것을 다 잘할 수는 없다
- 43   '실용공부'보다 '기초공부'가 먼저인 이유
- 52   신념이 있으면 선택이 쉽다
- 61   하고 싶은 일과 해야 하는 일을 구분하는 능력
- 67   군 생활 첫 번째 목표 : 세상에 대한 시각을 제대로 정립하자
- 75   군 생활 두 번째 목표 : 자신의 역량과 강점을 객관적으로 파악하자
- 86   평균값과 개별값을 구분하라
- 95   군 생활 세 번째 목표 : 어떻게 살 것인지 큰 그림을 그려보자
- 105 눈에 보이는 세계가 전부는 아니다

추천 도서 • 114

군대에서 실천하는 7가지 좋은 습관

PART 2

- >>> 121 　첫째, 완벽한 때를 기다리지 말고 지금 당장 시도한다
- >>> 133 　둘째, 메모 습관으로 효율성을 극대화한다
- >>> 142 　셋째, 매일 기록하고 점검한다
- >>> 151 　넷째, 시간을 작은 단위로 나눠 공략한다
- >>> 156 　다섯째, 일상생활에 나만의 규칙을 세운다
- >>> 167 　여섯째, 화두를 갖고 생활한다
- >>> 174 　일곱째, 어떤 경험도 허투루 흘려버리지 않는다

추천 도서 ● 184

후회 없이 살기 위한 인생의 지침

>>> 191 　잘 사는 게 본래 쉽지 않다
>>> 199 　남자는 자기 자리를 스스로 만들어내야 한다
>>> 208 　어른이 된다는 것은 내 삶에 책임을 진다는 것이다
>>> 212 　인생은 주어지는 것이 아니라 만들어가는 것이다
>>> 219 　밑바닥부터 성실하게 인생의 계단을 올라가라
>>> 224 　생각이 가난하면 삶도 가난하다
>>> 231 　기회를 포착하려면 절실해야 한다
>>> 236 　스토리가 있는 삶을 살아라
>>> 241 　나와 타인을 확실히 구분짓는 특별함을 갖춰라
>>> 247 　한번 마음을 정한 일은 화끈하고 야무지게 해내라
>>> 251 　배움이 나를 지켜준다

추천 도서 ● 258

세상을 올바르게 바라보는 창

PART 4

- 264 한국사 제대로 공부하기
- 272 자본주의를 편견 없이 바라보기
- 277 글로벌 경제 위기 제대로 이해하기
- 283 보수와 진보는 어떻게 다른가
- 288 올바른 국가관의 정립
- 292 정의란 무엇인가
- 297 대학은 잠시 머물다 떠나는 곳이다
- 304 국경의 테두리에 갇히지 마라
- 307 친구 관계를 솔직히 돌아보라
- 312 부모의 마음을 헤아리다
- 320 가족이되 독립된 개인으로 성장하라

추천 도서 • 327

주석 • 331

어른이 된다는 것은
스스로에게 정직해지고,
자신의 인생과
모든 행위에 대해
책임을 지는 것이다.

– 공병호

PART 1

입대 전
마음속에
새겨야 할 것들

자신이 시간에 어떤 중요성을 부여하기 전에
시간은 그 자체만으로 어떤 의미를 가질 수 없다.

_ 레오 부스카그리아 ● 소설가, 1924~1998

하늘 문이 열리듯 함박눈이 펑펑 내리던 날, 막내가 마지막 휴가를 나왔다. 한여름 햇볕이 뜨겁게 내리쬐던 입대 날이 불과 이틀 전인 듯 선명한데, 아들은 벌써 제대를 앞두고 있었다. 새삼 시간의 빠른 움직임에 놀라지 않을 수 없었다. 국방부 시계는 거꾸로 매달아도 간다더니 여름, 가을, 겨울 그리고 봄이 한 바퀴 돌아 벌써 제대할 시간이 돌아오고 있었다.

아들이 집을 떠난 지 1년 정도 지났을 무렵이었다. 전화로 서로의 안부를 묻다가 내가 이렇게 말했다. "입대한 지 벌써 1년이 지났구나." 그러자 아들은 대답했다. "아버지, 저는 얼마나 더 있으면 제대를 할 수 있을지가 기다려지는 게 아니라, 이제 군에 있을 날이 이만큼밖에 남지 않았다는 걱정이 더 앞서네요." 아들이 내게 이런 말을 한 것은 아마도 제대 이후 자신을 기다리고 있을 일들에 대한 설렘과 걱정이 교차했기 때문일 것이다.

요즘 군 생활이 참 좋아졌다고 한다. 최근 들어서 봉급도 오르고, 제한적이지만 인터넷을 쓸 수 있는 등 병사들의 복지가 많이 향상되었다. 물론 병사들의 복지가 좋아진 만큼 국가가 지불해야 할 비용이 터무니없이 높아졌다는 일각의 불만도 있다. 하지만 젊은 남성들이 나라를 지키기 위해 돈과 바꿀 수 없는 귀한 청춘을 국가에 바치는 것에 비하면, 국가의 지출이 그다지 큰 것은 아니라고 본다. 어쨌든 대한민국의 현실을 고려할 때 상당 기간 이런 형태의 징병제는 유지될 수밖에 없을 것이다.

이유가 무엇인지는 잘 알 수 없지만, 수많은 젊은이들이 군대에 있는 시간을 '버리는 것'으로 생각한다. 아마도 생전 처음으로 가족과 떨어져 고립된 생활을 해내야 하고, 그만큼 군대라는 조직이 외부와 단절되어 있기 때문인 것 같다. 마치 스스로 어느 산골에 유배되는 듯한 느낌을 갖는 것이랄까. 하지만 입대하기 전부터 이런 생각을 갖게 되면 그곳에서의 시간에 별다른 의미를 부여할 수 없게 된다. 군 생활은 그저 어서 빨리 흘려보내고 싶은 답답하고 갇힌 시간으로 여겨질 뿐이고, 이렇게 여기는 이상 그 시간을 귀하게 여길 리 만무하기 때문이다. 하지만 이 인생 선배의 마음에는 그 시간도 다시 오지 않을 아름답고 찬란한 젊음의 시간들이다.

그래서 나는 이 시간을 어떻게 쓰느냐에 따라 앞으로의 삶을 알차게 계획할 수 있는 절호의 기회가 될 수도 있다고 말해주고 싶다. 서두에도 언급했지만, 이것이 내가 이 책을 쓰게 된 이유이기도 하다. 같은 시간을 보내더라도 어떤 사람은 '이제 얼마나 기다려야 하나' 하는 마음으로 주어진 시간을 마냥 지루하게만 여기고, 어떤 사람은 '이제 이 시간이 얼마 남지 않았군' 하며 아쉽게 받아들이기도 한다. 또한 '왜 이렇게 시간이 빨리 가지 않지, 이 긴 시간을 어떻게 보내지' 하고 생각하며 2년여의 군 생활이 빨리 지나가기만을 바라며 조바심을 내는 사람도 있을 것이다.

나는 지금 독자 스스로 위의 세 가지 유형 중 어느 부류에 속하는지 고민해보면서 이 책을 읽어보기를 당부하고 싶다. 나이가 든다는 것은 두 가지를 가지게 된다는 것을 의미한다. 하나는 오랜 세월을 살아오면서 수많은 일들을 겪으며 얻게 된 경험이고, 또 다른 하나는 수많은 사람들을 만나면서 체득한 포용력이다. 많은 사람들이 나를 완고한 원칙주의자로 여긴다는 사실을 잘 알고 있다. 하지만 그것은 내 삶의 한 가지 방식일 뿐, 나의 전부는 아니다. 누군가를 향한 강한 어조의 비판 속에는 그가 잘되기를 바라는 마음이 담겨 있다. 애정과 관심이 없는 사람에게는 애써 비판과 충고를 할 필요가 없다. 무관심해도 큰 문제가 되지 않는다. 어떤 어른들은 요즘 젊은이들이 옛날의 어려웠던 시절보다 더 풍족한 삶을 살아가고 있음에도 많이 나약해졌고, 남에게 기대려고

만 한다고 이야기한다. 하지만 세상이 살기 좋아진 만큼 젊은이들에게 원하는 기대치가 높아졌고, 그만큼 경쟁도 치열해졌다. 사람은 지극히 개인적인 존재라 세상이 아무리 살기 좋아도 내가 어려우면 살기 힘들다고 느낀다. 그래서 젊은이들은 위로가 되는 말과 얘기에 귀를 기울인다. 나는 이런 본질을 외면한 채 눈앞에 보이는 사실만 가지고 젊은이들을 비판하는 것은 옳지 않다고 본다.

얼마 전 강남의 한 감자탕집에서 대기업 신입사원들을 봤다. 연수원에서 연수를 마치고 서울로 올라와서 술잔을 기울이는 그들의 표정은 뭔가를 이뤄냈다는 안도감과 직장 생활에 대한 기대감으로 가득했다. 옆 자리의 어떤 분은 요즘 젊은이들이 패기가 없어져서 고작 회사에 입사한 것만 가지고 저렇게 좋아한다고 혀를 찼다. 하지만 더 많은 꿈을 꿀 수 있는 젊은이들에게 대기업에 입사하는 것이 성공이라고 믿게 만든 것은 다름 아닌 나 같은 어른들이다. 이런 숨 막히는 세상을 살아가는 젊은이들이 가슴 따뜻해지는 위로를 찾는 것은 당연한 노릇이다. 단지 어른들이 그것을 깨닫지 못했을 뿐이다. 나 역시 그런 세상을 만든 어른으로서의 책임을 통감한다.

인생은 5분의 연속이다

우리는 시간을 길이로 받아들이는 데 익숙하다. 1년이나 한 달은 긴 시간이지만, 1시간이나 10분은 짧은 시간이다. 맞는 말이다. 하지만 이 같은 시간 개념도 어떤 계기가 있다면 사람에 따라서 크게 달라질 수도 있다.

1849년 12월 22일, 28세의 사형수 도스토예프스키Dostoevsky에게 남은 시간은 불과 5분이었다. 지난날을 돌아보면서 하나님께 감사하고, 주변 사람들과 작별의 인사를 나누는 동안 도스토예프스키의 남은 시간은 순식간에 흐르고 있었다. 자신의 생애에 주어진 마지막 5분이 끝나갈 즈음 요란한 말발굽 소리와 함께 다급한 목소리가 날아왔다. "황제의 칙령이오. 사형을 중지하시오." 이 기적과 같은 통지에 그는 생명을 구할 수 있었다. 형장의 이슬로 사라질 수도 있었던 도스토예프스키는 4년간의 강제 노역 형으로 죄를 대신하게 되었다. 그리고 훗날 그는 《죄와 벌》, 《카라마조프의 형제들》, 《백야》 등 불후의 명작을 남겼다. 생사가 오고 가는 이 극적인 경험을 통해 도스토예프스키는 5분이 영원과 맞먹을 수도 있는 시간임을 배웠다. 그래서 훗날 그는 "인생은 5분의 연속이다. 내게 정녕 최후의 5분밖에 시간이 없다면, 과연 그 마지막 시간을 어떻게 사용할 것인가?"라는 말을 남겼다.

대부분의 사람들은 시간의 소중함에 대해 극적인 깨달음을 얻을 기회가 별로 없다. 시간은 늘 있는 것이고, 매번 시간을 그렇게 빡빡하게 보낼 필요가 있느냐는 생각을 가질 수 있다. 사람이 자신이 가진 시간에 대해 소중하게 생각하는 시점은 아마 삶이 얼마 남지 않았다는 사실을 알게 될 때일 것이다. 불치의 병 때문에 의사로부터 "길어야 얼마 정도 살 수 있습니다."라는 최후통첩을 받는 순간 사람은 시간이 얼마나 소중한지 절감한다.

그러나 이런 경험을 모두가 하는 것은 아님을 감안하면, 대부분의 사람들은 안타깝게도 시간의 길이만을 중요하게 여기며 한평생을 살아가기 쉽다. 그래서 짧은 시간도 알뜰하게 사용하려는 사람을 만나기라도 하면, "얼마나 부귀영화를 누리겠다고 그렇게 빡빡하게 살아?" 하며 면박을 주기도 한다.

하지만 시간을 길이가 아니라 밀도의 측면에서 접근해본다면 어떨까? 아마도 생활뿐만 아니라 삶 전체에 혁명적인 변화가 일어나는 시작점이 될 수 있을 것이다. 시간이 가진 밀도의 중요성을 알아차린 사람들은 짧은 시간을 어떻게 보낼 것인가에 대해 깊이 생각하고 행동하려고 노력한다. 그리고 그렇게 보낸 시간들이 기적과 같은 성공을 가져다줄 수 있다는 점도 잘 알고 있다.

우리 주변에는 남에게 내세울 것이 없거나 평범한 두뇌를 가졌기 때문에 성공할 수 없다고 좌절하는 사람들이 많다. 하지만 시간을 대하는 고정관념을 바꾸는 데에는 특별한 재능이나 지능이 필요하지 않다. 어떤 충분한 계기만 있으면 된다. 나는 시간에 대한 생각을 바꾸기 가장 좋은 때가 바로 입대 전후 혹은 군 복무 중의 시간이라고 생각한다. 군 복무 기간이 예전보다 줄어들었고, 입영일자와 훈련소를 자유롭게 선택할 수 있게 되었지만, 젊은이들에게 군대는 여전히 시간의 무덤이다. 하지만 역설적으로 외부와 단절된 군대는 시간에 대한 고정관념을 바꾸기 가장 좋은 곳이기도 하다. 문제는 어떻게 그것을 깨닫느냐다.

그렇다면 어떻게 해야 시간의 소중함을 깨닫는 알찬 군 생활을 보낼 수 있을까? 부모의 조언도 중요하지만 스스로의 자각이 반드시 필요하다. 주변에서 아무리 얘기한다고 해도 스스로 받아들이지 않는다면 아무 소용이 없다. 특히 이런 깨달음은 일반적인 가르침으로는 전달될 수 없기 때문에 더더욱 개인의 각성이 중요하다. 나는 군 생활 중인 아들과 끊임없이 대화하면서 공감대를 형성하려고 노력했다. 나를 포함한 기성세대들은 현재의 군 생활에 대해서 잘 모른다. 그저 몇십 년 전의 자신의 군 생활만 기억하면서, 요즘 군대는 군대도 아니니 그것도 견디지 못하면 사내로서 아무것도 할 수 없다고 윽박지르는 것이 대부분이다. 하지만 아버지의 군 생활을 경험해보지 못한 아들이 그런 얘기 속에서 어떤 위안이나 가르침을 얻기는 사실상 불가능하다.

부자 간에 자주 충돌하는 이유 중 하나는 아버지는 매번 자신의 경험을 토대로 충고하기 때문이다. 얘기가 겉돌다 보면 아버지는 아들에게 화를 내고 그것으로 대화는 사라지고 꾸중만 남게 된다. 아버지는 답답해서 하는 소리지만 아들 역시 답답하기는 마찬가지다. 군대 간 아들을 둔 세상의 모든 아버지에게 당부하고 싶은 말은 아들을 무조건 가르치려고 들지 말라는 것이다. 그리고 군대에 있는 세상의 아들에게 부탁하고 싶은 것은 아버지의 얘기를 무조건 외면하지 말라는 것이다. 서로 대화를 통해서 공감대를 형성해야만 한다. 같으면서도 다르고, 다르면서도 같은 게 부모와 자식이니까 말이다.

"시간은 마치 화살이 날아가듯 금방 간단다. 어영부영 보내다 보면 생활도 싫증이 나고 재미도 없고 힘들 거야. 이제까지 그래왔듯이 흘러가는 시간을 잘 써야 한단다. 인생에는 예행연습이란 것은 없어. 내일부터 잘하면 된다는 것도 없지. 잘하려면 지금부터 잘해야 된단다. 바로 지금 말이다."

나의 이런 당부를 뒤로 한 채 아들은 입대했다. 아들을 군대로 보낸 부모로서 걱정이 되긴 했지만 잘해낼 것이라고 믿는 것밖에는 더 이상 할 수 있는 게 없었다. 다행히 아들은 평소 내 얘기에 귀를 잘 기울이는 녀석이어서 시간의 소중함에 대해 잘 알고 있었다. 그리고 아는 만큼 군대에서의 시간을 잘 활용해냈다. 그래서 나는 내 아들에게 들려줬던 이야기들을 여러분들에게도 꺼내려 한다.

먼저 내가 시간에 대한 자각을 어떻게 갖게 되었는가를 말해두는 게 좋겠다. 우리는 일상에서 벌어지는 어떤 현상을 볼 때 인과관계로 이해하는 경향이 있다. 어떤 결과가 있다면 분명히 어떤 원인이 있다는 식으로 말이다. 나 역시 이런 부분에 있어서 다른 사람과 별로 다르지 않다. 남도의 작은 도시에서 나고 자란 나는 어린 시절부터 무엇을 하든지간에 '잘해내야 한다'는 생각이 강했다. 그런 생각을 할 수밖에 없었던 것이 내 주변의 상황이 그다지 좋지 않았기 때문이다. 가난이 뭉게구름처럼 삶을 둘러싸던 시대를 살았던 사람들은 대부분 물질적 수준을 비롯한 모든 부분에서 삶의 질을 향상시키고 싶어 했다. 나 또한 그 세대의 다른 사람들과 별반 다르지 않았다.

그러면서 자연스레 "내가 잘되려면 어떻게 해야 하는가?"라고 스스로에게 묻게 되었다. 머리가 아주 뛰어나거나 부모에게 도움을 받는 것은 내게 해당하지 않았다. 오랜 고민 끝에 내가 내린 해답은 "시간을 아주 잘 사용하면 된다."는 것이었다. 어떻게 보면 작고 사소한 결심과 고민이 내 삶 전체를 바꿔놓았다. 내가 군대를 가는 아들에게 해주고 싶었던 얘기도 바로 이것이었다. "평범한 집안에서 평범한 머리를 갖고 태어난 사람이 성공할 수 있는 유일한 방법은 자신에게 주어진 시간을 최대한 잘 활용하는 일이란다."

사람들은 흔히 대단한 결심과 각오만이 삶을 바꿀 수 있다고 생각한다. 하지만 나의 경우처럼 사소한 믿음과 작은 습관만으로도 삶을 송두리째 변화시킬 수 있다. 나와 내 아들은 이런 믿음을 확고하게 나누어 갖고 있었다.

시간은 곧 생명이다

자신만의 독특한 방식대로 인생을 살다 간 사람들이 있다. 이들 가운데 내가 주목하는 인물은 고성능 한글타자기를 개발한 공병우 박사다. 1995년에 타계한 공병우 박사는 자기 주관을 갖고 합리적 사고방식으로 평생을 치열하게 살다 간 사람으로 유명하다.

그는 의과대학을 다니지 않고 강습소와 독학으로 안과 의사가 되었고, 유명한 안과 병원인 '공안과'를 세웠다. 또한 타자기 개발이라는 전혀 다른 분야에 뛰어들어서 고성능 한글타자기를 개발해내는 업적을 남겼다. 게다가 9남매를 키워 시집장가를 보냈지만 낮에 하는 결혼식은 시간 낭비라 생각하여 저녁에 하는 단출한 예식을 고집했고, 세상을 떠났을 때는 다른 사람에게 폐를 끼친다고 생각해서 장례식조차 치르지 않았다고 한다. 폐백을 들이려는 며느리에게 절은 그만 됐으니 악수나 한번 하자며 손을 내밀었고, 효율적이지 못하다고 생각해서 집 안의 문지방을 모두 썰어 없애버리기도 했다. 참으로 독특한 분이 아닐 수 없다.

과다 혼수나 호화로운 장례식이 사회문제가 된 지 오래인 지금, 우리는 공 박사의 합리주의 정신으로부터 정말 많이 배워야 한다. 구순을 목전에 둔 나이에도 시각장애인용 점자를 개발하기 위해 젊은 청년들과 어울려 열심히 활동했을 만큼, 공 박사는 죽는 날까지 그 어떤 청년보다도 더 진취적이고 도전적이었으며, 진정한 청년정신과 실험정신을 가지고 삶을 살았다.

그분을 때로는 기인奇人이라 여기는 사람들도 있다. 하지만 시간에 관한 특별한 관점을 지녔던 그분의 삶은 탐구해볼 가치가 있다. 조금만 명성이 쌓이면 이 분야 저 분야를 기웃거리는 사람들이 유독 많은 우리 사회에서 평생 동안 올곧게 자기 주관에 따라 인생을 살다 간 어른을 만나는 일은 쉽지 않기 때문이다.

1989년에 나온 공병우 자서전《나는 내 식대로 살아왔다》는 내가 꽤 인상적으로 읽었던 책이다. 지금도 이따금 그 책을 들춰보고, 다른 사람에게도 자신 있게 일독을 권한다. 그 이유는 공병우 박사가 철두철미한 합리성에 바탕을 두고 모든 결정과 행동을 하게 된 배경에 있다. 그것은 바로 시간에 대한 독특한 관점이다. 그는 우리가 이 땅에 머무는 시간은 유한하며, 그 유한한 시간을 낭비하는 것은 죄악이라고 믿었다. 그래서 시간을 낭비하는 허례허식을 버리고 의미 있는 일에 시간을 사용해야 한다고 생각했다. 이런 믿음은 공병우 박사가 즐겨 사용한 한 문장으로 압축할 수 있다. "시간은 곧 생명이다."

공병우 박사에게 시간을 낭비하는 것은 곧 생명을 낭비하는 것을 의미했다. 그의 독특한 삶을 지탱했던 모든 원칙의 바탕에는 시간은 소중하다는 확고한 신념이 놓여 있었다. "우리는 언제 죽을지 모르지만 죽는 것만은 확실하다. 언제인지 모를 그 시간을 향해 살고 있으니 내 삶의 시간은 자꾸 줄어들고 있는 것이다. 그 제한된 시간이 바로 생명이 허락된 시간인 것이다. 1시간 후를 생명이 끝나는 시간이라고 가정한다면, 내 생명은 1시간밖에 없는 것이다. (중략) 우리가 알게 모르게 시간을 낭비한다는 것은 곧 재산이나 돈을 낭비하는 것과 같다. 그래서 나는 '시간은 곧 생명이다'라는 생각을 하고 있다."[1]

여든셋. 그 정도 나이가 되면 현역에서 활동하는 것은 쉽지가 않다. 무엇보다도 본인 스스로 현역으로 뛰면서 어떤 활동을 해야 한다는 마음을 갖기가 쉽지 않을 것이다. 공 박사의 가족들은 평생을 그렇게 치열하게 살기보다는 쉬면서 사는 것이 더 낫지 않겠느냐고 권하였다고 한다. 그러나 여든셋 공 박사의 생각은 달랐다. 그가 책에서 자신의 인생에 대해 언급하는 대목은 '어떻게 사는 것이 올바른 삶인가?'에 관심이 많은 젊은이들이라면 새겨들을 만한 메시지를 담고 있다.

"아무리 갈 길은 바쁘고 할 일은 아직 산더미처럼 앞에 가로 놓여 있다고 해도 차분하게 중요한 대목을 찾아 하나하나 헤쳐 나갈 생각이다. 살아 있는 동안은 하느님이 나에게 맡겨 주신 내 능력을 남김없이 다 발휘하여 무엇 하나라도 이 사회에 소용될 일을 하려고 한다. 쓸모 있는 구실을 하기 위해 지금도 새로 개발되어 나온 최신 컴퓨터와 소프트웨어 프로그램의 설명서를 놓고 영어 사전을 뒤적거리면서 공부를 하고 있다. 이것은 한글로 활용할 수 있는가를 알아보기 위한 내 나름대로의 소박한 일감이기도 하다.

한편으로는 내가 평생 사업으로 결심하고 추진해 왔던 장님들을 위한 재활 문제를 더욱 구체화할 생각이다. 이들을 위해 나는 미국에서도 최첨단 단계의 컴퓨터로 여기고 있는 음성 컴퓨터를 한글로 개발할 계획을 진행 중에 있다." [2]

대중들은 공 박사가 안과 병원으로 번 돈으로 한글학회에 수만 평의 땅을 기부하고 상당한 재산을 YMCA에 기부한 것을 부자의 선행쯤으로 이해한다. 가진 돈을 기부하거나 선행을 베푸는 것은 비단 공 박사만이 한 일은 아니다. 하지만 자신의 시간과 재산과 에너지를 사회에 일조하는 데 사용한 공 박사의 삶이 훌륭하지 않다고 말하는 사람은 없을 것이다. 사회에 대한 헌신을 늘 제일 처음에 둔 공 박사였기에 돈이 되지 않는 한글타자기 개발 사업에 막대한 사재를 쏟아 부을 수 있었다.

그는 선진국과 후진국의 차이를 그 나라의 시민들이 시간을 얼마나 소중하고 효율적으로 사용하는지에 달려 있다고 보았다. 그가 한글타자기 개발에 나선 이유도 그 당시 우리나라가 후진국의 대열에 있었기 때문일 것이다. 공 박사는 시간을 효율적으로 사용하는 능력이 부족했기 때문에 우리나라가 다른 나라에 뒤쳐질 수밖에 없다고 믿었다. 그래서 그는 "우리의 글자 생활은 아직도 펜이나 연필로 이루어지기 때문에 타자기나 컴퓨터로 글자를 사용하는 선진국에 비해 적어도 50년은 뒤졌다."라고 말했다. 그리고 시간을 절약하기 위해 그가 헌신하기로 한 분야가 바로 한글의 기계화였다.

또한 그는 이렇게 말했다. "내가 한글의 과학화를 꾀하는 중요한 이유의 하나가 생명처럼 여기는 시간을 온 국민이 모두 함께 효율적으로 절약하며 살 수 있도록 해보자는 것이다." 그는 이러한 신념으로 고성능 한글타자기 개발에 반평생을 쏟아 부었다.

지금 군 생활을 하고 있거나 입대를 앞두고 있다면 공병우 박사의 시간관념에 대해 깊이 생각해봤으면 좋겠다. 이것은 비단 군 생활을 하는 동안에만 해당되는 이야기는 아니다. 흔히 군대를 사회의 축소판이라고 부르는 이유는 군대에서 배우고 익힌 습관이 대학 후반부와 사회생활에까지 이어지기 때문이다. 그래서 입대 전 군 생활을 어떻게 보낼 것인가를 선택하고 이를 위한 준비를 해야 한다.

많은 젊은이들은 군대를 인생의 무덤이자 낭비라고 생각한다. 부모나 친구들도 그저 몸 건강히 잘 다녀오기만을 바란다. 사실 군대에서 돈을 모은다거나 공부를 한다는 것은 거의 불가능하다. 하지만 규칙적인 집단생활을 하는 군대는 입대 전에 갖고 있었던 나쁜 습관과 버릇들을 고칠 수 있는 좋은 기회가 된다. 예를 들어

군 생활 동안 매일 6시에 기상하면 늦잠을 자는 버릇을 없앨 수 있다. 편식을 하는 습관 역시 군대에서 충분히 고칠 수 있다. 눈에 보이지 않는 사소한 것들이지만 이런 것들은 인생을 살아가는 데 큰 도움이 된다. 그리고 어떤 선택을 하느냐에 따라서 인생의 결과가 달라질 것이다. 남들처럼 사는 삶이 아니라 내가 선택한 방식대로 살아가는 것이 중요하다. 그러면 자신에게 맞는 삶의 방식이란 어떤 것이어야 할까?

모든 것을 다 잘할 수는 없다

"이 다음에 시간이 생기면 하겠습니다." 우리는 이런 말을 하는 데 익숙하지만, 정작 그 시간은 쉽게 생기지 않는다. 시간이 생길 때면 해야 할 다른 일들이 늘 대기하고 있기 때문이다. 어떤 일을 지금 하지 않고 나중으로 미룬다면 그것은 시간의 문제가 아니라 우선순위의 문제이며 의지의 문제라고 보는 것이 맞다.

　반드시 해야 하는 일이라면 시간이 부족하더라도 당장 시작할 수 있다. 당연한 얘기지만 뭔가를 시작하는 데는 많은 시간과 노력이 필요하지 않다. 따라서 꼭 하고 싶은 일이라면 일단 시작하고 봐야 한다. 부족한 영어실력을 높이기로 결심했다면 일단 영어책 읽기부터 도전할 수 있다. 사람들이 하는 가장 흔한 오류는 완벽하게 준비된 상태에서 일을 시작하겠다고 마음먹는 것이다. 하지만 완벽한 준비라는 것은 존재하지 않는다. 최고의 엘리트들이 모여서 오랫동안 구상한 전쟁계획조차 첫 총성이 울리는 순간 엉망이 되어버리고 만다. 다른 계획이나 준비들도 대부분 마찬가지다. 따라서 준비를 완벽하게 한 후에 시작하겠다는 생각은 실패를 반복하게 할 뿐이다. 그런 악순환의 고리를 끊어버리는 일은 복잡하거나 어렵지 않다. 어떤 일을 해야 한다고 판단한다면, 그 일을 큰 덩어리로 정리하고 이를 잘게 나눈 다음, 쉽게 마무리할 수 있는 작은 조각부터 시작하면 된다.

군대에 있는 2년여의 시간에 대해 어떤 사람은 그리 큰 의미를 두지 않을 수도 있다. 하루 종일 정해진 일과에 따라야 하고, 힘들고 고된 훈련을 받는 것만으로도 벅차다고 생각할 수 있기 때문이다. 일과 시간이 끝난 이후에도 고참들이 자리한 내무반에서 할 수 있는 일들은 그다지 많지 않다. 최근 들어 병사들간의 구타나 지시가 사라지고 인터넷을 쓸 수 있을 정도로 자유로워지긴 했지만, 엄격한 내무 생활의 본질은 변하지 않았다. 이따금 주어지는 자유 시간 또한 결국 빨래를 하는 등의 자질구레한 일들을 하며 보낼 수밖에 없기 때문에 '자유'라는 단어가 무색하게 여겨질 수도 있다.

설사 쉬는 시간이 주어진다 해도, 하루 종일을 지시에 따라 움직이다 보면 뭔가를 하려고 마음먹기도 쉽지 않을 것이다. 그래서 정말로 자유 시간이 주어지면 TV를 시청하거나 충성클럽에 가서 간식을 먹는 게 고작이다. 말년이 되면 이런저런 구속에서 자유로워지긴 하지만 제대가 코앞으로 다가왔기 때문에 정작 무언가를 시작하기 어렵다. 결국 일반 사병이 군대에서 자기 시간을 갖는다는 것은 불가능에 가깝다. 하지만 군대라는 이유로 버리는 자투리 시간들 또한 많은 것도 사실이다. 이런 자투리 시간들을 차곡차곡 쌓으면 큰 덩어리의 시간을 만들 수 있다.

사람마다 처한 형편이 다르기 때문에 일률적으로 무엇을 하는 것이 바람직하다고 이야기할 수는 없다. 취업을 위한 공부를 군에 머무는 동안부터 시작하는 것이 좋다고 생각하는 사람도 있을 것이며, 영어나 수학처럼 미진한 부분을 보강하거나 자격증 시험에 도전해보려는 사람도 있을 것이다. 어떤 선택을 하든지, 앞으로의 인생이라는 전제조건 속에서 결정을 내려야 한다.

군대에서의 시간을 효율적으로 사용하고 싶은 사람이라면, 잠깐씩 주어지는 자투리 시간을 모아 무엇을 할 수 있을지를 생각해두고 입대를 하는 것이 좋다. 무엇을 할 것인지는 각자의 꿈에 따라 달라질 것이다. 범위를 좁혀보면 20대 중후반까지 이뤄야 할 목표와 관련된 선택이면 가장 좋을 것이다. 항상 그렇지만 선택은 늘 힘들다. 모든 것을 다 잘할 수 없고, 군대라는 공간적 제약이 존재하기 때문이다. 따라서 과감하게 포기할 것은 포기하고 할 수 있는 것에 집중해야 한다.

당연한 말이지만 '모든 것을 다 잘할 수는 없다'는 평범한 사실을 받아들이는 일에서부터 미래를 향한 우리의 준비가 시작된다. 군대를 제대한 후에 사회생활이 시작되더라도 마찬가지다. '모든 것을 다 잘할 수 없다'는 사실을 왜곡하지 않고 그대로 받아들이면 지금 당장 무엇을 해야 할지에 대한 해답을 찾을 수 있다.

다 해낼 수도 없고 다 잘할 수도 없다면, '무엇을 선택해야 하는가?'는 '무엇을 포기해야 하는가?'라는 질문으로 바꿀 수 있다. 그리고 이 질문에 대한 해답을 찾는 가장 좋은 방법은 다음의 세 가지로 앞으로의 일들을 나누어서 정리해보는 것이다. 그 세 가지는 다음과 같다. 첫째는 반드시 해야 할 일, 둘째는 하면 좋은 일, 셋째는 절대로 하지 말아야 할 일이다.

머릿속으로 생각만 하다 보면 이 일 저 일이 마구 엉켜버리기 십상이다. 이럴 때 엉킨 생각을 차분히 정리 정돈하는 가장 좋은 방법은 작은 노트에 메모하는 것이다. 펜을 들고 종이 위에 차분히 적어보는 것처럼 생각을 체계적으로 조직화할 수 있는 방법도 드물다. 그래서 나는 머리가 복잡하면 무조건 펜을 들고 마치 그림 데생을 하듯이 쓱쓱 적어본다. 독자들도 지금 읽고 있는 이 책의 여백에다 생각나는 바를 펜으로 적어보면 어떨까? 제목은 '내가 군에 머무는 동안 반드시 해야 할 일들'로 해보면 좋을 것이다. 첫째, 둘째, 셋째 순서로 또박또박 해야 할 일들을 적어보자. '소망리스트wish list'처럼 실현 가능성을 크게 염두에 두지 않고 이상적으로 군 생활을 했을 경우에, 제대와 함께 손에 넣고 싶은 것들의 목록을 기록한다고 생각하면 된다.

차근차근 기록을 마쳤다면, 정리한 일들을 바로 그 자리에서 실천할 수도 있고 아니면 하루나 이틀 정도 시간을 두고 실천할 수도 있다. 중요한 것은 우선순위를 정하는 것이다. 우선적으로 해야 할 목록 앞에 #1, #2, #3 순서로 메모를 해두는 것도 요령이다.

우선순위를 정할 때는 두 가지 기준을 염두에 두면 도움이 된다. '내가 하고 싶은 것'보다는 '내가 해야 할 일'이란 기준으로 우선순위를 정해보는 것이다. 바람보다는 필요에 초점을 맞추는 것이 좋다. 바람이 감정에 영향을 크게 받는다면, 필요는 이성에 크게 영향을 받는다.

다른 한 가지 기준은 학교를 졸업할 때에 이루고 싶은 목표에 맞춰서 리스트를 정리하는 것이다. 졸업과 동시에 내가 위치해 있어야 할 목표를 선택하고 나면 자연스럽게 지금 해야 하는 일들이 정리될 것이다. 기업에 입사하기를 원하는 사람과 공직에 취업하기를 바라는 사람과 대학원에 진학하기를 원하는 사람이 해야 할 일은 다를 것이기 때문이다.

다음으로 필요한 것은 '반드시 해야 할 일들'을 적어보는 김에 '하면 좋은 일들'이나 '절대로 하지 말아야 할 일들'도 정리해보는 것이다. 다만 뒤의 두 가지는 '반드시 해야 할 일들'에 비해 중요하지 않다. 그냥 적어보면 도움이 되는 것들이다.

어떤 일에 우선순위를 둘 것인가를 일률적으로 정할 수는 없다. 어느 누구도 여러분을 대신해서 정답을 제시할 수는 없다. 사실 세상에는 정답이 없는 경우가 많다. 때로는 현재를 기준으로 보면 정답인 것처럼 보이지만 세월이 흐르고 나면 그것이 정답이 아닐 수도 있기 때문이다. 이런 이유로 우선순위를 정하는 일은 신중하게 생각해야 한다.

한번은 병원의 시설 확장 문제로 고민하는 의사 선생님을 만나 대화를 나눈 적이 있다. 의료 분야에서는 실력을 인정받는 분이고 병원도 크게 성장시킨 분이다. 그분과 나눈 대화 중에 오랫동안 기억에 남은 내용이 있다. "수술은 확실한 목표가 있는데, 병원을 확장할 것인지 말 것인지는 목표는 있지만 고려해야 할 변수가 너무 많아서 결정하기가 쉽지 않습니다. 수술처럼 딱 떨어지는 답이 있으면 좋을 텐데. 경영과 관련된 대부분의 의사결정은 결국 제가 내려야 하는 것이니 참 어렵습니다."

기업경영이나 조직경영, 국가경영뿐만 아니라 개인의 인생경영도 어렵기는 매한가지다. 게다가 요즘의 20대에게는 시간이 없다. 예전에는 대학에 들어가면 1학년 때는 한숨을 돌릴 여유를 가질 수 있었지만, 지금은 바로 취업 준비를 해야 한다. 학점 관리부터 치솟은 등록금 마련을 위한 아르바이트까지, 그야말로 쉴 새 없이 일과 공부를 병행해야 한다. 그런 상황에서 어떤 것을 먼저 해야 하는지 딱 부러지는 정답을 구하는 일은 쉽지 않다. 다만 앞서 걸었던 제3자의 의견을 참조할 수는 있을 것이다. 선택은 삶의 주인공인 자신만이 할 수 있다. 다만 내가 전하고 싶은 말은 지금 여러분이 읽고 있는 이 책이 당신 스스로 어떤 결정을 내리는 데 도움이 될 수 있기를 바란다는 것이다.

'실용공부'보다 '기초공부'가 먼저인 이유

"시간과 에너지를 어디에 투자할 것인가?" 돈을 어디에 투자할 것인가에 따라 이익과 손해가 나누어지는 것처럼 군 생활도 제한된 시간과 에너지를 어디에 투자할 것인가에 따라 그 성과가 달라진다. 시간 사용의 방향이나 목표를 제대로 결정하기만 해도 군 생활을 학교생활 못지않게 알차게 보낼 수 있다. 군 복무 중에 마음을 잡기 힘들고, 생활이 무료하고, 불만이 생기는 사람이 있다면 이는 외부 환경 때문이 아니다. 많은 경우 투자의 방향과 목표를 정하는 일이 제대로 이루어지지 않았기 때문이다.

 영어 공부, 자격증 공부 등과 같이 구체적인 것을 얻기 위한 공부를 '실용實用공부'라고 부르기로 하자. 구체적이고 실용적인 지식이나 특정한 자격증 혹은 시험을 준비하기 위한 공부는 모두 '실용공부'에 속한다. 반면에 '어떤 분야에 진출해서 경력을 관리할 것인가?' 혹은 '내가 사는 세상을 어떻게 이해하고 판단해야 할 것인가?'와 같이 삶과 직업의 토대를 닦기 위한 공부를 '기초基礎공부'라고 부르자.

 이득이라는 측면에서 보면 실용공부에 우선순위를 두는 것이 당연한 것처럼 보인다. 단기간에 눈으로 확인할 수 있는 이득이 있기 때문에 시간에 쫓기는 사람들로서는 실용공부에 눈길이 갈 수밖에 없다. 그래서 대다수 사람들이 군에 머무는 동안 하는 공부는 실용공부일 것이다. 사람마다 특별한 사정이 있고 그런 점을 충분히 고려해서 결정해야겠지만, 내가 가진 생각은 다르다. 나는 군에 있는 동안 해야 할 가장 효과적인 공부는 기초공부라고 생각한다. 그래서 군 복무 중인 아들에게 이런 조언을 했다. "취업을 위해서 필요한 공부도 좋고, 실력을 쌓는 공부도 좋지만 군대는 직업과 삶의 기초를 다지는 공부를 할 수 있는 드문 기회다. 때문에 폭넓게 읽는 시간을 갖는 일이 필요하지. 어쩌면 군 복무 기간이 그런 공부를 집중적으로 해볼 수 있는 마지막 기회일 수도 있단다."

실용공부가 중요하긴 하지만 전부가 될 수 없다고 생각하는 데에는 세 가지 이유가 있다. 첫 번째는 정규 교육이 시작된 이후 정해진 틀을 벗어나 생각해볼 여유나 기회를 갖지 못한다면, 살면서 지불해야 할 비용이 커질 수 있다는 것이다. 대부분 초등학교부터 대학을 다니는 동안 시험과 관련되지 않은 것, 즉 폭넓은 생각이나 독서를 해볼 기회를 갖기 쉽지 않다. 생각이나 독서의 곁에는 항상 성적과 입시가 따라오기 때문이다. 틀에 짜인 교육을 받고 그런 교육하에서 오랜 세월을 보내다 보면 대부분은 붕어빵처럼 진로도 비슷비슷해진다.

　그래서인지 대부분의 청년들은 가능하면 대기업에서 첫걸음을 떼려 하거나, 고용안정이 보장되는 공적 부문에서 안정된 직장 생활을 하기를 바란다. 어떤 사람들은 이런 경향을 두고 별 생각 없이 대세에 따른다고 비난한다. 하지만 고성장 시대가 끝나면서 일자리는 줄어들고, 세계 경제가 불황에 빠지면서 고용이 불안해졌다. 예전처럼 대학 졸업장만 가지고도 취업할 수 있는 시대는 끝났다. 거기다 대학등록금이 치솟고, 당장 졸업 후에 등록금 대출금을 갚아야 하는 상황에서는 선택의 여지가 사라져버렸다. 공무원이 되는 것이 효도하는 길이고, 대기업에 취직하는 것이 성공한 삶이 되어버린 것이다. 기성세대들은 청년들이 처한 이런 상황을 잘 이해하지 못하는 경향이 있다. 꿈이 사라지고 팍팍한 현실만이 남은 청년들에게 무작정 열심히 하라는 말을 하기는 미안하다. 그래서 월급이 많이 나오는 대기업이나 안정적인 공무원이 되고 싶어 하는 것을 무작정 비난하고 싶지는 않다.

　그러나 자신의 평생을 거는 진로 결정을 하는 데 있어서 통념이나 대세라는 것을 무작정 추종하는 것은 문제가 있다는 게 내 생각이다. 큰 고민 없이 친구 따라 강남 가는 식으로 남들이 가는 길을 무작정 따라가는 것이 과연 올바른 선택인가? 이런 고민을 집중적으로 해보는 시간을 가져야 한다. 물론 완전한 답은 없다. 그래도 스스로 집중적으로 탐색하는 기간은 있어야 한다. 나는 군대에 가는 아들에게 이런 상황에 대해 생각을 정리해보라고 권했다. 우리는 적은 돈이 드는 투자를 할 때도 시장조사를 한다. 당연히 값이 나가는 물건을 살 때는 제법 긴 시간을 투자해서 사전 조사를 한다. 따라서 어떤 인생을 살아갈 것인가와 관련해서 별다른 사전 준비를 하지 않는 것은 정상적인 일이 아니다.

물론 이런 고민 없이 잘 사는 사람도 있다. 그런데 대학 생활 전체를 투자해서 대기업에 입사하는 데 성공하였지만 입사하자마자 또 다른 고민에 빠지는 사람들도 심심치 않게 만난다. "내가 이런 일을 하려고 제대로 쉬지도 놀지도 못하고, 지난 4년 동안 그렇게 열심히 취업 준비를 해온 건가." 하며 한탄하는 신입사원이 한두 명이 아닌 것이다. 깊은 고민도 하지 않고 쫓기듯이 목표를 선택하고, 그것을 달성하기 위해 무작정 달려온 사람들이 겪는 어려움이다.

이런 방황이나 고민이 입사 초기에만 나타났다 사라지는 것은 아니다. 잘 맞지 않는 일에는 제대로 몰입하거나 집중하기 어렵기 때문에 하루하루가 고역이 될 수도 있다. 이때 용기가 있는 사람은 주변 반대를 무릅쓰고 직장을 그만두거나 새 길을 개척할 것이다. 하지만 그렇지 못한 사람은 이도 저도 아닌 상태로 그럭저럭 회사를 다니게 된다. 그렇게 시간을 보내다 보면 떠날 수도 없고 그렇다고 회사에서 인정을 받지도 못하는 딱한 상황에 놓이게 될 가능성이 높다. 결국 회사가 구조조정을 시행하게 될 날이 오면 퇴출 1순위가 되어 억지로 회사를 그만두어야 하는 상황에 맞닥뜨리게 될지도 모른다. 꿈을 포기하고 안정을 택했지만 그것이 오히려 발목을 잡아버린 셈이다. 이 모두가 집중적으로 자기 문제를 파고드는 시간을 갖지 못했을 때 직면하게 될 사례들이다.

한국의 직장인들이 업무에 대한 몰입도가 낮은 것은 어제 오늘의 일이 아니다. 인사 컨설팅 업체인 타워스 왓슨이 발표한 '2010 글로벌 인적자원 보고서'에 따르면, 한국 직장인 1,000명을 대상으로 조사한 결과 업무에 '완전히 몰입해서 일한다'고 답변한 응답자는 불과 6퍼센트에 지나지 않았다. 자신의 업무에 '별로 몰입하지 않는다'고 답한 직장인은 전체의 38퍼센트였으며, '마지못해 일한다'는 사람도 10퍼센트나 되었다. 전체 직원의 48퍼센트에 가까운 사람들이 자신의 업무에 흥미를 느끼지 못하거나 마지못해서 시키는 일만 수동적으로 하고 있다는 것이 확인된 것이다. 놀라운 사실은 조사 대상 22개국 직장인 2만여 명 가운데 업무에 몰입한다고 답한 사람은 겨우 21퍼센트에 지나지 않았다는 사실이다.

나는 이런 수치가 놀라운 것이라고 생각하지 않는다. 직장인들을 만나 이야기를 나누거나 지인들과의 대화에서 간접적으로 확인할 수 있는 문제점을 국제 비교를 통해 확인했을 뿐이다. 이렇게 된 이유에는 여러 가지가 있겠지만 자신의 재능, 강점, 흥미에 대해 충분한 고민 없이 '직업'보다는 '직장'을 우선해서 서둘러 결정해버리는 것이 가장 큰 요인이다.

기초공부가 중요한 두 번째 이유는 나에 대한 타인의 행동에 꼭 선의만 있는 것이 아니라는 사실을 깨달아야만 하기 때문이다. 이를 깨닫기 위해서는 사람을 바로 보고 올바른 관계를 맺을 수 있는 눈을 키워야 한다. 지식이 아무리 많아도 경험이 뒷받침되지 않으면 실전에서는 무용지물이듯이, 아무리 아는 것이 많아도 사람을 읽을 줄 아는 공부가 되어 있지 않으면 쉽게 사람에게 속을 수 있다. 우리는 살아가면서 선의로 포장된 속임수, 혹은 잘못된 지식이나 주장으로부터 자신을 보호할 수 있어야 한다. 속임수를 부리는 주체는 사람일 수도 있지만 때로는 유행일 수도 있고, 누군가의 조언일 수도 있고, 어떤 사상이나 믿음일 수도 있다.

대학생 가운데는 신흥종교나 턱없는 비즈니스 모델에 속아서 귀한 시간과 돈을 날려버리는 사람들이 의외로 많다. 하지만 이익을 다투는 세계에서 오래 살아온 사람들은 '세상은 지뢰밭'임을 알고 있다. 경험을 통해 삶이 내 마음처럼 되지 않음을 깨달았기 때문이다. 따라서 누군가 지나친 선의를 드러내며 접근하거나 평균 이상의 기대 수익을 약속하는 경우라면 일단은 조심해야 한다. 이런 조심은 단순한 지식의 문제가 아니라 인간에 대한 이해 즉, 지혜의 영역에 속한다. 청년들은 이런 점에서 대단히 취약하다.

조심하지 않으면 당하게 된다. 세상에는 선한 사람들도 있고 악한 사람들도 있다. 대체로 사람은 자신의 이익에 충실하다. 양심이란 것이 있기 때문에 타인을 악의적으로 이용하는 사람들이 많지는 않다. 그럼에도 불구하고 자신의 유익을 위해서 타인을 이용하는 사람들은 항상 존재한다. 이런 사람들로부터 자신을 잘 보호하는 일은 정말 중요하다.

유행이란 것도 그렇다. '힐링'이니 '위로'니 하는 단어들이 유행을 할 때도 세상의 유행이 아니라 자신의 주관에 따라 받아들일 것인가 말 것인가를 결정할 수 있어야 한다. 그렇지 않으면 항상 대세를 차지하는 것들에 이리 치이고 저리 치이기 때문이다.

어떻게 자신을 보호할 수 있을까? 세월이 조금은 도움이 된다. 크고 작은 속임수를 당해보면 정신을 번쩍 차리고 세상과 사람을 바라보게 된다. 하지만 이런 시행착오를 모두 겪으며 지혜를 배우기에는 치러야 할 비용이 너무 크다. 비용을 줄이면서 자신을 보호하는 방법은 무엇일까? 일단 모르면 당할 수밖에 없다. 물론 안다고 해서 그런 시도로부터 자신을 완전히 보호할 수는 없다. 그래도 잘 알면 알수록 더욱 현명하게 자신을 보호할 수 있다. 타인에 대해서, 자신에 대해서, 지식인에 대해서, 멘토라 자칭하는 사람들에 대해서, 그리고 세상에 대해서 정확하게 이해할수록 속임을 당해서 날려버리는 시간과 에너지를 크게 줄일 수 있다.

요즘의 전반적인 사회 분위기를 살펴보자. 이념과 사상에 대한 갈등이 심해지고, 지역과 나이에 따른 대립 역시 심해지고 있다. 저마다 어떤 것이 옳은지에 대한 확고한 기준을 가지고 있고, 타인의 설득이나 설명에 의해 이것을 잘 바꾸려고 하지 않는다. 물론 자신의 명확한 기준을 가지고 있는 것은 세상을 올바르게 살아가는 데 큰 도움이 된다. 하지만 남의 말을 안 듣고 고집을 부리는 것은 무조건 남의 말을 듣는 것만큼이나 위험하다. 요즘, 인터넷을 보면 광주민주화운동을 폭동이라고 지칭하거나 특정지역, 그리고 여성들을 비하하는 글들이 늘고 있다. 이런 맹목적이고 잘못된 확신이 퍼져나가는 것은 그만큼 세상에 대한 명확하고 올바른 기준을 가지지 못하는 사람들이 많다는 방증이다. 이런 잘못을 저지르지 않으려면 청년기에는 입을 다문 채 읽고 쓰고 생각하는 시간을 많이 가져야 한다. 말하기보다는 앞선 사람이나 주변 사람들에게서 더 많이 들어야 한다.

그러나 이 시대는 다른 사람보다 더 많이 말하고, 더 많이 행동하는 것이 당연하고 올바르다고 여긴다. 그러나 지식이든 지혜든 제대로 쌓이지 않은 상태에서 자꾸만 바깥을 향해 발산하기만 하면, 타인의 의도나 세상 유행, 그리고 소위 대세라고 부르는 것에 주관 없이 휘둘리게 된다. 그래서 속임수로부터 자신을 보호하기 위해 기초 작업을 집중적으로 추진할 시간이 필요하고, 이 시간으로 군 생활을 유용하게 활용할 수 있다. 여기서 기초 작업은 사람에 대해서든 유행에 대해서든 자신만의 올바른 주관을 갖는 것을 말한다.

기초공부가 중요한 세 번째 이유는 목표 달성을 위해서는 짧은 시간 동안 집중적으로 몰아붙이는 방법이 더 효율적일 수 있기 때문이다. 자격증을 준비하거나 유학을 가거나 취업을 준비하는 일은 모두 목표를 둔 공부들이다. 이것들은 긴 시간 동안 조금씩 추진할 수도 있지만 적당한 시간을 잡아서 집중적으로 몰아붙이듯이 추진하는 것도 좋은 방법이다. 따라서 평상시에 중요하게 여겨야 할 것은 기초공부를 해두는 것이다.

많은 사람들이 지나치게 긴 시간 동안 특정 목표를 성취하기 위해 엄청난 시간과 에너지를 퍼붓는다. 수능을 마치고 입학을 하기 전부터 취업 걱정을 하는 학생들을 제법 보았다. 그런 학생들에게 나는 이런 이야기를 해준다. "걱정하는 일들이 100퍼센트 해결되는 것은 아니지만, 성실하게 계획을 세워서 노력하다 보면 하나하나 해결될 겁니다. 미리 걱정이나 근심을 할 필요는 없어요."

지나치게 긴 시간을 특정 목표를 위해 투자하다 보면 포기해야 하는 것들이 너무 많아지게 된다. 대학을 다니면서 2년 정도면 취업 문제를 집중적으로 준비할 시간으로 충분하다고 본다. 군대에 입대하면서부터 취업 문제를 갖고 고민에 빠질 필요는 전혀 없다는 것이 내 생각이다.

군 입대를 앞둔 아들과 대화를 나누면서 합의한 것은 실용공부보다는 기초공부에 어느 정도 시간을 들이는 것이 바람직하다는 점이었다. 결정은 여러분이 해야 하지만, 방향을 정하고 나면 무엇을 해야 할지에 대한 고민들이 상당 부분 정리될 것이다.

신념이 있으면 선택이 쉽다

실용지식은 학교에서 배울 수 있지만 기초지식은 학교에서 배우기 쉽지 않다. 어떤 결정을 내려야 하는 순간에 옳고 그름을 가르쳐주는 것은 지식이라기보다는 지혜에 가깝다. 하지만 지혜는 스스로 부딪혀서 깨닫기 전에는 얻어지지 않는다. 지혜의 바탕이 되는 것이 기초지식이다. 아래의 사례를 통해 지혜에 대해 생각해보자.

'경영학의 아버지'로 불렸던 피터 드러커Peter Ferdinand Drucker 교수가 생전에 쓴《피터 드러커 자서전》은 흥미로운 책이다. 자서전을 쓰는 대부분의 사람들이 시간순으로 글을 쓰는 것과 달리, 그는 자신의 인생에서 결정적인 만남이나 깨달음의 순간들을 모아서 정리했다. 나는 좋은 책은 반복해서 읽는 편인데, 그의 책은 필요할 때면 여러 번을 읽을 정도로 흥미롭다. 여러분도 시간을 내서 꼭 읽어보길 바란다.

이 책에 나오는 여러 사례 가운데 두 가지는 내 머릿속에 깊게 각인되어 있다. 하나는 자기 자신에 대한 깨달음이고 다른 하나는 세상을 살아가는 기준에 관한 것이다. 두 가지 사례는 여러분이 군 복무 중에 어떤 활동에 우선적으로 시간을 투자해야 하는가와 관련해서도 귀한 정보를 제공한다.

첫 번째 사례는 자신의 주관을 갖고 세상의 대세나 유행, 그리고 주장이나 의견을 무작정 추종하지 않아야 한다는 것과 관련되어 있다. 남들이 모두 한쪽으로 몰려갈 때 허겁지겁 그쪽으로 달려갈 것이 아니라 '이처럼 사람들이 한쪽으로 휩쓸려가는 것이 올바른가?' 혹은 '내가 그렇게 하는 것이 올바른가?'를 깊이 생각해봐야 한다. 여기서 피터 드러커 교수는 '구경꾼 bystander'이라는 멋진 용어를 제시한다. 언제 어디서나 '쿨'하게 세상을 바라보고, 무작정 다수가 움직이는 방향을 추종하는 것이 아니라 자신의 주관에 따라 현명하게 생각하고 행동하는 자가 바로 구경꾼이다.

1923년 11월 11일, 피터 드러커가 10대 소년이었을 때의 일이다. 그날은 오스트리아를 지배했던 합스부르크 왕가의 마지막 황제가 퇴위하고 공화정이 선포된 날이었다. 1918년 11월 12일 공화국이 선포된 이후 오스트리아는 좌우익의 싸움 때문에 정신을 차리지 못할 정도로 혼란스러웠다. 수도인 비엔나는 '오스트리아 마르크스주의'를 추구하는 사회민주당이 장악하였고 반면에 지방에서는 우익정당의 영향력이 강했다. 당시 비엔나 인구의 대다수는 사회주의에 동조하는 사람들이었기 때문에, 공화정이 선포된 그날은 성대하게 기념식을 거행할 만한 승리의 날이었다. 도시에서는 그날을 기념하기 위해 노면 전차의 운행도 중지했다. 거리를 다닐 수 있는 차는 비상시를 대비한 소방차와 구급차 정도였다. 도시는 노동자들로 가득 찼다. 왕정의 시대가 가고 희망찬 노동자의 시대가 오기를 기다리는 이들의 뜨거운 열기가 시내 곳곳에서 느껴졌다. 이곳저곳에 흩어져 있던 노동자들은 구역마다 붉은 깃발을 세우고 도로를 행진해서 시청 앞에 있는 광장으로 속속 모여들었다.

시내 중심부로 향하는 대열의 맨 처음을 차지한 사람들은 사회당의 청소년 단원들이었다. 청소년 단원이었던 피터 드러커는 짜릿한 모험심과 열기를 느끼며 행진에 참여했다. 운 좋게도 행진의 선두에 서서 깃발을 들고 걸을 수 있었다. 자신의 뒤를 따라오는 사람들로부터 압력을 받기라도 하듯이 오로지 앞을 향해 걸어갈 뿐이었다. 한동안 묵묵히 걸어가던 피터 드러커는 무슨 생각에서인지 자신을 뒤따르던 덩치 큰 의과대학생에게 깃발을 넘겨버리고 대열을 이탈해 집으로 향했다.

대열을 이탈해 집을 향해 걸어가면서 드러커는 심한 고독감과 함께 다시 그 대열에 합류하고 싶은 충동에 휩싸였다. 그러나 한편으로는 자신이 다수와 다른 길을 가고 있음에 우쭐한 기분을 느끼기도 했다. 늦을 줄 알았던 아들이 일찍 돌아오자, 드러커의 어머니는 걱정스런 목소리로 물었다. "몸이 어디가 좋지 않니?" 그러자 드러커는 이렇게 대답했다. "제 생애에서 최고로 기분이 좋아요. 제가 그들과 어울리지 않는다는 사실을 발견했거든요."

그는 어린 나이였지만 대열을 따라가는 것이 자신에게 어울리지 않은 일이라는 사실을 깨우쳤다. 그 사건을 통해 피터 드러커는 자신의 재능이나 강점에 대해 자각할 기회를 가졌다. 남들이 모두 어디를 향해 가든 그것은 남들의 선택일 뿐이며, 그것이 자신의 선택이 되어야 할 이유는 없다는 것을 깨달은 것이다. 피터 드러커는 그때의 경험을 떠올리며 "나는 내가 구경꾼이라는 사실을 발견했다."는 말과 더불어 "구경꾼은 만들어진다기보다 타고난다."라는 말을 남겼다.

무리와 자신을 구별하면서 살아가는 것이 좋은지 아닌지는 각자가 판단할 일이다. 그러나 다수의 의견이나 유행에 함몰되지 않고 언제 어디서나 자신의 관점에 따라 사물과 현상을 바라보는 자세는 반드시 필요하다. 피터 드러커는 타고난 구경꾼이라고 자신을 소개하지만, 아울러 평생을 통해서 이를 가능하게 만드는 지적 투자를 해온 사람이기도 하다.

모두가 구경꾼으로 살아갈 수는 없고 이를 권하고 싶지도 않다. 다만 행동하는 사람으로 살아가는 중에도 남들을 따라 무작정 달려가는 이가 되지 않도록 노력하는 것은 꼭 필요하다.

저명한 경영 저술가인 짐 콜린스Jim Collins는 《위대한 기업의 선택》에서 사우스웨스트항공의 CEO 허브 켈러허Herb Kelleher와 프로

그레시브의 CEO 피터 루이스Peter Lewis가 일궈낸 괄목할 만한 성공의 요인에 대해 이런 평가를 내린다. "외적인 압력이나 사회적 규범조차 그들의 진로를 바꾸지 못했다. 불확실하고 험난한 상황 속에서 군중의 광기를 따르는 것은 망하는 지름길이다."

그들은 자신만의 기준 즉, 가치와 목적, 장기적 목표, 엄격한 행동기준을 우직하게 고수함으로써 성공을 거둔 인물들이다. 물론 쉬운 일은 아니다. 하지만 다수가 가는 길을 무작정 추종하는 일이 올바른 것이 아님을 우리는 기억할 필요가 있다.

두 번째 사례는 올바른 판단 기준 및 잣대와 관련된 것이다. 기준이 흔들리면 옳은 것과 그른 것이 사안에 따라 달라질 수 있다. 특정한 상황에서는 자신의 부정이나 불법을 합리화하기 위해 어떤 일도 저지를 수 있다. 도덕적 혹은 윤리적 상대주의라는 이름으로 '무엇이 문제인가?'라고 매사를 되물을 수 있다. 나에게 이익이 되는가, 아닌가가 판단의 유력한 기준이 될 수 있다. 그런 기준을 갖고 살아가는 사람이라면 한두 번 정도는 운 좋게 넘어갈 수 있지만, 언젠가는 큰 비용을 치르게 될 것이다.

2012년 대선 선거전이 막바지로 치닫고 있을 때 악의적인 흑색선전이 난무하는 것을 지켜보면서 나는 이런 생각을 했다. '저들은 페어플레이라는 개념을 교과서가 아니라 실천으로 배워본 경험이 있을까?' 불행히도 우리 대부분은 과정의 정당성보다 결과를 중요하게 여기는 교육을 받았다. 정당한 수단을 사용해서 정정당당하게 이기는 방법에 대해서는 상대적으로 교육이 소홀했다. 나는 거짓말을 천연덕스럽게 하면서도 별반 양심의 가책을 느끼지 않는 사람들을 볼 때마다, 우리 사회의 전체 모습에 대해 다시 한 번 생각하게 된다.

어떻게든 좋은 결과만 얻으면 된다는 풍조를 만든 것은 결국 어른들이다. 치열한 경쟁에서 이기기 위해 수단과 방법을 가리지 않았고, 그렇게 이기는 것에 대해서 죄책감을 가지지도 않았다. 일단 이기고 봐야 한다는 강박관념은 사회 전체에 퍼졌고, 이것은 사회에 새로 진입하는 청년들에게까지 자연스럽게 스며들었다. 내가 청년들에게 스스로의 기준을 가지라고 거듭 강조하는 이유는 이런 잘못된 세태에 물들지 않기를 바라기 때문이다. 이쯤에서 자신의 가치관을 확연하게 드러낸 피터 드러커 교수의 사례를 한 가지 소개하겠다. 이 사례 또한 젊은 날 우리가 갖춰야 할 확고한 가치가 무엇인가에 대해 훌륭한 교훈을 제시해준다.

독일이 패전하였을 때 〈뉴욕타임스〉에는 나치 SS의 제2인자였던 라인홀트 헨슈Reinhold Hensch가 프랑크푸르트에 있는 폭격당한 자기 집 지하실에 숨어 있다가 미군에게 발각되자 자살하였다는 소식이 실렸다. 그는 유대인과 집시, 그리고 나치의 적들을 근절하는 책임을 진 자로 훗날 '괴물'로 불리기도 했다. 흥미롭게도 그는 피터 드러커 교수와 젊은 날 알고 지내던 사이였다. 〈프랑크푸르트 게네랄 안차이거〉 신문에서 함께 일한 경력 덕분이다.

1933년 1월, 유태인이었던 피터 드러커는 대학과 언론을 장악하려는 히틀러의 움직임이 심상치 않자 급히 독일을 떠나기로 결심했다. 그는 신문사에 사표를 내고 동료들에게 작별 인사를 한 후 집으로 돌아와 독일에서의 마지막을 보냈다. 그런데 밤 10시 무렵 예정에 없던 헨슈의 방문을 받았다. 헨슈는 드러커와 이런저런 이야기를 나누다가 다음과 같이 말했다. "아, 당신이 정말 부럽소. 나도 떠나고 싶지만 그럴 수가 없소. 나치당 실세들의 모임에서 나오는 소리를 듣고 앉아 있으려니 얼마나 겁이 나던지. 그곳에는 유대인을 죽이고 전쟁을 하겠다고 큰소리치는 인간들이 널렸소."

그 말을 듣자 드러커는 기다렸다는 듯이 헨슈에게 독일을 떠나 다른 길을 선택해보라고 권했다. "당신은 아직 서른 살도 안 됐고 딸린 가족도 없지 않소. 경제학 학위도 있으니 별 어려움 없이 일자리도 구할 수 있을 텐데." 그러자 헨슈는 마침내 속내를 털어놓았다. 그의 속내는 놀랍게도, 자기처럼 집안도 좋지 않고 학벌도 뛰어나지 않은 사람이 권력과 돈을 가질 수 있는 기회를 놓치고 싶지 않다는 것이었다. 결국 그는 자신의 출세를 위해 악의 세력에 동조하겠다는 생각을 하고 있었던 것이다.

헨슈가 유난히 나쁜 사람인 걸까? 우리 또한 헨슈처럼 기준이나 잣대에 따라 악의 하수인으로 전락할 수 있다. 야심적인 사람이라면 더욱 그런 유혹에 빠질 가능성이 있다. 피터 드러커는 이 만남을 통해 자신이 평생 동안 간직하게 된 교훈을 이렇게 말한다. "주기도문은 인간이 얼마나 하찮고 약한 존재인지를 안다. 그렇기 때문에 우리를 유혹에 빠지지 말게 하고 악에서 구해달라고 신에게 청하는 것이다. 악은 절대로 평범하지 않지만 인간은 평범한 경우가 많다. 그렇기 때문에 인간은 어떤 조건으로든 악과 흥정해서는 안 된다. 그 조건은 언제나 악의 조건이지 인간의 조건이 아니기 때문이다. 헨슈처럼 악을 자신의 야망에 이용하겠다고 생각할 때 인간은 악의 도구가 된다." [3]

정당하지 못한 목표를 합리화할 비극적인 가능성은 누구에게나 열려 있다. 특별히 총명하지도 않고, 두드러진 배경을 갖지도 못한 헨슈는 잘 나가는 유대인 동료들을 제치고 한 번에 자신의 삶을 끌어올려줄 수 있는 누군가가 필요했다. 돈과 권력을 제공할 수 있는 그 '누군가'는 바로 히틀러를 중심으로 하는 나치 집단이었다. 그는 자신의 목적을 이루기 위해 악의 세력과 기꺼이 손을 잡기로 결심했다. 이후 그가 가지고 있었던 모든 지식과 양식이 그런 행위를 합리화하는 데 동원되었음은 물론이다. 올바른 기준을 갖는 일, 그리고 자신의 주관을 갖는 일은 공짜로 쉽게 얻어질 수 없다. 성실한 준비와 부단한 노력이 필요한 일임을 기억하자.

하고 싶은 일과 해야 할 일을 구분하는 능력

모든 것에는 때가 있다. 공부를 해야 할 때가 있고, 일을 해야 할 때가 있고, 일을 접어야 할 때가 있다. 훌륭한 삶을 살아가는 사람들은 각 시점마다 반드시 해야 할 일을 잘 마무리하면서 삶을 한 단계씩 매듭지으며 앞을 향해 나아간다. 그래서 매듭을 확실하게 짓는 습관이나 능력은 참으로 중요하다.

　군 생활도 마찬가지라고 생각한다. 시작과 끝이 명확해야 하고 매듭을 잘 지을 수 있어야 한다. 남들 하는 대로 별 생각 없이 지내다 끝낼 수도 있지만, 합리적인 계획과 수단을 잘 활용한 사람들은 그만큼 멋지게 마무리를 매듭지을 수 있다. 일단 앞의 매듭을 잘 짓고 나면 그 다음의 일이 술술 풀리게 되며, 더 멋진 삶을 살아갈 가능성을 크게 높일 수 있다.

군에 머무는 동안 여러분은 어떤 활동에 더 큰 비중을 두고 싶은가? 이런 고민을 하는 사람이라면 우선은 자신이 '하고 싶은 것'과 '해야 할 것'을 구분할 수 있어야 한다. 두 가지 사이에 무슨 큰 차이가 있느냐고 반문할 수 있지만, 어느 것에 큰 비중을 두는가는 사람의 가치관에 따라 크게 좌우된다. 어릴 때부터 가졌던 남들과 다른 취미생활이 직업과 연결되는 경우가 적지 않다.

예를 들어 군사력 분야에 관심을 가지고 있다가 군사 서적 전문 번역가가 된 내 지인의 경우가 이런 케이스다. 하지만 내가 이것을 단순히 취미로만 하는 정도인지 아니면 그것을 넘어서 직업으로 삼을 만한 열정을 가지고 있는지는 생각해봐야 한다. 위에 언급한 번역가의 경우에도 단순히 좋아해서 번역을 시작했다가 대학 시절 누구보다 열심히 어학 공부를 하면서 취미가 직업이 될 수 있었다. 하지만 세상 대부분의 일들이 그러하듯 좋아하는 것을 하기 위해서는 시간뿐만 아니라 돈을 투자해야 한다. 또한 해당 분야의 전문가가 되기 위해서는 학교 공부 못지않은 노력을 기울여야 한다. 따라서 어떤 일을 단순히 취미로 즐기기만 하고 싶다면 취미와 개인 학업에 투자할 시간을 잘 구분해야 한다. 이를 구분하지 못하고 취미생활에 개인의 모든 것이 매몰되어버리면 삶이 크게 망가진다.

훗날 여러분이 부모가 되어 자식을 키우는 상황을 상상해보라. 어떤 부모는 자식이 해야 할 일을 시키는 것을 당연하게 여기지만, 또 어떤 부모는 자식이 하고 싶은 것만을 하도록 내버려두는 것이 올바르다고 생각할 수 있다. 나는 아이에게 피아노나 바이올린처럼 고된 연습이 필요한 악기 레슨을 몇 년씩이나 시켰다가 포기해버리는 젊은 부부들을 종종 목격한다. 그럴 때면 이런 의문이 생긴다. '아이가 싫어하고 힘들어하는 것을 강제로 시킬 필요가 있을까? 저 아이들은 정말로 자기가 원해서 악기를 배우게 된 것일까? 아이들은 지금 자신이 배우는 악기가 10년이나 20년 후에 인생에 어떤 도움이 될지 알고 있을까? 아이들이 그런 사실을 잘 알지 못한다면 부모라도 나서서 계속하도록 격려해야 하는 것은 아닐까?'

사소하게 보이는 문제라도 한 사람의 가치관에 의해 전혀 다른 방향으로 결정되는 경우가 많다. 이런 문제에는 수학 문제처럼 정답이 있지 않다. 각자의 가치관에 따라서 옳고 그름이 결정된다.

여기서 우리가 주목해야 할 것은 유년기를 벗어나 20대가 되었을 때나, 이후 30대나 40대가 되었을 때도 사람은 끊임없이 '하고 싶은 일'과 '해야 할 일' 사이에서 갈등을 일으킨다는 점이다. 하고 싶은 일만을 하고 살 수는 없을 뿐만 아니라 해야 할 일만 하고 살 수도 없는 일이다. 두 가지 사이에 적절한 균형을 유지할 필요가 있다. 사람마다 어느 것에 더 큰 비중을 두는가에 따라 삶의 모습이 크게 변하기 때문이다.

여러분의 학창 시절을 되돌아보면 어떤 선택을 하였는가에 따라 걸어온 시간들에 대한 만족도가 크게 달라진다는 사실을 알게 될 것이다. 하고 싶은 일을 했기 때문에 후회가 없다고 생각하는 사람은 그런 선택을 계속해도 된다. 반면 그런 선택 때문에 후회가 된다면 이제부터는 비중을 해야 할 일로 옮겨야 한다. 지나온 날에서 자신이 내린 선택에 대해 후회하면서도 고치지 못한다면, 이는 우유부단하다는 비판을 받아 마땅하다.

사람의 삶에서 후회라는 것이 아주 없을 수는 없다. 하지만 성장하기를 원하는 사람이라면 자신의 경험뿐만 아니라 타인의 경험에서 자꾸 배워 후회가 없는 쪽으로 자신을 변화시켜야 한다. 이제까지 해온 것들에서 후회가 있었다면 이를 계속할 때는 앞으로도 후회할 가능성이 높다.

나의 경우에는 판단이 비교적 쉽고 간편했다. 젊은 날에는 '해야 할 일'에 더 큰 비중을 두었다. 여러분 가운데 '그런 선택을 후회해본 적은 없는가?'라고 묻고 싶은 사람도 있을 것이다. 그러면 "사람이 모든 일을 다 해보고 살아갈 수는 없다."는 말을 해주고 싶다.

　젊은 날에는 '하고 싶은 일'보다는 '해야 할 일'에 훨씬 큰 비중을 두어야 한다고 생각한다. 많은 자기계발서에는 '하고 싶은 일을 하며 살라'는 표현이 자주 등장하는데, 나는 어떻게 처음부터 하고 싶은 일을 하고 살 수 있는지 되묻고 싶다. 하고 싶은 일이 정확히 무엇인지를 결정하는 데도 수많은 시간이 걸리지만, 그것을 마음대로 할 수 있게 되기까지도 수많은 시간이 소요되기 때문이다. 그래서 시간이 지나면 하고 싶은 일을 하고 살 기회를 얻을 수 있겠지만, 처음부터 원하는 일만 할 수 있는 사람은 많지 않다.

　즐거움이나 행복도 당장 하고 싶은 일을 하는 것에서만 생겨나지 않는다. 반드시 해야 할 일은 처음에는 시작하기가 무척 힘들다. 그러나 참고 견디면서 열심히 하다 보면 익숙해지고, 익숙해지다 보면 잘하게 되면서 자연스럽게 즐거움도 생긴다. 해야 할 일을 시작하거나 꾸준히 하는 것이 힘든 이유는, 시작하는 단계에서 필연적으로 따르게 마련인 어색함과 미적거림 그리고 고통 때문이다. 이것만 이겨낸다면 해야 할 일에서 얻는 즐거움은 당장 하고 싶은 일을 하는 데서 얻는 즐거움보다 훨씬 더 커질 수 있다.

　나의 경우에는 돌아서서 후회하게 되거나 결과가 좋지 못해서 고통을 당하는 일들을 반복적으로 겪으면서, 하고 싶은 일만 할 수는 없다는 교훈을 배울 수 있었다. 반대로 해야 할 일의 경우는 대부분 추운 겨울날 새벽에 잠을 깨서 작업대로 이동하는 것과 같다는 사실을 깨우치게 되었다. 잠시 동안의 고통스러움만 참아내면 큰 기쁨과 성과를 누릴 수 있다는 사실을 경험을 통해서 반복적으로 확인했다. 그래서 언제 어디서나 해야 할 일을 우선으로 생각할 수 있었다.

 이런 믿음과 실천 때문에 나는 아들들을 키우면서 늘 '해야 할 일'을 우선하도록 강조했다. 또한 군 생활에서도 하고 싶은 일과 해야 할 일 사이에 명확한 기준을 세우도록 권유했다.

 나의 이런 가치관이 반드시 정답이라고 여러분에게 이야기할 생각은 없다. 그러나 내 경험과 아이들의 경험을 기초로 짐작해보건대, 하고 싶은 일을 적절히 억제하고 해야 할 일에 더 많은 시간과 에너지를 투입하는 것은, 자신이 소망하는 인생을 만들고 싶어 하는 사람이 치러야 할 비용 가운데 하나일 것이라고 생각한다. 세상사에 귀한 것 치고 비용이 들지 않는 것이 어디 있겠는가? 지금도 내 삶의 밑바닥을 흐르는 생각은 세상에는 공짜가 없으며, 귀한 것을 얻고자 한다면 기꺼이 비용을 지불할 수 있어야 한다는 것이다.

 요즘 인터넷에서 자주 쓰이는 '인생은 실전이다'라는 말처럼, 인생은 피를 흘리지 않는 전쟁이나 다름없다. 취업 대란이나 취직 전쟁이라는 말이 아무렇지도 않게 쓰이는 현실에서 힐링은 일시적인 위안이 될 뿐 문제를 해결해주지 못한다.

하지만 이런 위안조차 없으면 살아가기 힘든 것이 지금 세상임을 나도 안다. 그래서 어른들이 만들어놓은 세상으로 인해 상처받는 젊은이들을 보면 마음이 아프다. 하지만 그렇다고 하고 싶은 일을 먼저 하라고 가르친다면, 자식의 인생에 전혀 도움이 되지 않는 부모가 될 것이라는 게 내 생각이다. 그렇다면 '해야 하는 일' 가운데서는 과연 어느 것에 더 큰 비중을 두어야 할까? 지금부터 제시할 내용은 내 경험과 내 아들들의 군 생활을 바탕으로 얻어진 조언들이다.

군 생활 첫 번째 목표 :
세상에 대한 시각을 제대로 정립하자

해야 할 일은 대략 두 가지로 구성된다. '반드시 해야 할 일'과 '하면 도움이 되는 일'이다. 우선, 도움이 되는 일은 잠시 저만치 밀어두고 반드시 해야 할 일을 중심으로 이야기를 풀어보자.

그렇다면 군 생활 동안 반드시 해야 할 일은 무엇인지가 궁금할 것이다. 이에 대한 답을 구하고 싶다면, 우선 다음의 세 가지 질문에 대해 나름의 해답을 찾아야 할 것이다. 첫째 내가 사는 세상은 어떻게 움직이고 있는가, 둘째 어떤 분야에서 일을 시작하고 경력을 관리해야 할 것인가, 셋째 나는 어떤 인생을 살기를 소망하는 가이다. 이를 찾기 위한 구체적인 노력에 가장 많은 시간과 관심, 그리고 에너지를 투입해야 한다.

세 가지 질문에 대한 답을 제대로 정리하는 일은 쉽지 않다. 뿐만 아니라 하나하나가 묵직한 도전 과제이기 때문에 완벽한 답을 기대할 수도 없다. 따라서 완벽하지는 않지만 부분적인 답이라도 정리한 다음 군 복무를 마무리해야 한다.

이 질문들에 대해 자신의 입장을 정리해두는 것은 성공적인 군 생활뿐만 아니라 그 이후의 시기에도 큰 도움이 될 것이다. 물론 개개인의 형편에 맞는 개별적인 목표들, 이를 테면 영어 실력 향상이나 자격증 준비 등이 중요하지 않다는 이야기는 아니다. 다만 우선순위를 따져볼 때 앞의 세 가지에 더 큰 비중을 두어야 한다는 것이 내 생각이다.

사람은 제각각의 시각(관점)으로 세상을 바라보고, 판단하고, 행동한다. 예를 들어, 다양한 거래가 이루어지는 자유시장경제(자본주의)를 보는 시각만 해도 그렇다. 다양한 거래들의 연결로 이루어지는 시장경제를 정확히 이해하는 일은 쉽지 않다. 이를 이해하기 위해서는 어느 정도의 지적 투자가 필요하다. 이러한 노력들이 적절하게 이루어지지 않는다면 대체로 사람들이 상식적으로 갖게 되는 통념이나 고정관념에 따라 시장경제를 바라보게 된다. 하지만 경제 상식이나 통념이 틀릴 수도 있다는 사실 또한 염두에 두기를 바란다.

개인의 이익이나 에티켓과 관련해서는 세상의 상식이나 통념이 대체로 올바르다. 우리는 어린 시절부터 타인에게 폐를 끼치지 않아야 하고, 욕설을 하지 않아야 하며, 반듯하게 앉아야 하고, 타인을 차별하지 않고 대해야 한다는 사실을 배운다. 그런데 에티켓이나 교양처럼 눈에 보이는 행위가 아니라 좀 더 복잡한 관계로 이루어지는 경우에는 객관적인 사실(진실)에 대한 지식을 습득해야 한다.

우리는 수학이나 영어를 배우기 위해 오랜 시간을 투자한다. 그렇지만 정치, 경제, 사회, 문화, 역사 등에 대해 올바른 주장이나 의견을 갖기 위해 특별한 노력을 기울이지는 않는다. 여러분들도 잠시 생각해보라. 여러분이 사는 세상의 정치, 경제, 사회, 문화 등의 분야에서 발생하는 여러 가지 현상을 제대로 이해하기 위해 책을 읽고 생각을 다듬고 자료를 모아본 적이 있는가? 올바른 시각을 갖기 위한 노력을 해본 경험이 얼마나 되는가? 아마도 꽤 많은 사람들이 위의 두 가지 질문에 고개를 가로저을 것이다. 물론 그런 노력을 체계적으로 해온 사람들도 있겠지만, 짐작하건대 소수에 지나지 않을 것이다.

그런 노력들이 체계적으로 이루어지지 않았다면 여러분이 세상을 바라보는 시각에 영향을 미치는 것은 타고난 동물적 본능 혹은 신문이나 방송 등에서 입수했던 정보들, 또래 집단이 대체로 공유하고 있는 믿음 등일 것이다. 예를 들어 경제 현상처럼 복잡한 현상들에서는 직관이나 상식이 틀리는 경우가 자주 발생한다. 철학자는 대부분 달변에다 달필의 재주를 가진 경우가 많다. 그래서 젊은이들은 그들의 주장을 쉽게 받아들인다. 물론 그들은 철학과 관련해서는 해박한 지식을 가졌을 것이다. 그러나 어떤 철학자가 시장경제를 비판할 때 그가 경제 현상을 제대로 이해하기 위해 어느 정도의 지적 투자를 했는지는 알 수 없다. 그래서 어떤 지식인들은 생산을 약탈이나 착취 등과 같은 개념으로 생각하고 쉽게 분노한다. 이런 사람들에게 내가 꼭 권하고 책은 루드비히 폰 미제스Ludwig von Mises의 《자본주의 정신과 반자본주의 심리》라는 고전이다.

미제스는 자본주의 사회에서 현재의 생활수준을 만들어낸 사람들은 글과 말을 만들어내는 사람들이 아니라, 그들이 사익만을 추구하는 추악한 자들이라고 분노의 저주를 퍼붓는 사람임을 이렇게 말한다. "자본주의 국가에 살고 있는 일반사람들의 생활을 현재의 수준까지 향상시킨 것은 모호한 개념에 대한 헛된 탐구가 아니라. '추악한 개인주의자', 또한 '착취자'로 불리는 사람들의 활동에 기인한 것이었다. (중략) 도덕적 근거에서 자본주의를 불공정한 체제로 거부하는 사람들은 모두 자본이란 무엇이며, 그것이 어떻게 존재하며, 어떻게 유지되는가, 그리고 생산과정에서 자본의 사용으로 파생되는 이익이 무엇인가를 이해하지 못하기 때문에 미망迷妄에 빠져 있는 것이다."[4]

사실 우리네 교육은 '생각하는 교육'이라는 측면에서는 미흡한 점이 많다. 스스로 생각하는 지적 훈련을 받을 수 있는 기회가 바로 대학의 교양 과정이다. 하지만 국내 대학의 교양 과정은 그런 역할을 해주지 못한다. 이런 상황에서 세상을 이해하는 도구로 가장 많이 사용되는 것은 다름 아닌 타고난 본능과 매스미디어를 통해 공급되는 상식이다. 최근 들어 TV 방송의 정보 전달력이 상당 부분 약해지면서 인터넷과 SNS를 통한 지식의 전달이 활발해지고 있다. 예전에는 국민들이 정보를 수동적으로 전달받는 역할에 머물렀다면, 지금은 지식을 생산하거나 확산하는 데 적극적으로 참여한다. 이는 자유로운 정보의 공유라는 장점이 있긴 하지만 자칫 잘못되고 왜곡된 지식의 확산이라는 문제점을 불러올 수도 있다. 최근 들어서 특정지역을 비하하는 단어들이 인터넷에서 자주 사용되고 있는 것이 그 사례라고 할 수 있겠다. 출처가 불분명한 인터넷과 SNS상의 이야기들을 세상을 배우는 도구로 맹신한다면, 불완전하고 왜곡된 시각을 가질 수 있게 된다는 것을 기억했으면 한다.

사람은 밝은 하늘 아래에서 어두움만을 볼 수도 있고, 반대로 어두컴컴한 상황에서도 밝은 하늘을 볼 수 있는 존재이다. 우리가 주목해야 할 것은 있는 그대로의 진실을 볼 수 있는 실력을 갖는 일이다. 세상에는 이런 진실을 호도하는 사람들이 의외로 많다. 그들은 자신들의 신념을 현실에 투영해서 왜곡한다. 그리고 그렇게 왜곡된 현실을 진리나 진실로 받아들인다. 공부를 많이 한 사람은 무엇이든지 합리화시키는 능력이 뛰어나기 때문에 근사한 스토리와 역사적 사실, 그리고 논리를 섞어서 끊임없이 자신의 이데올로기나 세계관을 세상에 퍼뜨린다.

깊은 지식이 없더라도 나이가 웬만큼 든 사람들은 잘 속지 않는다. 새로운 주장들과 맞닥뜨리게 되면, 그것을 자신이 걸어온 길과 맞추어보고 시시비비를 가려본다. 또한 진리처럼 보이는 것도 어느 정도 거리를 두고 살펴본다. 그러나 젊은이들은 트렌디하게 보이는 것, 세월을 통해 검증받지 못했더라도 본성이나 감성에 강하게 호소하는 주장들을 그냥 받아들이는 경우가 많다.

그 결과로 잃어버리게 되는 것들은 그냥 간과해버리기에는 너무 큰 손실들이다. 첫 번째 손실은 더 생산적인 분야에 쏟을 수 있는 젊음을 불평과 불만에 투입하게 된다는 것이다. 두 번째 손실은 내가 책임져야 할 부분을 외면한 채 다른 대상에게 분풀이를 하게 된다는 것이다. 내 지적이 허황되다고 생각하는 사람도 있을 것이다. 하지만 우리는 20세기에 왜 많은 젊은이들이 허울 좋은 사상이나 이데올로기에 빠져 젊음을 낭비하게 되었는지를 떠올려볼 필요가 있다.

모든 비극의 중심에는 무지 ignorance 라는 한 단어가 들어 있다. 무지하기 때문에 오판을 하고 무지하기 때문에 악의를 가진 사람들에게 이용당하고 만다. 세상에 대한 이해를 위해 일정한 지적 투자가 필요한 것은 비용을 줄이기 위함이다. 그리고 속임을 당하지 않기 위함이다. 게다가 세상을 있는 그대로 정확하게 이해하게 되면 당당하게 자신의 인생을 개척해가려는 의지가 생기게 된다. 사람의 성품도 달라지고 말도 달라진다. 이런 사람들은 성공할 가능성이 아주 높고, 행복해질 가능성은 더더욱 높다.

자유주의 철학자 루드비히 폰 미제스는 젊은이들에게 이렇게 당부한다. 그의 당부는 사회를 위해서도 필요하지만 젊은이 자신을 위해서 꼭 기억해야 할 말이다. "오늘날 우리 시대의 사회 각 분야에서 일어나는 모든 일은 사상의 결과이다. 좋은 일이거나 나쁜 일이거나 마찬가지이다. 그래서 우리에게 필요한 것은 그릇된 사상과 싸우는 일이다. 우리는 우리가 공공 생활에서 혐오하는 모든 것과 싸워야 한다. (중략) 오직 사상만이 어둠에 불을 밝힐 수 있다. 이러한 사상 자체가 사람들을 설득하는 방법으로 일단대중들에게 제시되어야 한다. (중략) 우리에게 필요한 것은 그릇된 사상을 더 나은 사상으로 대체하는 일 이외에 아무것도 없다. 나는 젊은 세대들이 이 일을 이룩하리라고 희망하며, 또 확신한다."[5]

우리가 정치, 경제, 사회, 역사 등에 대해 올바른 시각을 갖는 것이 필요한 이유는 불필요한 감정과 에너지 소모를 줄이고 기업가정신을 갖고 당당하게 살아가는 데 필요하기 때문이다. 피가 들끓을 만큼 강렬한 젊은 시절을 보내는 것은 잘못이 아니다. 하지만 세상이 하루아침에 변하지 않는다는 것을 깨닫게 되면 자연스럽게 차츰 말을 줄이고 생각을 깊이 하게 된다. 노파심에서 얘기하자면 이것은 세상에 굴복하라는 말이 아니다. 세상이라는 복잡한 구조를 이해하기 위해 학습하는 시간을 가져야 한다는 뜻이다. 잘 못된 시각이나 관점은 온통 세상을 비관적으로 보게 할 뿐 문제를 해결하는 정답을 제시하지 못한다는 점을 기억하기 바란다.

군 생활 두 번째 목표 :
자신의 역량과 강점을 객관적으로 파악하자

아이돌 그룹 2AM의 리더 조권의 경우 소속사에서 약 8년간 연습생 생활을 했다고 한다. 데뷔 후 조권은 그 8년간의 세월이 죽고 싶을 만큼 힘들었다고 토로했다. 어린 나이에 언제 데뷔할지 기약도 할 수 없는 연습생 생활을 8년씩이나 해낼 수 있었던 힘은 어디서 나온 것일까? 한 TV 토크쇼에서 조권은 연습생 시절 가장 힘들었던 것은 언제 데뷔하느냐는 주변의 끊임없는 물음이었다고 말했다. 누군가 데뷔에 대해 물을 때마다 다음 달이라고 거짓말을 하고는 그런 자신이 너무나 초라해서 눈물을 흘렸던 적이 한두 번이 아니라고 했다. 그럼에도 그런 과정이 있었기에 포기하지 않고 끝까지 앞으로 달려 나갈 수 있는 힘을 얻었다고 말했다. 조권은 자신의 진로에 대한 확고한 믿음이 있었기에, 기약 없는 기나긴

연습생 시절을 견딜 수 있었다.

중년에 이른 사람에게 "대학 생활이 어떠하였는가요?"라고 묻는다면, 어떤 답이 돌아올까? 아마도 다음과 같은 답이 많이 나올 가능성이 높다. "모든 것이 불확실하였습니다. 졸업 이후에 내가 어디서 무엇을 해야 하고 생활해야 하는가에 대해 정답이 없었기 때문입니다. 이 길을 선택하면 이런 장단점이 있고, 저 길을 선택하면 저런 장단점이 있었지요. 목표를 정해서 노력하더라도 목표가 달성되리라는 법은 없지 않습니까? 그런 불확실함이 학창 시절 내내 묵직한 중압감을 주었던 것 같습니다."

어느 시대나 대학생들의 머릿속에는 '무엇을 하고 살아야 할 것인가'라는 질문이 들어 있을 것이다. 나 또한 돌이켜보면 직장을 잡는 일, 그리고 이후에 경력을 관리하는 일은 계획대로 척척 돌아가지는 않았던 것 같다. 우연이라는 요소가 중간에 끼어들어 삶의 방향을 크게 비틀어버리는 경우들이 종종 있었다. 하지만 그럼에도 불구하고 마치 자신이 모든 것을 통제할 수 있는 것처럼 계획을 세워서 차근차근 준비할 수 있어야 한다.

나는 첫 직장을 잡는 일이 꽤나 어려웠다. 그때의 상흔이 계속 남아 있던 까닭에 직장 생활 내내 세상을 만만하게 볼 수 없었다. 그리고 보니 고생을 좀 하는 게 나쁜 일만은 아닌 듯싶다. 고생을 한 사람들은 이후에 그만큼 더 조심하면서 자신의 경력을 철두철미하게 관리하려 노력하기 때문이다. 직장을 잡는 일에도 충분한 사전 조사가 필요하다. 나는 직장을 위한 사전 조사를 할 수 있는 최적기가 군 복무 중이라고 생각한다. 입대를 앞둔 시점이라면 우선은 자신을 객관적으로 바라볼 필요가 있다. 이제까지 걸어온 길을 되돌아보면 대체적으로 자신이 어떤 분야에 장점이 있는지 그리고 역량이 어느 정도인지를 추측해볼 수 있다. 공부에 재능이 있는 사람이 있다면, 세일즈에 재능을 보이는 사람도 있기 마련이다. 모두가 공부를 잘 할 수는 없는 일이다.

시중에는 큰 꿈을 가지길 주문하는 책들이 많다. 큰 꿈을 갖는 일은 물론 필요하지만 아무 분야에서나 큰 꿈을 실현할 가능성은 높지 않다. 자신이 강점이 있는 분야, 그리고 자신이 도전해봄직한 분야를 우선적으로 선택할 수 있어야 할 것이다. 1년에 50만 명의 대졸자들이 사회로 쏟아져 나오고 구직자들이 매년 누적되고 있는 현실에서 모든 사람들이 대기업에 취업하기를 바란다면, 늘 취업난은 존재할 수밖에 없다. 15~29세 취업자 수는 1991년만 하더라도 549만 6,000명이나 되었지만, 2011년에는 387만 9,000명에 불과했다. 약 162만 개의 일자리가 줄어든 것이다. 청년들의 취업문이 얼마나 좁은지 단적으로 확인할 수 있는 자료다.

왜 눈높이를 낮춰서 취직할 생각을 하지 않느냐고 반문하는 어른들도 많다. 시작 단계부터 임금 격차뿐만 아니라 타인의 시선 등을 고려하면 청년들의 입장에서 눈을 낮추는 것이 쉽지는 않을 것이다. 더군다나 막대한 대학등록금을 생각하면 취업의 눈높이가 높아지는 것은 어찌 보면 당연하다. 아무 곳이나 취직하라는 어른들도 막상 명절 때 만난 조카에게 어디 취직했냐고 묻고는 "공부 좀 해서 좋은 곳에 들어갔어야지."라고 하며 혀를 차는 경우가 많다.

청년들은 어른들이 시키는 대로 고등학교 때는 대학 입학을 위해 올인하고, 대학 입학 후에는 취직 준비에 올인한다. 하지만 대학을 졸업한 후에는 어디서 무엇을 해야 할지 가르쳐주는 어른들이 없다. 고작 "인생은 스스로의 몫"이라는 말만 남겨놓고 입을 다물어버린다. 물론 나이가 들어서 경험이 쌓인다면 그 얘기가 틀린 것이 아니라는 사실을 깨닫는다. 하지만 그런 경험이 없던 젊은 시절에는 기성세대에 대한 불만이 있을 수밖에 없다.

그러나 우리가 한 번 더 점검해야 할 것은 현재라는 기준으로 매사를 판단하는 것이 반드시 올바른가 하는 점이다. 미래라는 것은 볼 수 없기 때문에 어떤 종류의 의사결정이든 현재의 이익이나 비용을 중시하는 쪽으로 이루어지는 것이 자연스럽다. 하지만 어떤 사람은 현재뿐만 아니라 미래라는 부분을 충분히 고려해서 의사 결정을 내린다.

수많은 젊은이들이 스펙 경쟁에 뛰어들고, 대기업에 입사하고자 발버둥치는 것을 나무랄 수는 없다. 또한 치열한 시험 준비를 거쳐서 공직자의 길을 가는 것도 나무랄 수 없다. 그러나 미래라는 관점에서 보자면 그것들이 반드시 올바른 선택은 아니라는 사실을 강조하고 싶다. 업종의 부침은 생각보다 심하다. 베이비부머 세대의 중간 정도에 위치한 내 연배의 사람들은 이제 퇴직의 대열에 들어섰다. 정년은 생각보다 일찍 온다. 대기업의 경우에도 임원을 중심으로 보면 50대 중반이 거의 물러나는 시점이라고 보면 된다.

어떤 직장에 첫발을 내딛는가에 대해서는 정답이 없다. 다만 여러분이 현재 다니고 있는 학교와 여러분이 그동안 해온 학업 결과 등을 고려하는 가운데, 모두가 원하는 길을 위해 치열하게 경쟁을 할지 아니면 다른 길을 선택할지 신중하게 고려하는 것이 중요할 뿐이다.

커피 전문가인 바리스타를 예로 들어보자. 2000년대 들어서 원두커피가 본격적으로 들어올 때만 해도 바리스타라는 명칭은 한없이 낯설기만 했다. 바리스타가 어엿한 직업이 될 수 있다는 인식도 없었다. 하지만 지금 바리스타라는 직업은 우리에게 너무나 익숙하다. 여러분이 그 시절에 커피를 만드는 일에 뛰어들었다면 분명 손가락질을 받았을 것이다. 하지만 10년 동안 꾹 참고 열심히 일해서 실력을 쌓았다면, 현재 커피 분야의 전문가로 수많은 후배들의 존경을 받고 있을 것이다.

내가 말하고 싶은 것은 바리스타처럼 특정 기업을 타깃으로 할 것이 아니라 종사하려는 분야를 중심으로 진로 계획을 잡아보면 어떨까 하는 것이다. 서비스, 유통, 금융, 무역 등 이런 분야에 뛰어들어서 이런저런 식으로 경력을 관리하고 궁극적으로 이런 단계까지 도달하겠다는 식으로 해답을 찾아보는 것도 도움이 된다. 이런 방법이 줄 수 있는 큰 효과는 선택의 범위를 대폭 넓힐 수 있다는 점이다. 대기업이 아니면 중견이나 중소기업도 가능할 것이고, 범위를 확장하면 우리나라 바깥에서도 일자리를 찾아볼 수 있다.

가장 확실한 방법은 자신이 점찍은 분야에서 방학 동안 인턴으로 일해보는 것이다. 또한 진로를 결정하기 이전에 그 분야에 이미 종사하고 있는 다양한 직급의 관계자들 이야기를 들어보는 것도 좋은 방법이다. 이때는 특정인의 경험담이 아니라 특정 분야에 종사하는 다양한 사람들의 인터뷰나 경험담 등을 집중적으로 탐구해보는 게 좋다. 국내에서 발간된 책도 좋고 영어책도 좋다. 영어로 쓰인 책 중에는 특정 분야의 경험담을 세세하게 정리해둔 것들이 많다. 선택하려는 분야에 종사하는 사람들의 다양한 경험담을 글로 읽는 것은 군 생활 중에 반드시 해야 할 일이다. 막연하게 특정 분야에 대해 짐작해보고 뛰어드는 것과 실제로 그 분야에 종사하고 있는 사람들의 경험담을 들어본 후에 뛰어드는 것 사이에는 엄청난 차이가 존재한다.

아들이 군대에 있는 동안 나는 몇 권의 책을 추천해주었다. 아들이 관심을 갖고 있는, 혹은 관심을 가져도 좋을 듯한 분야에서 일가를 이룬 사람들이 직접 자신들의 업이 갖고 있는 빛과 그림자를 솔직하게 밝힌 책들이었다. 관심이 가는 직종을 모두 직접 체험해볼 수는 없으므로 독서를 통해서나마 그 분야에 대해 충분히 알아보아야 한다. 이를 통해 특정 업종에 대한 지나친 환상을 없앨 수 있다. 이것만으로도 실패 확률을 크게 줄일 수 있다.

나는 이따금 청년들로부터 이런 질문을 받는다. "어떻게 하면 선생님처럼 작가나 강연자 같은 자유직을 갖고 살아갈 수 있습니까?" 최근에는 자신을 스물다섯의 예비역이라고 소개한 청년이 이와 비슷한 질문을 했다. 때로는 이렇게 직접 물어보는 것도 핵심을 손쉽게 파악하는 방법이 된다. 나는 그 청년에게 글을 쓰는 일이나 강연을 하는 일은 마지막 직장이라고 보면 된다고 답해주었다. 마지막이라고 말한 이유는 대부분 자기 분야에서 어느 정도의 위치를 굳건히 차지하고 나서야 강연자로서 다른 사람들에게 메시지를 전달할 수 있기 때문이다. 아울러 꾸준히 읽고 쓰는 훈련을 하다 보면 자신의 전문 분야를 바탕으로 전직을 할 가능성을 높일 수 있다고 충고해주었다. 무엇보다 중요한 정보는 처음부터 이런 자유직을 향해 준비하는 것은 성공 확률이 그리 높지 않다는 사실이다.

노하우를 점점 축적해나가는 사람들은 첫출발이 화려하지 않더라도 시간이 가면서 점점 자기만의 빛을 뿜어낸다. 그런데 쉽지가 않은 건, 이렇게 본인의 길을 흔들림 없이 가기 위해서는 사회 통념이나 인식 등을 뛰어넘어야 하는데 이것이 어렵다. 여기서 내가 주고 싶은 충고는 남들이 어떻게 볼 것인가, 세상이 어떻게 받아들일 것인가 등과 같은 잣대는 시간이 지나고 나면 별로 중요하지 않게 된다는 것이다. 이런 중요하지 않은 잣대 때문에 중요한 의사결정을 그르치는 것은 어리석다.

여기서 중요한 또 한 가지 사실은 설령 자신이 그리던 분야가 아니라고 해도 그곳에서 보내는 시간이 전혀 의미가 없지는 않다는 사실이다. 살아가다 보면 자신에게 맞지 않는다고 생각했던 일들조차도 나중에 큰 도움이 되는 경우를 많이 경험한다. 이런 점에서 보면 첫 직장도 중요하고, 이후의 경력관리를 위한 준비도 중요하지만, 무엇이든 할 수 있다는 열려 있는 마음가짐이 가장 중요하다.

내 시도가 100퍼센트 맞지 않더라도, 그것을 자신에게 맞는 경력을 계속해서 찾아가는 일련의 과정으로 생각하면 된다. 가능한 한 허비하는 시간을 줄여야 하겠지만, 인생사에서 모든 것들이 착착 맞아떨어져서 조금의 낭비도 않은 채 정답을 구할 수는 없다. 대략적으로라도 맞는 분야에서 시작하면 된다는 사실을 기억하기 바란다.

나는 아들들과 진로 문제에 대해 자주 이야기를 나누는 편이지만, 무엇을 하라거나 하지 말라는 이야기는 하지 않는다. 그 이유는 내가 사는 시대와 아들들이 사는 시대 사이에는 커다란 격차가 존재하기 때문이다. 그래서 나는 아들들에게 내 사회 경험을 충분히 이야기해주되, 어떤 길을 선택하고 그 선택에 책임을 지는 것은 철저히 각자에게 맡긴다. 그런 가르침 덕분인지 아들들은 학교를 다닐 때뿐만 아니라 군 생활 중에도 자신의 미래와 관련해서 집중적인 고민의 시간을 가졌던 것 같다. 두 아들 모두 제대를 목전에 두었을 때 어떤 분야로 진출할 것인지를 결정한 것을 보면 말이다. 아들들을 보면서 현장 체험을 하지 못하더라도 원하는 분야에 뛰어들기 위해 체계적으로 인턴을 준비하거나 정보를 수집

하는 것은 군 생활 중에도 얼마든지 할 수 있는 일이라는 걸 알 수 있었다. 내 아들이 특별한 사람은 아니니, 여러분도 시간을 잘 활용하기만 한다면 제대 전에 진로에 대한 어떤 결정을 내릴 수 있을 것이다.

50대에 접어들어 여러 직종의 사람들을 만나면서 나는 한 가지 사실을 깨닫게 되었다. 자신의 인생에 대한 만족도가 가장 높은 사람은 대체로 젊은 날에 커다란 리스크를 이겨내고 자기 일을 일으키는 데 성공한 사람이라는 사실이다. 물론 그 성공이 언제 무너질지는 아무도 알 수 없지만, 일단 자기 일을 일으키는 데 성공하게 되면 말년까지 분주하게 생활할 수 있다는 장점이 있다. 안정된 직장은 큰 걱정 없이 다닐 수는 있지만 물러날 무렵이면 조금 쓸쓸한 감정이 드는 것도 사실이다. 큰 문제없이 직장을 물러나더라도, 은퇴 이후의 수명이 길어졌기 때문에 30~40년 정도의 시간을 어떻게 보낼 것인지가 새로운 과제로 남게 된다. 60세에 은퇴해서 80세까지 산다면, 생리 활동에 필요한 시간을 빼고 대략 8만 시간 정도가 남게 된다. 만약 100세까지 살게 된다면 16만 시간 정도가 남는다. 이런 자유로운 시간을 어떻게 생산적으로 살 것인가가 지금 세대가 직면한 또 하나의 도전이다. 그렇다면 좀 더 멀리 보고 오랫동안 현역에서 활동할 수 있는 일을 찾는 것도 진로 선택 시에 고려해야 할 사항이 될 것이다.

 우리가 알아야 할 것은 리스크와 보상 사이에는 항상 트레이드오프 관계가 있다는 점이다. 현재와 미래 사이도 마찬가지다. 이런 점에서 젊은 날부터 지나치게 리스크를 피하고 안정 위주의 직업을 선택하거나 그렇게 시간을 보내기를 원하는 사람이라면, 삶이라는 것이 젊은 날만 있는 것은 아니라는 사실을 기억하기 바란다. 초기에 위험을 좀 더 많이 겪은 사람일수록 후년에 더 멋진 삶을 살아가는 사람들이 많다.

 아주 오래전 대학을 다닐 때 친구와 함께 교정을 걷다가 들었던 이야기가 떠오른다. 그 친구의 아버지는 자기 사업을 하던 분이었는데, 친구에게 이런 이야기를 해주었다고 한다. "직장 생활이란 것이 좋기는 한데, 떠날 때는 좀 쓸쓸하지……." 수십 년이 흐른 지금도 친구가 전한 아버지의 조언은 내 뇌리 깊숙이 남아 있다. 훗날 내가 안정적인 직장을 그만두고 새로운 길을 개척한 데에는 그 한마디가 적지 않은 영향을 미쳤다.

 나는 아버지로부터 세상살이나 진로에 대해 별다른 이야기를 듣지 못하고 대학 생활을 보냈다. 불확실한 환경에서 사업을 하셨던 아버지는, 자식들이 알아서 자기 길을 개척해가리라 생각하셨기 때문인지 아니면 너무 분주한 탓에 그럴 여유가 없으셨는지 몰라도, 자식들의 진로에 대해 가타부타 이야기를 하지 않으셨다. 진로를 두고 부모와 대화가 많은 것도 도움이 되지만 아예 그런 대화가 없는 것도 활용하기에 따라서는 도움이 된다. 내 경우가 그랬다. 왜냐하면 부모의 조언이 없을 경우라면 모든 것을 스스로 알아서 개척해내야 한다는 절박한 마음이 생기기 때문이다.

한편, 학교에 머무는 것과 일을 하면서 배우는 것 사이에는 큰 차이가 있다. 위급한 상황이 발생하지 않은 상태에서 그냥 1~2년 정도를 대학에 더 머무는 것은 그다지 현명한 선택이라고 생각하지 않는다. 대학에 남아서 공부를 계속할 의향이 없다면 가능한 제때에 졸업해야 한다. 졸업까지의 기간을 줄이는 것도 좋은 방법이다. 1년이라도 먼저 사회생활을 시작하는 것이 좋다고 본다. 이 부분은 뒤에 가서 좀 더 심도 있게 다루겠다.

평균값과 개별값을 구분하라

시간은 흘러서, 나이는 먹어가고

무슨 낙이라도 있어야 하는데

결혼도, 연애도, 집도, 차도, 내 몫은 아닌 듯한 밤. (중략)

대학 가면 빚더미, 난 평생 일개미

경쟁에 밀려, 시간에 치여

내 인생은 어디로

대학가면 빚더미, 난 평생 일개미.[6]

위 글은 한 젊은이가 불러 큰 반향을 일으켰던 '삼포세대'라는 노래 가사 중 일부분이다. 불안전한 일자리, 기약 없는 취업, 학자금 대출 등으로 연애도, 결혼도, 그리고 출산도 포기해야 하는 요즘 젊은이들은 스스로를 삼포세대라고 부른다고 한다. 이 노래는 요즘 젊은이들이 직면하고 있는 현실과 그 애환을 담고 있다. 그야말로 청년 세대의 고민을 담은 노래이다.

요즘은 기대체감의 시대이다. 취업난에 불황이 더해지면서 청년들의 어깨도 축 처지고 말았다. 스스로 꿈을 향해 나아가는 것을 사치스럽게 생각하거나 자신에게 가능하지 않은 이야기라고 받아들이는 청년들이 늘어나고 있다. 그래서인지 "우리는 정말 운이 나쁩니다."라든가 "우리 세대에게는 더 이상 기회가 남아 있지 않아요."라고 말하는 청년들을 자주 만난다.

포기하는 청년들이 늘어나는 이유는, 직장을 구하기가 워낙 힘들고 눈앞의 과제들을 하나둘 손에 꼽아보면 도저히 해결할 엄두가 나지 않기 때문일 것이다. 스스로도 그렇게 여기고 싶어 하고, 부모님들도 자주 그렇게 말하고, 언론에서도 그런 주장들이 반복해서 나온다. 그러다 보니 어느 사이엔가 스스로를 '세태에 밀려 기회를 잃어버린 억울한 낙오자'로 생각하는 젊은이들도 늘어나고 있다. 같은 이야기라도 반복해서 듣다 보면 깊은 생각을 해볼 겨를도 없이 남의 이야기인지 자기 이야기인지 모를 정도로 동화되어버리기 쉽다. 현재의 젊은이들이 그런 모습이다.

어려울 때일수록 우리에게 필요한 것은 자신이 처한 실제 모습을 관찰자의 눈으로 보는 것이다. 어려울 때일수록 바라보고 나아가야 할 뚜렷한 목적지가 필요하다. 무엇을 위해 살아야 하는지, 어떤 인생을 살아야 하는지, 그리고 어떤 사람이 되어야 하는지 등과 같은 삶의 목적들을 찾아야 한다. 이는 인생의 큰 그림 그리기에 해당하는 것인데, 어느 누구도 자신을 대신해서 그려줄 수는 없다.

경제가 어려운 것은 사실이고, 예전에 비해 괜찮은 일자리가 만들어지는 속도도 크게 떨어지고 있다. 더 큰 문제는 일자리를 원하는 청년들의 수가 대학 졸업생 수의 증가로 크게 늘어나고 말았다는 사실이다. 대학을 나온 사람들의 기대 수준을 모두 만족시키기에는 일자리 수가 턱없이 부족한 형편이다. 나라 밖의 사정이나 우리의 내부 사정 등을 고려하면 앞으로도 직업 시장에서 큰 변화가 일어날 가능성은 높지 않다.

우리집에서는 대화 중에 자주 '평균값'과 '개별값'이란 용어가 등장한다. 우리가 삶을 어떻게 바라보고 있는가를 드러내는 특별한 용어이다. 내가 아들에게 자주 해주는 이야기는 이렇다.

"평균적으로 어렵다는 것과 내가 어렵다는 것은 전혀 달라. 사람들은 자신의 상황을 쉽게 받아들이기 위해 '불황이라서 어렵다'는 말을 자주 사용하지. 그러나 불황 중에서도 새로운 기회를 만들어내는 기업이나 사람들이 얼마든지 등장한다. 평균적으로 어렵기 때문에 나도 어렵다는 이야기는 부분적으로 옳기도 하지만 부분적으로 틀리기도 해. 평균값과 개별값을 구분할 수 있어야 한단다."

내 개인적인 이야기를 하자면 1987년에 직업 세계에 첫발을 내딛었는데, 첫 직장을 구하기까지 엄청난 고생을 했다. 당시 우리나라는 88올림픽을 앞두고 있을 때라, 경제가 유래 없는 호황이었다. 그렇지만 나는 고생 끝에 간신히 첫 직장을 잡았다. 그때의 경험 때문인지 나는 지금도 불황이네 호황이네 하는 말에 큰 의미를 두지 않는다. 상황이란 대부분 주어지는 것이고 그런 상황은 대개 내가 어찌할 수 없는 것일 경우가 많기 때문이다. 특수한 상황이라도 어떤 태도와 행동을 취하느냐는 결국 개인의 몫이다. 직장을 떠나서 자기 사업을 하면서도 호황과 불황은 반복적으로 다가온다. 호황은 평균적으로 좋다는 뜻이지만, 호황에도 어려움을 겪는 사람들은 있다. 불황도 마찬가지다. 때문에 나는 내 일을 하면서도 평균적으로 좋음이나 나쁨에 대해 크게 개의치 않는다. 어쩌면 무관심하다는 편이 더 정확한 표현일 것이다.

내 얘기가 지금 당장 취업 전선에 뛰어든 젊은이들에게는 별로 와 닿지 않을 수도 있다. 하지만 몸을 움직이는 심장은 아무리 뜨거워도 좋지만 세상을 바라보는 눈은 한 없이 차가워야한다. 냉정하게 주변을 판단하고 뭘 해야 하는지, 그리고 뭘 할 수 있는지를 파악해야만 한다.

세상에는 다수의 사람들과 완전히 다른 시각으로 문제에 접근해서 놀라운 성공 드라마를 만들어내는 사람들이 계속 등장하고 있다. 대부분의 사람들이 힘들다, 어렵다고들 말하지만 불황 가운데서도 틈새시장이나 새로운 시장을 발견해서 승자가 되는 개인이나 기업은 끊임없이 등장한다. 이것이 바로 자본주의의 특성이다. 미국 카우프만 재단의 연구 보고서는 불황의 의미를 이렇게 재해석하고 있다.

"2009년 포춘 500대 기업에 올라 있는 기업들 가운데 거의 절반은 불황 혹은 약세장에서 창업되었다. 최종 분석에 포함된 488개 기업 가운데서 51퍼센트에 해당하는 256개 기업이 어려운 시기에 창업되었으며, 이들 가운데 45퍼센트가 불황기에 창업되었다. (중략) 불황기의 고통에도 불구하고 불황기를 벗어나 성장한다는 희망을 가질 이유가 있다."[7]

예를 들어, 대중들은 대부분 미디어에서 포커스를 맞춘 대로 자동차 산업의 몰락으로 거의 공동화되어버린 디트로이트의 도심지와 실업 때문에 고생하는 사람들의 고통에만 주목한다. 하지만 그런 고통 속에서도 살아남기 위해 창업 대열에 뛰어드는 사람들이 있고, 이들 가운데 일부는 놀라운 성공 스토리를 만들어낸다. 내가 말하고 싶은 것은 '경제가 어렵다'거나 '취업난이 심하다'처럼 평균적으로 '우리 모두가 어렵다'는 분위기에 압도된 나머지 '나도 어렵다'는 주장에 선뜻 동의할 필요는 없다는 것이다. 나는 여러분이 전체와 부분, 그리고 우리와 나를 구분지어서 생각할 수 있었으면 좋겠다.

일례로 프랜차이즈 커피 전문점 카페베네로 큰 성공을 일군 김선권 사장이 2008년 카페베네를 창업했을 당시, 대한민국의 카페 시장은 포화상태라는 관점이 일반적이었다. 너무나 많은 카페들이 우후죽순으로 생기면서 폐업하는 곳들도 늘어났다. 하지만 그는 주변의 만류와 냉소에도 불구하고 카페베네를 창업해서 큰 성공을 거뒀다. 수많은 카페들이 있지만 고객들이 진정 원하는 것을 맞추지 못하고 있다는 점을 간파했기 때문이다. 만약 그가 주위의 의견이나 불황의 시작이라는 경제적 여건에 빠져 창업을 포기했더라면 지금의 성공은 있을 수 없었다.

사람의 투지나 능력은 막다른 골목에서 화려하게 발휘된다. 더 이상 물러설 때가 없다는 절박함이 새로운 길을 모색하도록 도와주기 때문이다. 내 개인적인 체험에 미루어보더라도, 막다른 골목으로 내몰리지 않았다면 조직에 매이지 않고 자유롭게 살아가는 인생을 스스로 개척할 수는 없었을 것이다. 물론 일부 창업자 가운데는 스스로 조직을 박차고 나온 사람도 있지만, 더 많은 경우는 어찌할 수 없는 상황에 처해서 자기 사업에 뛰어든 사람들일 것이다.

청년기에는 대부분 자신 이외에 책임을 져야 할 사람이 없다. 따라서 이 시기에는 무엇이든 해볼 수 있다. 체면 같은 것에 크게 연연하지 않는다면, 도전의 자유가 열려 있는 시기가 청년기이다. 문제는 이런 사실을 자신이 받아들일 수 있는가 하는 것이다.

직업을 구하는 일에 관한 한 남의 이목이나 체면에 구애받을 필요는 없다. 지금은 초라하고 미약하게 보이더라도 일을 배워서 앞으로 무엇인가를 해볼 수 있다는 약간의 가능성이 존재한다면 기꺼이 뛰어들 가치가 있다. 완벽하게 준비가 된 상태에서 시작할 수도 있지만, 부족하기 짝이 없는 상태에서도 얼마든지 아름답게 시작할 수 있다.

결혼도 마찬가지다. 처음부터 내가 원하는 조건을 100퍼센트 만족하는 직장에서 시작할 수 있는 행운을 가진 사람들이 얼마나 될까? 모든 조건을 완벽하게 구비한 상태에서 결혼을 하는 사람들이 얼마나 될까? 무엇이든 천천히 완성해간다는 생각을 가질 수 있다면 새로운 시도에 좀 더 용감해질 수 있을 것이다.

요즘은 '부모에 따라 모든 것이 결정된다'는 통념이 부쩍 늘어났다. 부모의 넉넉한 유산을 받아서 살아가는 것은 일단은 편안하다. 하지만 다르게도 볼 수 있다. 관점을 바꾸어보면, 부모가 큰 사업체를 갖고 있다는 것은 자신의 뜻과 상관없이 운명적으로 그 일을 할 수밖에 없다는 뜻이 된다. 그러나 부모로부터 물려받을 것이 없는 사람은 자기 뜻대로 인생을 펼쳐볼 수 있다.

많은 재산을 물려받은 사람들이 가진 상큼하지 않은 면도 있다. 아무리 큰 성취를 하더라도 과거의 유산으로부터 벗어나기가 쉽지 않다는 것이다. 사람들은 부모를 잘 두어서 호강한다며 늘 뒤에서 수군거린다. 이런 멍에를 벗어나기 위해서는 오랜 시간 동안 괄목한 만한 성과를 올려야 한다. 세상 사람들은 그들을 웬만해서는 마음속으로까지 인정하려 들지 않는다. 그들이 놀랄 만한 성과를 올리기 전에는 말이다. 그래서 재산을 물려받은 사람 중에는 자신을 증명하기 위해 무리하게 노력하다가 모든 재산을 날리는 경우도 심심치 않게 생긴다.

나는 기업의 흥망을 제법 오랜 시간동안 관심 있게 지켜봤고, 이에 대해 두 권의 책을 쓴 바 있다. 그래서 확실히 말할 수 있는 건, 부모로부터 큰 재산을 물려받아서 이를 지켜내는 일은 절대로 편안하지 않다는 것이다. 오히려 그 어떤 일보다도 힘들다.

이렇게도 한번 살아보고 저렇게도 한번 살아볼 수는 없다. 인생의 가장 귀한 시점에 무엇을 할 것인지를 잘 선택해서 하나의 길에 몸담아야 한다. 자신에게 잘 맞지 않는 옷과 같은 사업 분야에서 허덕이며 노력했지만 성과가 좋지 않은 사람들이 느끼는 삶에 대한 자괴감은 상상을 초월할 정도로 크다. 결론적으로 내가 말하고 싶은 것은, 모든 것을 갖춰서 겉으로 보면 부럽기 짝이 없는 사람들도 다들 자기가 짊어져야 할 인생의 무게를 안고 살아간다는 사실이다. 남들이 가진 것을 너무 부러워할 필요는 없다. 그래서 옛 속담에 "천석꾼은 천 가지 걱정, 만석꾼은 만 가지 걱정이 있다."는 말이 있는 것이다. 그 속담은 지금도 여전히 진리이다.

군 생활 세 번째 목표 :
어떻게 살 것인지 큰 그림을 그려보자

나는 청년들이 젊은 날, 내가 어떤 사람이 되어야 하는가에 대한 나름의 선택을 해야 한다고 생각한다. 특별하지 않은 사람이라도 누구나 한 분야 정도는 일가를 이룰 수 있는 가능성을 갖고 있다. 학벌이 좋고 머리가 뛰어나고 주변의 도움이 있다면, 처음 시작은 그렇지 않은 사람에 비해 빠를 수 있다. 그리고 편안한 삶을 살아갈 가능성이 높다. 그러나 그 효과가 얼마나 오래갈지에 대해서는 누구도 장담할 수 없다. 어떤 분야든지간에 정교한 계획을 세워서 꾸준히 노력하는 사람들은 원하는 결과에 다가설 수 있다.

오늘날은 과거처럼 오래 기다리는 것을 미덕으로 여기지 않는다. 성급하게 결과를 요구하는 것에 익숙하다. 그러나 시대가 중시하는 것과 내가 중시해야 하는 것을 구분할 필요가 있다. 여러분이 달성하려는 꿈과 비전, 그리고 원대한 목표의 속성에 대해 한 번 더 생각해보자. 그것은 타인에게 어떤 가치를 제공하는 것들이리라. 기발한 아이디어, 예리한 기회 포착, 탁월한 문제 해법, 편리함과 독특함의 제공 등과 같은 가치는 어떤 시점에 갑자기 생겨나는 것은 아니다. 결국 인간의 문제로 귀결된다. 누군가 특별한 가치를 타인에게 제공할 수 있다면 그에게 상당한 성공이 보장될 것이다. 그런데 그런 특별함은 그냥 생겨나는 것이 아니라 사람의 두뇌 속에서 일련의 과정을 통해 만들어지는 결과물 혹은 생산물의 형태로 나타난다.

그런 생산물과 결과물을 만들어내기 위해서는 두뇌 속에 일련의 공정을 지속적으로 처리할 수 있는 시스템, 즉 공장이 구축되어 있어야 한다. 그래서 과거와 지금 시대가 크게 달라졌다고 하더라도 성공의 본질에는 크게 차이가 없다. 다만 그런 공장을 인생의 어느 시점에서 만들어낼 수 있는가가 중요할 뿐이다.

세상이 스피드를 중시한다고 해서 모두가 그것에 휩쓸릴 필요는 없다. 스피드를 중시하는 것은 유행일 뿐이다. 본질은 고객들에게 특별한 가치를 제공할 수 있는 사람으로 성장하는 것이다. 세월이 흐른다고 해서, 환경이 변화한다고 해서 본질까지 바뀌는 것은 아니다. 어떤 분야에서 확고한 실력을 갖추는 일은 반드시 일정한 시간을 필요로 한다. 대충대충 보내는 시간이 아니라 집중적으로 투자하는 시간이 절대적으로 필요하다. 이 시간은 단순히 인내라는 단어로는 부족한, 정말로 끝까지 참고 견뎌내야 할 시기에 해당한다.

얼마 전에 대규모 강연에 참석한 적이 있다. 40여 분 정도 무대

뒤편 대기실에 앉아서 앞 강연자의 강연을 듣다가 잠시 일어서서 좁은 대기실 안을 서성거렸다. 강연 시작을 어떻게 하면 좋을까 궁리하기 위해서였다. 몇 가지 아이디어를 종이 위에 메모하다 보니 아이디어가 꼬리에 꼬리를 물듯이 흘러나왔다. 이를 놓치지 않고, 강연장에서 하고 싶은 이야기를 흰 백지 위에 데생을 하듯이 그려나가기 시작했다. 마치 수도꼭지에서 흘러나오는 물처럼 좋은 콘텐츠가 마구 떠올랐다. 그렇게 하다 보니 미리 준비해온 90분짜리 강연록 대신 완전히 새로운 강연록이 탄생되었다. 이처럼 새로운 아이디어가 쉼 없이 떠오를 때면 나는 어김없이 내 두뇌 속에 위치한 정교한 공장을 생각한다. 그리고 그 공장이 최고 속도로 돌아가는 모습을 상상해본다. 그 공장은 명령을 내리기만 하면 즉시 작업을 개시한다.

  여러분이 훗날 마케터로 일하든, 엔지니어로 일하든, 혹은 투자가로 일하든, 해결해야 할 과제에 대해 새로운 아이디어를 계속해서 만들어낸다는 것은 매우 중요하다. 그러나 공장을 만들어내는 방법에는 왕도나 지름길이 없다. 시간을 갖고 최선을 다해 만들어갈 뿐이다. 특별한 사람만이 만들어내는 것도 아니다. 공장을 만든다는 프로젝트를 해결하기 위해 꾸준하게 실행에 옮길 수 있느냐가 관건이다. 그래서 나는 학생으로 혹은 직업인으로 살아가는 것은 자신의 분야와 관련해서 두뇌 속에 일종의 '지식공장'을 만들어내는 것을 뜻한다고 생각한다. 지식공장과 이를 개발하는 구체적인 방법에 관해서 나는 이미 《명품 인생을 만드는 10년 법칙》과 《공병호의 내공》이란 책에서 밝힌 바 있다.

누구라도 이런 프로젝트에 도전할 수 있다. 우선은 그런 사람이 되려는 의지를 가진 사람에게만 가능성의 문이 열린다. 그렇다면 그런 의지를 어떻게 만들어낼 수 있을까? 그 원동력은 정규 교육, 만남, 깨달음, 깨우침 등 여러 가지에서 찾을 수 있다. 나는 무엇이 되고자 하는 의지意志만큼 중요한 것은 없다고 생각한다. 스스로 그런 사람이 되려는 열의와 의지는 한 사람으로 하여금 어떤 상황에서도 앞을 향해 계속 나아가게 만드는 힘의 원천이 된다.

여러분 스스로 한 분야에서만큼은 일가를 이룬 사람이 되어야겠다는 강력한 의지를 갖기 바란다. 바로 그것이 여러분이 군 복무 중에 다져야 할 기본 가운데 하나이다. 사람의 깨달음은 살며시 오게 되는데, 그 깨달음의 핵심은 대충 살다 가서는 안 되겠다는 강력한 자각이다. 이왕 한 번 사는 인생이라면 정말 특별한 존재가 되어야겠다는 자각, 그런 인물이 어떤 모습이어야 하는지에 대한 자각, 이런 자각을 누가 안겨줄 수 있겠는가? 정답은 바로 '스스로'이다. 스스로 그런 깨달음의 순간을 가져야 하고, 그런 순간을 기초로 자신의 인생과 직업인의 모습에 대한 큰 그림을 그릴 수 있어야 한다.

누구에게나 청년기는 혼란스럽고 자신에 대해 믿음을 갖기 힘든 시기이다. 1951년 생으로 최초의 미국 여성 우주비행사인 샐리 라이드Sally Ride는 명사들의 이야기를 담은 《나를 바꾼 그때 그 한마디》라는 책에서 고교 시절에 들었던 아버지의 말씀을 잊을 수가 없었다고 한다. 얘기는 이렇다. 샐리 라이드는 고교시절 자신감을 잃어버린 채 실의에 빠져 방향 없이 헤매는 나날을 보냈다고 한다. 남들과 비교해도 어느 것 하나 잘하는 것이 없다는 생각에 기가 푹 죽은 그녀에게 아버지는 이런 말씀의 선물을 주었다. "얘야, 꿈을 크게 가져야 하는 거야. 하늘의 별을 따겠다는 마음으로 말이다You know, you've got to reach for the stars."

아버지의 이야기를 듣는 그 순간 샐리 라이드는 마치 무언가에 심하게 얻어맞은 기분이 들었다고 회상한다. 세월이 흘러 세상에 자신의 이름을 날리기 시작한 지금도 그녀는 아버지가 자신에게 전하고자 했던 메시지를 잊지 않으려고 노력한다고 말한다. "아버지의 말씀에 담긴 참뜻은 꿈을 향해 쉬지 않고 정진할 마음의 자세만 있다면 어느 분야에서든 최고의 경지에 도달할 수 있다는 것이다. 나는 지금도 '꿈을 절대 작은 테두리에 가두지 말라'는 아버지의 뜻을 되새기고자 노력한다."[8]

정도의 차이가 있겠지만 어느 시대나 청년들의 삶은 팍팍하다. 학교를 마치고 사회의 첫 걸음을 내딛는 일은 늘 아슬아슬하다. 그런 가혹한 청년기를 보냈던 인물 가운데 한 사람이 대공황의 와중에서 대학을 졸업하였던 로널드 레이건Ronald Reagan 전 미국 대통령일 것이다.

그가 대학을 졸업하던 1930년에는 대공황의 여파가 레이건의 고향 마을까지 영향을 미치고 있었다. 가게들은 도산하고 레이건의 아버지는 일자리를 잃었다. 훗날 레이건은 자서전에서 크리스마스 전날에 막 도착한 특별 우편물에서 해고 통지서를 접한 쓸쓸하고 슬픈 표정의 아버지를 잊을 수 없다고 회고했다.

레이건은 그런 와중에 결코 꿈을 버리지 말고 자신의 길을 집요하게 추구해보라고 권하는 한 사업가를 만나게 되었다. 레이건이 캔자스 출신의 이 사업가를 만난 건 학비를 벌기 위해 호텔에서 아르바이트를 할 때였다. 사업가는 레이건을 보자 관심을 보이며 "자네가 추구하는 꿈은 무엇인가?"라고 집요하게 물었다고 한다. 그때 레이건은 당시로서는 실현 가능성이 아주 낮은 꿈을 털어놓았다.

"솔직히 말씀드리자면 제 마음 깊은 곳에는 라디오 방송국의 스포츠 아나운서가 되고 싶다는 꿈이 있습니다." 이때 레이건이 예상하였던 답은 "젊은이, 그것은 너무 가능성이 낮으니까 포기하는 게 좋을 걸세."라는 말이었다. 그러나 그 사업가는 레이건이 평생 동안 잊지 못할 귀한 조언을 주었다. "아는 사람을 통해 알음알음으로 직장을 얻는 일은 길게 보면 바람직하지 않으니, 수없이 거절을 당해도 이곳저곳의 문을 두들기며 직접 직장을 구해보게." 사업가는 또 이렇게 덧붙였다. "내가 나서서 자네를 도울 수 있지만, 그건 결코 좋은 방법은 아니야." 마지막으로 그 사업가는 자신의 경험에 바탕을 두고 이렇게 조언했다. "외판원은 250개의 문을 두드려야 겨우 물건 하나를 팔 수 있는 일이니 아무리 거절을 당해도 실망해서는 안 되네."

훗날 레이건은 "그에게서 받은 조언은 지금까지 내가 들은 조언 중 가장 좋은 결과를 안겨주었던 것들 중 하나다."라고 털어놓았다. 인생의 중요한 시점에서 어떤 사람을 만나서 어떤 조언을 얻는가에 따라 삶의 항로는 크게 달라지는데, 로널드 레이건의 사례가 바로 그런 경우에 해당한다.

나는 인생의 목표를 크게 세 가지로 이해하고 있다. 그 세 가지 가운데 가장 바람직한 순서로 이야기를 해보겠다. 첫 번째가 가장 바람직한 것이지만 첫 번째를 갖지 못한 사람이라도 실망할 필요는 없다. 둘째, 셋째의 경우라도 넓은 의미의 목표에 모두 포함되니 말이다. 다음을 살펴보자.

　첫 번째는 목표가 가진 원래의 의미에 충실하도록 목표를 세우는 일이다. 어떤 분야에서 어떤 방법으로 경력을 관리해서 어떤 자리에까지 도달하고 싶다는 생각을 가져라. 그리고 한 인간으로서도 어떤 인물로 성장하고 싶다는 구체적인 그림을 그려라. 그렇게 될 수만 있다면 최상이다. 여러분이 군에 머무는 동안 이처럼 인생과 직업에 대해서 구체적인 그림을 정리하는 것이 필요하다. 이때도 완벽한 그림을 그릴 수 있다면 좋지만, 약간의 가능성이 있다면 그것에 맞추어서 여러분만의 그림을 그리는 것도 도움이 된다. 모든 그림은 상황 변화에 따라 얼마든지 지우고 새로 그릴 수 있는 연필 스케치와 같다고 생각하면 한결 편안하게 그릴 수 있을 것이다. 앞으로 얼마든지 바꿀 수 있다. 기억해야 할 것은 그림을 갖고 있는 것과 그렇지 않은 것 사이에는 큰 차이가 있다는 것이다.

　두 번째는 구체적으로 내가 어떤 분야에서 어떤 인물이 되어야 하겠다는 그림을 그릴 수는 없더라도, 평범하게 살다 가서는 안 되겠다는 점을 명확히 하는 것이다. 이때의 목표는 원래의 목표라는 의미에 포함하기에는 다소 거리가 있다. 특별함, 훌륭한, 위대함과 같은 단어들이 인생에 필요하며 이를 위해 비용을 기꺼이 지불하겠다는 정도의 목표라도 좋다. 목표를 세워보라. 별다른 노력을 하지 않아도 누구나 살 수 있는 평범한 삶이 아니라, 자기 분야에서 뭔가를 해내고야 말겠다는 목표를 세워보자.

세 번째는 어디서 무엇을 할지 그리고 어떻게 할 것인지는 모른다 할지라도, 잘되고 싶다는 의지 하나만은 분명하게 갖고 있어야 한다는 것이다. '잘되고 싶다'는 소망도 넓은 의미에서 목표에 포함될 수 있다. 세 번째는 원래의 목표에서 가장 멀리 떨어져 있는 의미이다. 하지만 인생을 잘 이끌기 위해서 무엇을 할지는 찾아가는 중이더라도, 일단은 잘되고 싶다는 의지만큼은 분명하게 갖고 있어야 한다.

세 가지 가운데서 첫 번째, 두 번째, 세 번째 순서로 우선순위를 정할 수 있을 것이다. "나는 이런저런 분야의 일가를 이룬 사람으로 성장할 것이다."라는 내 젊은 날의 꿈에는 그동안 많은 변화가 있었다. 큰 그림을 구성하는 내용물이 바뀌는 것은 사람이 성장하는 것처럼 당연한 일이다. 그러나 청년 시절로부터 수십 년이 흐른 지금도 내 뇌리의 한가운데를 장악하고 있는 것은 '대충 살다가서는 안 된다'는 다짐이다. 한 걸음 더 나아가 '나는 한 분야에서 일가를 이룬 인물로 살고야 말겠다'는 당찬 포부 또한 잊지 않고 있다. 그것은 그때나 지금이나 변함이 없다. 그것 하나로 그동안 많은 어려움을 헤치면서 씩씩하게 살아왔고 지금도 그렇게 살고 있다.

그런 기백이나 결단은 일단 생기면 좀처럼 변하지 않는다. 그러나 이런 결단을 청년기에 만들지 못한다면, 더 나이가 들어서 그런 기백을 갖기는 사실상 쉽지 않다. 그래서 나는 이런 부분에 대한 여러분의 생각이 군 생활 중에 분명해져야 한다고 생각한다. 군대에서 큰 배움이나 기술을 습득하는 것은 거의 불가능하다. 단체 생활을 하는 곳이고, 군인의 임무를 다하는 것이 우선이기 때문이다. 하지만 자신의 미래에 대한 고민을 할 시간은 충분하다. 점호를 마친 후 잠들기 전에도 가능하고, 기상나팔이 울리기 직전에 눈을 떴을 때도 가능하다. 훈련을 나가서 행군을 하며 영어단어를 외우는 것은 불가능하지만 졸업 후에 무슨 일을 해야 할지 생각할 수는 있다.

스스로를 책임질 수 있는 어른으로서 성장하는 일은 스스로 해내야 한다. 의지를 다지는 일에는 부모를 비롯한 그 어떤 사람도 쉽게 도움의 손길을 내밀 수 없다. 나는 이 책이 큰 그림을 그리려는 여러분에게 도움이 되기를 소망하지만, 도움으로 활용할 것인가 아닌가는 여러분 자신이 전적으로 결정할 일이다.

눈에 보이는 세계가 전부는 아니다

"인간에게 자유(의지)가 있느냐 없느냐, 신이 있느냐 없느냐 같은 것들이죠. 신의 존재 여부를 보면 현대적인 답은 유물론적으로 신이 없다는 시각이 우세한데, 나는 그렇게 절대적인 답은 없다고 보는 쪽입니다." 9

'풀리지 않는 철학적 문제는 무엇인가'라는 질문에 82세의 노학자 박이문 포항공대 명예교수가 내놓은 답이다. 정답을 찾기 어렵지만 우리는 인생의 어느 시점에서 이런 질문들과 만날 수밖에 없다.

우리는 대부분 이성과 논리의 세계에 관한 것을 배운다. 눈으로 볼 수 있고, 입증할 수 있고, 실용적으로 도움이 되는 것들을 학습한다. 반면에 눈에 보이지 않는 생각에 대해 깊이 생각하고 배울 수 있는 기회는 드물다. 청년기는 연령 면에서 보더라도 권위와 전통에 대한 존중이 낮은 시기이기도 하고, 합리성이 유일한 판단 기준처럼 여겨지는 시기이다. 따라서 보이지 않는 세계를 인정하기가 쉽지 않고 그 중요성을 높게 평가하기도 쉽지 않다.

나는 미션스쿨인 고등학교를 다녔는데 종교 시간은 소란스럽게 반항하는 아이들로 가득 찼던 기억밖에 나지 않는다. 아이들에게 교리를 전달하기 위해 애를 먹던 선생님들의 난감한 표정이 아직도 문득문득 떠오른다. 왜 그렇게 당돌하였을까? 왜 그때 영어나 수학을 공부하는 것처럼 인생의 문제를 신중하게 대하지 않았을까? 대학을 다닐 때도 신앙이나 종교와 같은 문제들에 대해서는 깊이 고민해보지 않았던 것 같다. 당장 눈앞에 떨어진, 졸업 후에 무엇을 하고 살아야 하는가 하는 눈앞의 문제도 해결하지 못했기 때문이었으리라. 또한 뭐든 자기 힘으로 다 이룰 수 있을 것 같았던 젊은 혈기도 한몫을 했을 것이다. 그 시기에는 보이지 않는 세계를 인정하는 것이 쉽지 않기 때문이다.

세월이 흐르고 나이를 먹으면 사람은 누구나 크든 작든 변화를 겪게 되는데, 이런 변화 가운데 하나가 이성과 논리, 그리고 합리성이 지배하는 세계가 전부는 아니라는 사실을 깨닫게 되는 것이다. 이성과 논리가 삶의 매우 중요한 부분을 차지함에도 불구하고, 나이가 들면 그 이상의 세계가 있을 수 있음에 대해 생각하게 된다. 그리고 인간이라면 필연적으로 만날 수밖에 없는 죽음과 죽음 이후의 세계에 대해 궁금증을 갖게 된다.

군대 간 아들도 젊은이답게 처음에는 종교에 별로 관심이 없었다. 아들 또한 젊은 날의 나처럼 뭐든 자기 힘으로 세상을 만들어 갈 수 있다고 생각하고 있었다. 녀석이 고교 시절에 쓴 에세이 가운데 '종교, 이기적인 창조물'이란 글이 있을 정도였으니까 말이다. 헌데 군 복무를 마칠 즈음에 큰 변화가 있었다. 아들은 군 생활에서 얻었던 가장 귀한 것 가운데 하나가 신앙의 기초를 마련할 수 있었던 것이라고 말했다. 올바른 신앙을 갖는 것은 영어 실력이나 자격증과는 비교할 수 없을 정도로 중요하다. 인생이나 성공을 건축물에 비유하면 올바른 신앙은 건축물을 지탱하는 굳건한 기초에 해당한다.

부모는 자식에게 귀한 것을 전해주려 한다. 그 귀한 것은 교육의 기회일 수도 있고, 물질일 수도 있고, 신앙과 같은 정신적 유산일 수도 있다. 나는 젊은이들이 군 복무 중에 도전해볼 만한 멋진 탐구 주제 가운데 하나가 신앙이라고 생각한다. 훈련병 때부터, 주말에는 모든 병사들에게 종교 활동을 할 수 있는 시간이 주어진다. 무신론자인 사병이라면 처음에는 초코파이를 준다고 해서 교회를 찾을 수 있고, 국수 때문에 법당을 찾을 수 있고, 영화 관람을 시켜준다고 해서 천주교를 찾을 수도 있다. 시작은 사소한 동기라도 괜찮다. 이왕 종교 활동을 한다면 제대로 종교를 배워보기를 권하고 싶다.

사회생활에 비해 군 생활은 복잡하지 않다. 물론 이등병 시절에는 군 생활에 익숙해지느라 여유를 가지기 어렵지만, 한 단계씩 계급이 높아지게 되면 혼자서 생각을 다듬을 시간적 여유를 만들 수 있다. 현재의 군은 과거처럼 외부의 정보를 거의 접할 수 없던 폐쇄적인 공간이 아니다. 사이버 강국답게 요즘 군대에는 사이버 지식정보방, 줄여서 '사지방'이라는 곳을 만들어서 인터넷을 통해 세상을 접할 수 있는 기회를 제공하고 있다.

물론 또래의 남성들이 단체로 생활한다는 점은 여전히 변함이 없다. 한 내무반 안에 각 지역에서 다양한 배경과 학력을 가진 사람들이 모여 있을 가능성이 높다. 그렇다면 그들을 조용히 지켜보는 것만으로도 인생에 대한 다양한 깨달음을 얻을 수 있으리라고 본다. 군대만큼 다양한 가치관과 인생 배경을 가진 사람들을 가까이서 접해볼 기회는 흔치 않다. 따라서 군대는 삶의 본질적인 문제에 대해 생각해볼 수 있는 좋은 공간이라고 생각한다. 여기서 경계해야 할 것은 스스로의 편견이나 선입견이다. 그것들만 내려놓는다면 매우 귀한 깨달음을 얻을 수 있다.

나는 여러분이 군대에서 종교에 대해 공부하는 자세로 접근해보기를 권하고 싶다. 그리고 이왕 공부를 한다면 제대로 해보기를 바란다. 교리에 대해 깊이 공부해볼 수 있는 멋진 기회이다. 젊은 날의 신앙은 그냥 믿는 것만으로는 충분하지 않다. 마치 수학 공부를 하듯이 교리와 관련된 서적을 찾아서 깊숙이 탐구하면 많은 것을 배울 수 있다. 신앙도 성장해야 한다. 그냥 믿기보다는 차근차근 공부를 하면 성장 속도도 훨씬 빨라지고 성장의 상태도 탄탄해진다. 나이를 먹어서 접한 신앙에서 나는 "이처럼 즐거운 공부를 왜 젊은 날부터 하지 않았을까?"라는 아쉬움을 느꼈다.

그렇다면 어떤 방법으로 종교에 대해 공부를 하면 좋을까? 내가 공부한 방법이 최선일 수는 없지만 도움이 될 수 있을 것이다. 교리를 설명한 소책자를 구해서 반복해서 읽으면 도움이 된다. 짧은 시간 동안 큰 효과를 얻을 수 있는 방법은 교리의 핵심을 정확히 이해하는 일이다. 그 다음에는 특정 신앙과 관련된 기본 서적, 예를 들면 기독교나 천주교의 경우라면 《성경》을 읽는 일이다. 불교의 경우에는 경전이 많기 때문에 스님의 조언을 받아서 읽는 것이 좋다. 원저 자체를 읽으면서 가능하다면 주해서를 참조하는 방법도 도움이 된다.

다음에는 목회 능력이 뛰어난 분들의 강연록을 구해서 읽으면 특정 교리 전체를 파악하는 데 도움이 될 것이다. 요즘에는 인터넷을 통해서 설교를 들을 수도 있고 관련 문헌을 내려 받을 수도 있기 때문에 종교를 공부하기 좋은 시대이다. 또한 우리가 선생님에게 공부를 배우는 것처럼 목사님이나 신부님 혹은 스님에게 직접 묻고 관련 서적들에 대한 도움을 얻는 방법도 좋다. 짧은 시간

안에 특정 종교를 전부 알 수는 없지만 하나하나 알아가는 재미는 분명 있을 것이다.

마치 공부하듯이 심취하다 보면 내 마음에 드는 종교를 선택할 수도 있고, 필요하면 기독교, 천주교 그리고 불교를 모두 다 접해 볼 수도 있다. 각각의 종교가 제시하는 구원관, 축복관, 고난관 등은 상당히 차이가 난다. 공부하듯이 접근하면 새로운 세계이기 때문에 배우는 그 자체에서 흥미를 얻을 수 있을 것이다. 영어도 배우고 수학도 배우는데 종교라고 해서 배우지 못할 이유가 어디에 있는가?

인간은 뭐든 믿을 수밖에 없는 존재라고 생각한다. 어떤 사람은 돈을 믿고 어떤 사람은 권력을 믿고 어떤 사람은 명성을 믿는다. 모든 사람은 언젠가는 신앙 문제에 대해 깊이 생각하지 않을 수 없는 존재이다. 사람은 어디로부터 와서 어디로 가는 것일까? 내가 늙어서 죽음을 만난다면 어디로 가는 것일까? 나에게 주어진 소명은 무엇일까? 내가 어려움을 경험하고 있다면, 이런 역경의 의미는 무엇일까? 이 모든 질문들에 대한 답을 신앙이 상당 부분 제공할 수 있다고 생각한다.

인간은 영靈과 육肉으로 이루어진 존재이다. 학교와 부모가 제공하는 많은 교육은 육과 관련된 부분들이 많다. 영적인 문제에 대한 고민을 삶의 어느 시점에서는 하게 마련이다.

살아가는 것이 힘들다고 하지만, 최악이라 부를 수 있는 상황 속에서도 염려를 내려놓고 담대하고 강하게 살아가는 사람들도 있다. 때로는 죽음조차도 그들에게 큰 위협이 되지 못하기도 한다. 신앙은 이를 능히 가능하게 하는 것이다.

누군가 고난이라 이름 붙일 수 있을 정도로 가혹한 상황에 처했다고 가정해보자. 시야를 현재에 두고 의미를 세상 기준에 두게 되면 불평과 불만, 그리고 불안감이 엄습하게 된다. 하지만 반듯한 신앙을 가진 사람은 고난 속에서도 유익을 찾고 고난을 귀한 자산으로 만들어간다. 고난이 닥치지 않았더라면 결코 시도하지 않았을 법한 도전들을, 고난을 만났기 때문에 시도할 수 있게 된다. 그들은 자신의 고난을 더 고결한 인물로 자라기 위한 성장의 기회로 삼는다.

신앙은 증명하기 힘든 세계일 수도 있고, 받아들이기에 따라 이해하기 힘든 세계일 수도 있다. 그렇지만 삶에는 우리가 도저히 이해하기 힘든 그런 세계도 있다는 것이 세월과 경험, 그리고 공부가 가르쳐주는 진리이다. 마지막 휴가를 나온 아들에게 물어보았다. 군 복무 중인 청년들에게 개인적으로 무엇을 꼭 권하고 싶은가를. 그러자 아들은 이렇게 답했다.

"주말에는 종교 활동을 할 수 있기 때문에 삶의 기초에 해당하는 신앙의 토대를 마련할 시간을 가지기를 권하고 싶습니다. 그냥 공부한다고 생각하고 접근하면 자연스럽게 신앙의 토대를 마련할 수 있고, 이것이 군 생활에 활력을 주는 데도 큰 도움이 된다고 생각해요. 제대해서 학교에 가면 정신없이 생활이 돌아가기 때문에 군대처럼 신앙을 생각해볼 기회가 드물 테니, 군대에서 신앙생활을 시작해보면 참 좋을 것 같습니다."

사실 목사님이나 신부님, 그리고 스님이 아닌 일반인의 입장에서 군 복무 중에 신앙의 문제를 깊이 생각해보라고 권하는 것은 다소 의외일 수 있다. 하지만 내가 군 복무 중인 아들에게 신앙을 가질 것을 권했던 것은 무척 중요한 시도였다고 생각한다. 진리이기에 아들에게 권하였고, 아들은 내 충고를 소화해서 자신의 방식대로 받아들였다. 참으로 장하다는 생각이 든다.

굳건한 신앙의 토대를 갖는다면 삶의 방황을 상당 부분 줄일 수 있다. 신앙이란 토대를 갖춘 사람들이 모두 성공하는 것은 아니겠지만, 최소한 '표류하는 삶'에서 '항해하는 삶'으로 전환할 수 있다. 어디서든 튼튼한 닻을 놓고 삶의 표류를 막을 수 있는 것이 올바른 신앙의 역할이다. 훗날 세속적으로 크게 성공하더라도 부와 명성을 날려버리는 실족을 방지해줄 수 있는 것도 신앙의 역할이다. 선입견만 내려놓을 수 있다면 새로운 진리의 세계를 배우는 즐거움을 누릴 수도 있을 것이다. 생의 모든 순간에서 우리는 배울 수 있는 기회를 갖는다. 여러분에게 주어진 종교 생활도 선용할 수 있다면 한 평생을 살아가는 데 귀한 힘을 마련하는 기회를 잡을 수 있을 것이다.

  내가 제안하는 모든 것을 여러분이 반드시 실천해야 한다고 생각하지는 않는다. 다만 앞서 걸어가는 사람이 가진 경험과 공부의 결과물을 여러분이 더 빠르게 흡수해서 멋진 인생을 살아가는 자양분으로 삼기를 바란다.

《피터 드러커 자서전》 피터 드러커 지음, 이동현 옮김, 한국경제신문, 2005
경영학의 대부인 피터 드러커 교수의 자서전이다. 다른 자서전과 달리 일생을 통한 만남과 깨달음의 순간들이 정리되어 있어 읽어볼 만하다. 삶에 대해 생각할 거리와 교훈을 주는 필독서이다.

《나를 바꾼 그 때 그 한마디 1, 2》 말로 토마스 외 지음, 김소연 옮김, 여백미디어, 2003
세계의 명사들이 가슴에 새긴 인생의 결정적 순간에 관한 내용들을 엮은 책이다. 깨달음의 순간은 언제 어디서든 자연스럽게 다가올 수 있음을 가르쳐주는 동기부여에 관한 명저이다.

《샘 월튼 불황없는 소비를 창조하라》 샘 월튼 · 존 휴이 지음, 김미옥 옮김, 21세기북스, 2008
월마트의 창업자인 샘 월튼의 자서전이다. 그의 일대기를 통해서 성공하는 사람, 특히 사업가로서의 성공 방법에 대해 배움을 얻을 수 있다.

《자본주의 정신과 반자본주의 심리》 루드비히 폰 미제스 지음, 김진현 옮김, 자유기업센터, 1997
자본주의의 실체와 이에 반대하는 지식인, 보통 사람들의 생각이나 감정을 잘 설명한 고전이다. 우리가 살고 있는 경제 체제에 대한 정확한 이해를 원하는 사람들에게 권하고 싶은 책이다.

《IBM, 창업자와 후계자》 토머스 J. 윗슨 외 지음, 유철준 옮김, 을유문화사, 1991
IBM의 창업자인 토머스 윗슨과 그 아들인 토머스 윗슨 주니어가 함께 2대에 걸친 창업기를 다룬 자서전이다. 사업가의 삶에 대한 이해를 도울 수 있는 책이다.

《위대한 기업의 선택》 짐 콜린스·모튼 한센 지음, 김명철 옮김, 김영사, 2012
역경 속에서도 당당한 성공을 거둔 기업들을 분석한 연구서이다. 기업연구서이기는 하지만 자기계발서 관점에서도 큰 도움을 줄 수 있는 멋진 경영서이다.

《나는 내 식대로 살아왔다》 공병우 지음, 대원사, 2002
시간의 합리적 사용과 합리적인 정신으로 살다 간 공병우 박사의 자서전이다. 어떻게 사는 것이 올바른 삶인가를 고민하는 사람들에게 특별한 도움과 기준을 제시할 수 있는 책이다.

《다시 경제를 생각한다》 김정호 지음, 21세기북스, 2012
재벌 문제와 신자유주의에 대한 무분별한 비판이 지닌 문제점을 조목조목 지적한 사회비평서이다.

필자가 쓴 관련 서적

《명품 인생을 만드는 10년 법칙》 21세기북스, 2011
특정 분야의 전문가로 성장하는 데 필요한 10년간의 집중적인 선행 투자를 뜻하는 '10년 법칙'의 의미와 실천 방법을 탐구한 책이다.

《공병호의 내공》 21세기북스, 2011
전문가를 넘어서 한 분야에서 내공을 가진 직업인으로 성장하는 것의 중요성과 구체적인 방법을 다룬 책이다. 직업인으로서의 성장에는 언제나 일정한 성장곡선이 존재하고, 성장의 순간은 언제 어디서든 자연스럽게 찾아올 수 있음을 가르쳐주는 동기부여에 관한 책이다.

PART 2

군대에서
실천하는
7가지 좋은 습관

자극과 반응 사이에 공간이 있다.
그 공간에는 반응을 선택할 수 있는 자유와 힘이 있다.
우리의 성장과 행복은 그 반응에 달려 있다.

— 스티븐 코비 ● 컨설턴트, 1932~2012

잘할 수 없는 이유를 찾는 것은 쉽다. 지금 해야 하는 일을 나중으로 미루는 것 또한 쉽다. 쉬운 것은 누구든지 할 수 있지만, 쉽지 않은 일을 하는 데에는 결심과 노력이 필요하다. 군대에서는 제대가 가까워질수록 시간이 더디게 흘러간다. 그래서 고참이 되면 하루에 수십 번씩 시간을 확인하려고 든다. 하지만 시간을 자꾸 확인한다고 해서 시간이 더 빨리 가거나 늦게 가는 것은 아니다. 시간의 흐름에 대해 우리가 어떤 반응을 보이든지간에, 시간은 그저 자신의 방식대로 흘러간다.

여러분이 몸담고 있거나 몸담을 예정인 군대라는 환경은 편안함과는 거리가 멀 것이다. '군대가 좋아졌다'는 말이 많지만, 그것은 매우 상대적인 것이다. 물론 지금의 군대는 1980년대나 1990년대보다는 훨씬 좋아졌다. 하지만 그렇게 말하는 사람들조차 지금 다시 군대에 가면 못 견딜 것은 뻔하다. 군대의 목적과 존재 이유를 생각해보면 불편한 것이 어쩌면 당연하지만, 조국을 지키기 위해 청춘을 바치는 청년들을 보면 가슴이 아프다.

군대에 가면 이런 환경에 대해 불평을 늘어놓는 사람도 만나게 될 것이다. 허나 그런다고 해서 환경이 바뀌는 것은 아니다. 자꾸 불평불만을 하다 보면 자신도 모르는 사이에 '에너지 뱀파이어'가 되고 만다. 자신이 갖고 있는 긍정의 에너지를 스스로 빼앗을 뿐만 아니라 타인의 에너지까지 빼앗아버리는 사람이 되는 것이다. 그러나 관점을 살짝 바꾸어서 자신보다 더 좋지 못한 환경 속에서 살아가는 사람들의 삶을 잠시라도 생각해본다면 환경을 대하는 태도는 크게 달라질 것이다.

내가 지금부터 이야기할 것은 군 생활 중에 당장 실천에 옮길 수 있는 것들이다. 이것들은 제대 후 사회에 나와서 새로운 도전에 나설 때도 큰 힘이 되어줄 것이다. 이것저것 깊이 생각할 필요도 없고, 다음에 잘하면 된다는 결심을 다질 필요도 없다. 그냥 지금 바로 실천해보자. 작고 사소하게 보이는 것들은 별 것 아닌 것으로 여기기 쉽지만, 이것들이 하나 둘 쌓이게 되면 언젠가는 큰 힘을 발휘하게 된다. 평범한 사람이 위대함으로 가는 길을 걸으며, 단순하지만 귀한 몇 가지를 반복하며 성장해나가는 것만큼 멋진 일이 세상에 또 어디 있겠는가?

물론 이 장에서 언급할 일곱 가지를 모두 실천하라는 부담을 주고 싶은 생각은 없다. 복무 기간이 짧아지고 여건이 좋아졌다고 한들, 집을 떠나서 남자들끼리만 있는 집단생활이 편안할 리는 없다. 더군다나 군대는 놀러온 것이 아니라, 국방의 의무를 다하기 위해 온 것이다. 아무리 영어 공부가 중요하다고 해도 경계 근무를 서면서 영어단어장을 가지고 나갈 수는 없는 노릇 아닌가. 군 생활에서 가장 중요한 것은 몸 건강하게 무사히 제대하는 것이고, 그 다음이 나쁜 습관이나 버릇을 고칠 수 있는 계기를 마련하는 것이다. 그리고 실천에 옮길 여유가 된다면 내 얘기에 귀를 기울여주기 바란다. 사람은 완벽한 삶을 살기 위해서 노력을 할 수는 있지만, 결점 없이 완벽하게 살 수는 없다. 실수와 잘못은 인생의 또 다른 동반자이니 애써 떨쳐낼 필요는 없다는 것도 함께 얘기해주고 싶다.

첫째, 완벽한 때를 기다리지 말고 지금 당장 시도한다

"지금 당장 해봐 Just do it right now."

  꼭 해야 하는 일이라고 생각한다면, 그리고 그렇게 하는 것이 올바르다고 생각한다면, 그 일의 실행을 내일로 혹은 다음으로 미루지 않아야 한다. 바로 지금 시작해보자. 여러분이 이 책을 여기까지 읽었다면, 아마도 이 책 속에서 '이것을 해보고 싶다'거나 '이것을 해야겠다'는 마음, 결심, 느낌, 혹은 호감 등을 품게 되는 내용들을 만났을 것이다. 해봄직한 어떤 일이 떠올랐다면 나중으로 미루지 말고 하나를 선택해서 즉시 실행에 옮겨보라. 이 책을 읽기를 마무리한 다음 곧바로, 혹은 이 책을 읽는 중에라도 실행해보자.

성공의 비법이자 행복의 비법 가운데 이처럼 강력한 것이 있을 수 있을까? 내가 아는 한 기업인의 신조는 '아는 즉시 행동'이다. 그는 자신이 운영하는 공장의 곳곳에 '아는 즉시 행동'이라는 문구를 붙여놓았다. 그리고 이 신조가 임직원들의 행동에 깊이 스며들도록 노력하고 있다. 여기에 '생각 즉시 행동'까지 더한다면 더 대단한 성과를 거둘 수 있을 것이다.

'~하기만 하면, 제대로 할 텐데'라고 생각만 하는 것은 매우 나쁜 습성이다. 이제껏 그래왔던 사람은 지금도 그렇게 하고, 다음에도 그렇게 할 가능성이 높기 때문이다. 이런 사례는 학부모들이 자녀들에게 공부를 시킬 때도 사용된다. 학창 시절에 아이들은 "대학만 가면 원하는 걸 다 하게 해주마."라는 부모의 말을 믿고, 당장 하고 싶은 것을 꾹 참고 공부에 매진한다. 그런데 이런 방식의 공부는 크게 두 가지 문제를 일으킨다. 하나는 대학생이 된 후 공부에 염증을 느끼고 등한시하게 되는 것이다. 사실 진짜 공부는 대학에서 시작되는데, 가장 열심히 공부를 해야 하는 시기를 낭비하게 될 가능성이 높다.

다른 하나는 이런 상황의 반복이 자녀들에게 나쁜 버릇, 즉 부모가 무언가를 해결해줄 것이라는 잘못된 믿음을 심어준다는 점이다. 그러면 결국 자녀는 자신의 문제를 주체적으로 해결하지 못하고, 부모에게 기대게 된다. 그래서일까? 요즘은 자녀의 학점이 낮게 나왔다고 대학교에 전화를 걸어서 항의하거나, 면접 장소에까지 따라다니는 소위 '헬리콥터 맘'까지 생겼다고 한다. 이런 관계는 부모와 자녀 모두에게 안 좋은 영향을 미친다. 따라서 당사자와 부모의 인생을 위해 이런 악순환의 고리는 과감하게 잘라버려야 한다.

내무반을 잘 둘러보면, 제대만 하면 만사형통할 뿐만 아니라 행복한 삶이 펼쳐질 것이라는 환상을 가진 동기나 고참들이 있을 것이다. 그들의 입에서는 항상 "제대만 하면, 제대만 하면."이란 말이 끊이지 않고 나온다. 또한 모든 것들이 제대 이후로 미루어진 것처럼 행동하는 사람들도 있을 것이다. 솔직히 말해 지금처럼 그렇게 계속 말만 하고 있다면, 제대 이후에도 그렇게 말만 하고 있을 가능성이 높다. 말하는 것만으로 삶이 달라지지는 않는다. 자신이 내뱉은 말에 어울리는 행동을 함께 해야 한다. 고교 시절을 회상해보면 금방 답이 나온다. "대학에 가기면 하면, 대학에 가기만 하면."이라고 외쳤던 사람들이 꽤 있을 것이다. 그런데 막상 대학에 입학하고 난 다음, 대단하고 새로운 세상이 여러분 앞에 펼쳐졌던가? 본래 삶이 그런 것이라고 생각한다. 아주 새롭고 환상적인 시간은 어디서도 찾을 수 없다.

군대가 가진 몇 안 되는 장점 중의 하나는 시간의 소중함을 깨닫게 해준다는 것이다. 밖에서는 시간을 마음대로 혹은 가끔 남의 눈치를 보는 정도에서 자유롭게 쓸 수 있지만 군대에서는 그럴 수 없다. 정해진 일과 시간은 물론, 일과가 끝난 후에도 고참들 눈치를 봐야 하기 때문이다. 그래서 군대에서 무엇을 해내는 것도 중요하지만, 시간의 소중함을 깨닫는 것만으로도 큰 깨달음을 얻었다고 할 수 있다. 군대에서의 일상은 반복이며, 그 반복 속에서 매일 그리고 매순간 새로움을 더할 수 있는 사람은 자신밖에 없다는 사실을 명심해야 한다. 반대로 매일 그리고 매순간 지겨움을 더하는 사람 또한 자기 자신이다.

우리에게 필요한 것은 지금 당장 행복할 수 있어야 한다는 확신이다. 내일이 아니라 바로 지금 말이다. 그래서 우리에게 필요한 것은 내일 성공하는 것이 아니라 오늘, 그것도 지금 성공하는 것이다. 이를 위해 매일매일 무언가를 실천할 수 있다면 최상이지만, 그렇게 하지 못하더라도 괜찮다. 며칠 잘하다가 며칠 동안 농땡이를 부려도 괜찮다. 하지만 늘 마음에 담아두고, 가능하면 계속하려고 노력해보길 권한다. 노력만으로도 가치가 있다.

왜 사람들은 실망하는가? 해야 하는 일을 뻔히 알면서도 왜 해내는 데 실패하는가? 왜 불평불만을 입에 달고 사는가? 왜 재미없어 하는가? 그 이유는 지금보다 완벽한 준비, 완벽한 상황, 완벽한 환경, 완벽한 자기 자신을 기다리고 있기 때문이다. 하지만 그런 준비나 상황이나 환경은 결코 오지 않을 것이다. 우리가 젊은 날부터 스스로에게 확실히 가르쳐주어야 할 메시지는 완벽함이란 교과서에서나 책에서는 가능한 일이지만 현실에서는 불가능하다는 사실이다. 그리고 군 생활은 그것을 명백하게 깨닫게 해준다. 군 생활 중에 해야 할 일들은 대부분 부족한 여건과 준비 속에서 이뤄진다. 부족한 시간과 여건 안에서 훈련을 준비하고 마쳐야 하며, 없는 시간을 쪼개서 작업들을 해야만 한다. 군대는 사회의 축소판이다. 군대를 제대하고 마주칠 사회 역시 군대처럼 부족한 여건 속에서 무언가를 해내야만 한다. 그러니 제대만 하면, 취업만 하면, 결혼만 하면, 꿈에 그리던 완벽한 생활이 보장된다는 것은 환상에 가깝다. 여러분도 충분히 예상할 수 있을 것이다. 완벽한 생활, 완벽한 취업, 완벽한 결혼 준비는 영원히 오지 않는다.

해야 할 것이 있다면 지금 바로 시작해보라. 물론 하고 싶은 것이 있다고 해서 지금 바로 모든 것을 실행에 옮길 수는 없을 것이다. 그렇다면 스스로 군 생활이라는 주어진 제약 조건하에서 무엇을 할 수 있는지를 생각해보라. 작더라도 지금 당장 할 수 있는 일이 무엇인지를 헤아려보라. 그리고 바로 그것을 하면 된다.

이쯤에서 잠시 내가 사는 방식을 여러분에게 소개하고 싶다. 연배도 다르고 환경도 다르지만 기본은 같으니 분명 도움이 될 것이다. 내 생활의 기본 중에 기본은 '즉시 실행하는 것'이다. 나는 다양한 분야의 책을 많이 읽는 다독가 가운데 한 사람이다. 직장인들이 책을 읽지 못하는 주된 이유는 충분한 시간이 '언젠가' 마련되면 그때 집중적으로 책을 읽겠다는 꿈을 갖기 때문이다. 그러나 이렇게 막연하게 마음을 먹는 사람이 책을 읽을 가능성은 낮다. 뒤에서 언급하겠지만 '이 다음에'를 생각하는 순간, 그 일을 실천에 옮길 가능성은 희박해진다. 그저 또다시 '이 다음에'를 되뇔 뿐이다.

따라서 책을 사랑하고 좋아하는 가장 좋은 방법은 지금 바로 조금이라도 읽어내는 것이다. 집에 신간이 차곡차곡 도착했을 때 언젠가 읽으리라고 생각만 하는 사람은 책을 제대로 펴지도 못한 채 스트레스만 받는다. 그런데 책이 도착했을 때 바로 목차를 펴서 중요한 부분을 확인한 다음 5분이나 10분 정도 그 자리에서 조금이라도 읽어 내려가는 사람은 이미 독서를 시작한 것이나 다름없다. 그런 습관을 들인 사람은 독서에 관한 한 천하무적이 된다. 언제 어디서든, 무엇이든 읽을 수 있기 때문이다. 그런 사람을 나는 '전천후 독서가'라고 부른다.

나는 이제까지 100권이 넘는 책을 집필했다. 그래서인지 그 비결을 궁금해하는 분들이 많다. "강연이나 다른 활동 때문에 분주할 텐데 어떻게 부지런히 책을 쓸 수 있나요? 무슨 특별한 비결이라도 있나요?"라는 질문을 나는 참 자주 받는다. 대답은 책을 잘 쓰는 비결이나 글을 잘 쓰는 비결도 '지금 당장 하라'는 원칙으로부터 나온다는 것이다. 위대한 작품을 써야겠다는 고결한 목표를 가졌지만, 글을 잘 쓸 수 있는 이상적인 환경이 마련되고서야 비로소 쓰겠노라 마음먹는다면 분명 필패$_{必敗}$이다. 그런 생각을 갖는 사람이 책을 쓸 수 있는 가능성은 아주 낮다.

나는 주변에서 이런 이야기를 자주 듣는다. "제가 이런 분야에 대해 책을 쓰고 싶다고 생각한 지가 꽤 오래 되었습니다만, 그런데 아직도 몇 자 못 썼습니다……." 이 문제의 원인은 간단하다.

완벽한 상황이나 준비를 기다리기 때문이다.

　가끔 복학을 한 이후에도 중심을 잡지 못하고 방황하는 젊은이들을 만나서 대화를 나눌 때가 있다. 이들의 공통점은 제대 날짜만을 기다리면서 '그때가 되면 나는 아주 잘할 것이다.' 하는 생각을 갖고 대충 남들 하는 것처럼 군 생활을 보냈다는 것이다. 이들이 간과한 것은 군 생활의 충실도가 대학 생활에도 그대로 영향을 미친다는 사실이다. 인생에는 그냥 대충 넘어가는 것이란 없다. 언제 어디서든 해야 하는 일을 찾는 것은 여러분 몫이다. 어느 누구도 그것을 가르쳐주지 않는다. 어린 시절을 제외하곤 말이다.

　요즘은 지하철을 타면 스마트폰으로 게임을 하는 청년들을 부쩍 많이 본다. 청년 스스로가 게임을 하면서 시간을 보내기로 결정한 것이다. 게임을 하든, 카카오톡으로 친구들과 잡담을 나누든, 책을 읽든 간에 그것은 각자가 알아서 할 일이다. 하지만 인생에는 눈앞의 단기적인 즐거움이나 유익함 이외에, 길게 보고 결정해야 할 것들이 분명히 존재한다.

　책을 쓸 때 일어나는 한 가지 흥미로운 상황은 즉시 실행하는 것과 관련해서도 교훈을 준다. 수많은 책을 집필한 나도 가끔은 한 장이 마무리 되고 난 다음에 새로운 장에 대한 글쓰기를 할 때는 심리적으로 큰 저항감을 느낀다. 그러니까 모든 새로운 시작은 크고 작은 고통을 수반한다. 그 순간 우리는 피하는 방법을 선택할 수도 있고, 정면으로 돌파하는 방법을 선택할 수도 있다.

새로운 장을 쓰기 시작해야 할 때, 쓰고 싶은 마음이 들 때까지 기다렸다가 글쓰기를 시작할 수도 있다. 하지만 글쓰기에는 고통과 즐거움이 섞여 있기 때문에 처음 시작하기가 쉽지 않다. 글을 쓰고 싶은 마음이 들 때까지는 제법 오랜 시간이 흘러야 할 수도 있다. 그러니 기다리기보다 즉시 글을 쓰기 시작하는 것이 현명하다. 일단 엉덩이를 의자에 앉힌 상태에서 컴퓨터를 켜고 스스로에게 '힘들더라도 일단은 새로운 장을 시작하라'고 명령하면 된다. 잠시의 고통이 따르겠지만 일단 시작하고 나면 서서히 아이디어들이 풀리면서 글이 생산된다.

인생의 거의 모든 활동에서 '해야 한다는 마음이 들면 바로 시작하라'는 원칙은 빛을 발한다. 대부분의 사람들은 슬럼프가 찾아왔을 때, 그것을 극복하기 위해 무작정 기분이 좋아지기를 기다리는 쪽을 택한다. 슬럼프가 긴 사람들은 극복하는 데 몇 달이 걸리기도 한다. 이 얼마나 미련한 짓인가. 울적하다고 해서 하릴없이 기분이 좋아질 때까지 기다리는 것은 시간을 쓰레기통에 처넣는 것이나 다름없다.

그럼에도 울적한 기분 때문에 무언가를 시작하기가 어렵다 느껴진다면, 기분이 좋아지도록 몸을 움직여보길 권한다. 기분은 상당 부분이 혈액순환과 연관되어 있다. 달리기나 걷기, 역기 들기 등과 같이 심장박동수를 증가시키는 활동을 하면 짧은 시간 내에 기분을 고양시킬 수 있다. 마치 나른할 때 커피를 마시는 것과 같은 이치다. 카페인은 심장박동을 증가시켜 짧은 시간 동안 기분을 좋게 만든다. 그래서 많은 사람들은 습관적으로 카페인이 들어 있는 음료를 마시곤 한다. 하지만 카페인은 중독성이 있기 때문에 주의해야 한다. 특히 골다공증과 관련이 있기 때문에 뼈가 약한 사람은 조심해야 한다.

이야기가 잠깐 다른 쪽으로 흘렀다. 다시 본론으로 돌아와 기분 전환이 필요할 때 내가 취하는 방법에 대해 말해보려 한다. 나는 기분이 울적할 때는 컴퓨터를 끈 다음에 충분한 스트레칭을 하고 그다음에 빠른 걸음으로 걷기를 즐겨 한다. 날씨가 좋을 때는 화창한 한강변을 걷고 그렇지 않을 때는 실내에 있는 러닝머신 위에서 화사한 봄날을 생각하면서 걷는다. 기분이 좋아질 때까지 걷는 것이 아니라, 기분을 좋게 만드는 활동을 바로 실천에 옮기는 것이다. 무엇이든 다음으로 미루지 않아야 한다. 해야 하는 일이라면 바로 실행하는 것을 몸에 완전히 익히기 바란다. 실천에 옮기는 데 반드시 머리가 좋을 필요는 없다. 그냥 하면 된다. 이것처럼 세상에 쉬운 일이 어디 있으며, 간단한 일이 또 어디에 있겠는가? 그런데 이 간단한 원칙이 여러분 삶에 가져다주는 변화는 놀라울 것이다.

군 생활 중인 여러분에게 권한다. 해야 하는 일이 있다면 바로 실천에 옮기고, 해야 한다면 그것이 무엇이든 아주 잘하기 위해 노력하라. 그렇게 반복하다 보면 훗날 스스로를 타인과 차별화하는 놀랍고도 위대한 습관을 체득하게 될 것이다. 헛된 꿈을 꾸지 말고, 미래를 걱정하지 말고, 세상을 한탄하지 말고, 처지를 비관적으로 생각하지 말고, 그냥 지금 해야 하는 일을 찾아서 무조건 시작하라.

아들이 상병이었던 시절, 전화 통화를 하던 중에 내가 이렇게 말했다. "아버지가 어제 참 대단한 이야기를 읽었는데 들어보겠니?"

"어떤 이야기였는데요?"

내가 털어놓은 이야기는 1905년 오스트리아 빈에서 태어나 나치의 강제수용소에서 3년간 수용되었다가 극적으로 생환에 성공한 빅터 프랭클 박사의 수용소 생활에 관한 것이었다. "내일 끌려가서 죽음을 당할 수 있는 수용소에서 어떻게 책을 쓸 생각을 할 수 있을까? 바로 내일 죽을 수 있는 상황 속에서도 자신이 구상하였던 책을 쓰기로 결심하는 것은 한 인간의 자유의지가 얼마나 강한가를 알려주고도 남음이 있지. 빅터 프랭클 박사는 동료들의 도움으로 몰래 몽당연필과 종이를 구한 다음 자신이 남기고 떠나야 할 책의 집필 작업을 계속했다는구나."

참으로 놀라운 이야기임에 틀림없다. 인간은 그렇게 하기로 마음을 먹는다면 충분히 그렇게 할 수 있는 존재라고 생각한다. 빅터 프랭클이 마지막으로 남긴 회고록 성격의 책인 《책에 쓰지 않은 이야기》에서는 수용소에서 쓴 책에 관한 이야기를 이렇게 전한다.

"개인적으로 내가 살아남을 수 있었던 것은 무엇보다 잃어버린 초고를 다시 써야겠다는 의지 때문이었다고 확신한다. 발진티푸스를 앓았을 때 독혈증을 이겨내기 위해서 밤마다 뜬눈으로 지새우기 시작하면서 그런 마음을 먹었다. 마흔 살 생일에 동료가 몽당연필과 두어 장의 아주 작은 친위대 서식 용지를 어디선가 구해서 선물했다. 나는 용지 뒷면에 몹시 들뜬 마음으로 마치 속기를 하듯 떠오르는 생각들을 끄적거렸다. 그 덕분에 《의료성직자》를 다시 쓸 마음을 먹을 수 있었다.

나중에 내 생각을 행동으로 옮기기 위해, 아우슈비츠 수용소 생활 같은 한계상황에서 《의료성직자》의 원고를 종이에 적기 시작했다. 나는 초고보다 많은 실례를 들어가며 내용을 더욱 보충했는데, 그때 적어둔 표제어가 매우 유용한 역할을 했다. 그런 점에서

부록으로 첨가된 '강제수용소의 심리학'에 대한 장은 이미 수용소 현장에서 준비되었다고 할 수 있다."[1]

이 이야기는 바로 내일 끌려가 죽을 수도 있는 상황에서도 인간은 자신이 행하기로 결심하는 순간 그것을 바로 실행에 옮길 수 있는 힘을 갖고 있다는 것을 우리에게 알려준다. 빅터 프랭클에게 오늘은 오늘이고, 내일을 내일일 뿐이었다. 때문에 그는 언제 죽음을 맞이할지 모를 극한의 상황 속에서도 묵묵히 자신의 소임을 다할 수 있었던 것이다. 인간은 이렇게 위대해질 수 있고, 이렇게 자신을 바꿀 수 있다.

둘째, 메모 습관으로 효율성을 극대화한다

"내가 아는 한, 일에 대한 당신의 경험을 완벽하거나 전혀 문제가 없는 것으로 만들어주는 만병통치약은 없다. 하지만 전망을 향상시키고, 반사적으로 반응하지 않게 되고, 좀 더 차분한 사람이 됨으로써 당신은 자신에게서 최선을 이끌어내면서도 삶의 균형을 유지하는 법을 배울 수 있을 것이다."[2]

작가 리처드 칼슨Richard Carlson의 말처럼 일만 그런 것이 아니라 삶도 마찬가지이다. 인간은 완벽할 수도 없고 문제가 없을 수도 없다. 불쑥불쑥 끼어드는 원하지 않는 일 때문에 마음고생은 물론이고 생활 리듬이 깨져서 한참 동안 흔들릴 수밖에 없는 것이 우리들이다. 그러나 이처럼 바람직하지 않은 상황에서도 우리는 얼마든지 더 나은 상태를 향해 나아갈 수 있다.

군 생활은 명령과 지시 그리고 복종을 기본으로 한다. 단체 생활이다 보니 혼자만의 여유를 누릴 수도 없다. 그러다 보면 자신이 계획한 대로 생활을 해나갈 수 없다. 훈련으로 며칠 동안 자대를 떠나 생활할 수도 있고, 갑자기 내린 폭설 때문에 며칠씩 제설 작전에 동원될 수도 있다. 사회에서는 하기 싫으면 하지 않을 방법을 요령껏 찾아낼 수 있지만, 군은 특수한 조직이기 때문에 명령과 지시를 성실히 수행해야 한다.

그런데 군대만 그럴까? 직장인들이 호소하는 문제들 중에는 군 생활을 하는 사병들의 고민과 크게 다르지 않은 것들이 많다. 예컨대 직장 생활 중에도 본인이 굳이 하고 싶지 않은 일을 해야 하는 경우가 종종 발생한다. 늦은 회식 자리를 피하고 싶지만 할 수 없이 참석해야 하는 경우가 있다. 뜻하지 않은 과음으로 한번 생활 리듬이 깨지고 나면 다음날 일에 지장을 받을 수밖에 없다. 그러다 보면 하던 일을 제쳐두고 갑자기 떨어진 업무를 허겁지겁 마무리해야 하는 경우도 수시로 발생한다.

　연구 직종의 경우에는 시간에 쫓겨 밤늦게까지 연구 개발 작업에 매달리는 경우도 많다. 또한 영업을 하는 사람은 사람을 많이 만나야 한다. 영업은 고객에게 무엇인가를 파는 것이기 때문에 고객의 기호에 무조건 맞출 수밖에 없다. 그러니 고객과 호흡을 맞추거나 더 좋은 관계를 유지하기 위해 늦은 시간까지 술자리에 합석해야 할 경우가 많다. 이런 사람들이 공통으로 경험하는 문제점은 자기가 원래 정한 대로 생활을 꾸려갈 수 없다는 점이다.

　출근할 필요가 없이 비교적 자유롭게 사는 나도 예외는 아니다. 외부 활동 가운데 하나인 강의가 연속적으로 잡히게 되면 정신이 없을 정도로 분주하다. 하늘이 노랗게 보일 정도로 이리 뛰고 저리 뛰어야 한다. 그때는 다른 생각이 나지 않는다. 어서 주말이 되어서 좀 쉬었으면 하는 바람뿐이다. 이렇게 한두 주 정도 정신없이 뛰어다니다 보면 지난주에 내가 계속해서 해오던 책 집필 작업이 어떻게 진행되고 있는지 감을 잃어버리고 만다. 그렇게 한번 깨진 생활 리듬을 복원해서 다시 책 쓰기를 시작하기는 참으로 쉽지 않다. 이럴 때는 생활을 원 상태대로 되돌리는 것이 무척 힘들고 고통스러워진다.

　여기서 우리가 파악할 수 있는, 피할 수 없는 불편하지만 받아들여야 할 진실을 몇 가지 정리해보자. 하나는 학교를 떠나고 나면 모든 생활에서 예측 가능성이 크게 떨어지고 만다는 사실이다. 학교를 떠나 사회생활을 시작하게 되면 자신이 처음 세운 대로 생활을 주도적으로 꾸려갈 수 없는 상태가 계속될 가능성이 높다. 직장과 일이 내 삶을 좌우하는 주체가 될 가능성이 높기 때문이다. 따라서 모든 일에 이런 가능성이 있다는 사실을 기꺼이 받아들일 필요가 있다. 여기서 중요한 것은 정상과 비정상이 무엇인가를 구분할 수 있다면, 비정상적인 상태가 발생하더라도 크게 불안해하거나 스트레스를 받을 가능성을 줄일 수 있다는 사실이다.

군 생활을 포함해서 모든 사회생활에서 정상 상태는 예상하지 못한 일들이 생활에 불쑥불쑥 끼어드는 것이다. 반면에 비정상은 마치 학교생활처럼 예상치 못한 일들이 끼어들지 않고 원래의 생활을 아무런 방해물 없이 계획대로 수행할 수 있는 것이다. '이런저런 일들이 불쑥불쑥 끼어들어오는' 상태를 정상으로 받아들일 수 있다면, 우리는 그런 상황이 닥쳤을 때 느끼는 불만이나 정신적 압박감을 줄일 수 있다. 왜냐하면 그것을 마음으로 받아들일 자세가 잡혀 있기 때문이다.

일단 정상 상태가 어떠한가에 대해 입장을 정리하고 나면 그 다음에 우리에게 필요한 일은 이런 상태에 맞는 대응 방법을 찾는 것이다. 내가 즐겨 사용하는 방법은 오랫동안 실천해서 효과를 봤기 때문에 여러분도 사용해볼 만할 것이다. 이 방법은 군에 간 아들도 잘 사용해서 효과를 봤다고 한다. 방법은 이렇다. 예컨대 책을 읽거나 글을 쓰거나 영어 공부를 하게 되면, 항상 끝을 낼 때는 '몇 년, 몇 월, 며칠, 몇 시에 일을 끝냈다'는 표시를 해두자. 끝내는 시점을 기록해두고, 마무리하는 시점을 기준으로 어떤 업무를 행하였는가를 정리해두면 된다. 다음에는 어떤 일을 할 예정이고, 그 일의 내용이 어떤 것인지를 중요한 키워드로 정리해 간단하게 메모해두면 새로운 일을 시작하기가 쉬워진다. 쉽게 말하면 일을 끝내는 시점을 기준으로 현재까지의 성취와 미래의 계획을 기록해두는 것이다.

  이처럼 간단한 메모만 제대로 남기더라도 생활 리듬이 끊기는 상황을 피할 수 있다. 또한 메모는 다음의 네 가지 효과를 갖고 있다. 첫째, 메모를 해두면 업무와 관련된 내용을 머릿속에 입력할 수 있다. 그러면 하던 일을 떠나서 다른 일을 하더라도 뇌의 한 군데에는 그 일이 정확하게 입력된다. 그리고 다음에 관련 정보를 만나게 되면 이를 예사롭게 흘려보내지 않게 된다. 둘째, 메모를 해두는 행위는 일을 다시 시작하겠다는 약속을 자신과 해두는 일종의 작은 의식이 된다. '돌아와서 일을 시작하고야 말겠어'라고 스스로 다짐할 수 있는 계기가 되어주는 것이다. 셋째, 메모는 빠른 시간 안에 해야 할 일을 떠올리는 데 도움을 준다. 따라서 오랜 공백 끝에 일을 시작하더라도 '내가 뭘 했더라?' 하는 생각에 빠져 고민하는 시간을 크게 줄여준다.

넷째, 업무 추진 상황을 메모해두면 업무 몰입도를 강화시킬 수 있다. 메모를 해둠으로써 자신이 무언가에 쏟아 부을 수 있는 시간이 제한적임을 스스로에게 각인시킬 수는 것이다. 한동안 밀어두었던 일을 다시 시작할 때, 시작하는 그 순간부터 가속도를 더할 수 있는 방법이기도 하다. 어떤 일을 완벽하게 끝내기 위해서는 흐름이 끊기지 않도록 노력해야 하고 더불어서 자연스럽게 흐름을 탈 수 있어야 한다. 따라서 지난번에 남겨둔 메모를 확인하게 되면, 순간 일종의 게임이 시작되었음을 스스로 자각하게 된다. 자신이 자유 재량권을 발휘할 수 있는 시간 동안 흐름을 타듯이 집중적으로 업무를 추진할 수 있게 되는 것이다. 셰익스피어 William Shakespeare 는 《줄리어스 시저》에서 흐름을 타듯이 나아가는 일의 중요성을 이렇게 말한 적이 있다.

사람들의 일에는 조수가 있다.
밀물을 받아들일 때 행운이 찾아온다.

그러나 밀물을 흘려버리면, 인생의 모든 항해는

얕은 물에 묶이고 비참해진다.

우리는 지금 충만한 바다 위에 떠 있다.

우리는 조류가 흐를 때 이를 받아들여야 한다.

그렇지 않으면 모험에서 질 것이다.

이런 긴박감을 만들어주는 데 메모를 남기는 습관은 확실히 도움이 된다. 또한 메모를 남기는 것은 그 자체만으로도 더 많이, 더 빨리 업무를 추진해야 한다는 승부근성을 부추긴다.

며칠 동안의 공백에도 불구하고 이제까지 해왔던 일을 얼마나 빠른 시간 안에 복원시켜 원 상태로 돌아가게 하는가는, 일을 끝내는 데 있어서 대단히 중요한 과제이다. 직업인으로서의 경쟁력뿐만 아니라 한 인간으로서의 경쟁력은 어떤 일을 포기하지 않고 계속할 수 있는가에 상당 부분 좌우된다.

이제까지 해온 일을 빠른 시간 안에 회상해낼 수 있다면, 흐름을 깨지 않은 상태로 그 일을 계속해나갈 가능성이 크게 높아진다. 여기에 수시로 끼어드는 일을 짜증스럽게 여기지 않고 지극히 당연하게 받아들일 수 있다면 이 또한 사회생활에 큰 도움이 된다.

내가 강연, 인터뷰, 기고 등 다양한 일을 수시로 처리하면서 집중적인 작업을 요구하는 책 쓰기를 계속할 수 있는 비결 또한 메모 남기기다. 바쁜 외부 일정 때문에 길게는 일주일 정도 단 한 줄도 쓰지 못하는 경우가 많다. 하지만 나는 전혀 걱정하지 않는다. 언제 책 쓰기가 끝났는지 그리고 어떤 부분부터 다시 써나갈지를 미리 메모해두었기 때문이다. 이 책을 쓰고 있는 지금도 마찬가지다. 계속해서 글을 마무리하고, 시작하는 시간과 내용을 메모로 남기면서 치열하게 작업하고 있다.

내게 메모는 번잡한 일정 때문에 '스톱 앤 고우'를 반복할 수밖에 없는 생활에서, 집필 리듬을 잃지 않도록 도와주는 가장 멋진 방법이다. 메모 덕분에 나는 번잡한 일상의 업무를 처리하고 오랜만에 작업대에 앉더라도 메모를 확인하고 연필로 아이디어에 줄을 긋고 집필을 시작한다. 그러면 길어야 10분 안에 바로 집필 작업의 흐름을 이어갈 수 있다. 이처럼 원래 세운 계획에 따라서 자신의 일을 빠르게 추진할 수 있는 능력을 마치 근육을 키우는 것처럼 키워야 한다.

군에 입대한 후 기회가 된다면 가만히 주변 병사들을 한번 살펴보라. 자대를 떠나서 며칠 동안 바깥에서 훈련을 마치고 돌아온 고참과 신병의 모습이 어딘가 다를 것이다. 물론 할 일이 많은 신병과 상대적으로 느긋한 고참의 처지가 같지는 않다. 하지만 대부분의 고참들은 훈련 때의 기억을 잊어버리고 마치 아무 일도 없었던 것처럼 정해진 일상으로 쉽게 돌아온다. 하지만 경험이 부족한 신병들은 며칠 동안 달랐던 생활에서 쉽게 벗어나지 못한 채 깨진 생활 리듬 때문에 허둥대기 일쑤다. 사회에서도 외부적인 환경에 의해 생활 리듬이 깨지고 난 다음 며칠, 몇 주 동안 감정을 컨트롤하지 못하고 급기야는 원래 해오던 일을 완전히 포기해버리는 사람들을 심심치 않게 볼 수 있다. 이렇게 빨리 자신의 생활 리듬을 회복하지 못하는 사람은 환경에 늘 휘둘리면서 살아갈 수밖에 없다. 그렇게 휘둘릴 때 누구도 그 사람을 도와줄 수 없다. 자신을 관리하는 것에 따르는 모든 비용과 편익은 고스란히 자신의 짐으로 남게 된다.

흐름이 끊기지 않게 하라는 메시지 속에는 '포기하지 말고 계속 나아가라'는 의미도 포함되어 있다. 게임 속에서 끊임없이 돌발적으로 미션이 등장하고 미션을 수행한 만큼 게임 레벨이 올라가는 것처럼, 인생 또한 오랜 시간에 걸쳐서 크고 작은 돌발 미션들이 반복되고 그것을 어떻게 마무리하는가에 따라 사회적으로 도달할 수 있는 수준이 달라지게 된다.

궁극적으로 정상에 서는 사람들 중 다수는 계속해서 해야 할 일을 성실히 해나가는 사람이다. 뛰어난 머리에 성실함까지 갖고 있다면 그 사람은 분명 사회에서 각광받는 인재로 성장하게 될 것이다. 그러나 머리 혹은 지능은 자신이 어찌해볼 수 없는 부분이다. 따라서 스스로 남들보다 뛰어난 지능을 갖고 있지 않다고 느껴진다면, 이를 한탄하기보다 스스로 관리할 수 있는 부분을 찾아서 하나하나 개선해나가는 것이 어떨까. 예컨대 어떤 계획을 세웠다면 그 계획을 포기하지 않고 지속적으로 실행해 완벽하게 마무리하는 것이다. 이는 미룰 필요도 없고, 남의 도움을 받을 필요도 없다. 그냥 지금부터 행하면 된다. 나는 여러분들이 며칠간의 공백에도 불구하고 언제나 원위치하는 데 아무런 문제가 없기를 바란다. 비가 오나 눈이 오나, 기쁘나 슬프나, 분주하나 한가하나 개의치 않고 그 시간이면 그 일을 계속하는 사람은 정말 훌륭한 사람이 될 가능성이 높다.

셋째, 매일 기록하고 점검한다

미국 펜실베이니아 주의 베들레헴이란 소도시에는 베들레헴 철강회사의 잔해가 아직도 위풍당당하게 서 있다. 그 회사의 번영기를 이끌었던 CEO는 찰스 슈워브 Charles M. Schwab 이다. 그가 경영 컨설턴

트인 아이비 리 Ivy Lee와 나누었던 대화는 자기계발에 관심을 가진 사람들 사이에서 전설처럼 내려오고 있다.

"리 씨, 내가 주어진 시간 안에 더 많이 일할 수 있는 방법을 좀 알려주시오. 그러면 합리적인 수준에서 얼마든지 컨설팅 비용을 지불하겠소." 아이비 리는 종이 한 장을 내밀면서 "사장님이 내일 해야 하는 가장 중요한 일들을 적어보십시오. 그리고 거기에 중요성의 순서를 매겨보십시오. (중략) 일을 전부 다 못해도 좋습니다. 무엇이 중요한가를 결정하는 시스템 같은 것을 가지고 있어야 합니다. 매일 그렇게 일하는 습관을 몸에 익히십시오."

몇 주가 흐른 후 슈워브는 아이비 리가 제시한 아이디어가 성과를 올리는 데 큰 효과를 낸다는 사실을 깨닫게 되었다. 그리고 감사의 의미로 무려 2만 5,000달러짜리 수표를 아이비 리에게 보냈다. 1930년대로서는 엄청난 액수의 돈이었다. 이렇게 어마어마한 돈을 지불한 것에 충격을 받은 슈워브의 친구가 "어떻게 그렇게 큰돈을 지불할 수 있느냐?"고 묻자, 슈워브는 "올해 베들레헴 철강회사가 투자한 것 가운데 가장 가치 있는 것이 바로 아이비 리가 제안한 문제 해결책이었네."라고 답했다.

더 잘되기를 소망하는 사람은 새로운 아이디어를 찾아 지혜를 구할 필요가 없다. 성과를 끌어올리는 방법은 과거나 현재나 큰 차이가 없다. 기술은 크게 발전하였지만 우리들의 삶은 크게 변함이 없기 때문이다.

마음은 늘 흔들리는 것이다. 결심이라는 것도 마찬가지이다. 이는 오랫동안 자신을 단련시켜온 사람에게도 예외는 아니다. 세월이 흐르면 감정의 기복은 줄어들지만, 그렇다고 해도 마음을 단단히 붙잡는 것은 쉽지 않은 일이다.

군 생활을 성공적으로 보내기를 간절히 소망하는 사람이 즉시 실천에 옮겨야 할 일은 무조건 매일의 계획을 세워서 계획대로 생활해나가는 것이다. 지금 당장 실천에 옮길 수 있는 방법을 하나 알려주겠다. A4용지 하나를 구해서 두 번 접어보라. 그러면 나흘치 계획을 적어볼 공간을 확보할 수 있다. 이 공간에 하루 일과가 끝난 저녁에 다음 날 내가 해야 할 일들이 무엇인지를 차분히 정리해보라. 매일 반복되는 일이라 하더라도 마치 새로운 업무인 것처럼 반드시 종이 위에 기록을 남겨보자. 예컨대 오전에 수행하는 업무라면 '오전 근무'라고 이름을 붙일 수 있다. 또는 이를 몇 개로 나누어서 '근무1' '근무2' 혹은 '근무3'으로 할 수도 있고, 업무 특성을 반영한 이름을 붙일 수도 있다. 나의 경우에는 강연준비1, 강연준비2, 집필1, 집필2, 집필3 등과 같이 오전에 행할 예정인 업무도 몇 가지로 나누어서 또박또박 적는다.

이렇게 기록으로 남길 때 어떤 사람은 우선순위를 정확히 매겨서 기록하는 일이 필요하다고 말하기도 한다. 하지만 경험에 비추어보면 계획을 세우는 단계에서 너무 엄격한 기준을 적용할 필요는 없다. 대략의 우선순위를 머릿속에 그리면서 첫째, 둘째, 셋째 순서로 기록으로 남기면 된다. 그런 다음에 일을 추진하는 단계에서 상황에 따라 얼마든지 조정하면 된다. 어떤 계획이든 융통성이 있어야 한다. 그렇지 않으면 '계획을 계획하기'만 하는 문제에 부딪힐 수도 있다. 따라서 나는 여러분이 계획된 일을 할 때 '융통성 있게 하자'는 조언을 기억하기를 바란다.

계획이란 단어만 들어도 거부감이 느껴지는 사람도 있을 것이다. 이런 사람들은 계획을 너무 엄격하게 작성한 기억을 갖고 있기 때문이다. 그래서 계획을 세울 때는 가급적 자유롭게 세우는 것이 더 낫다고 본다. 머릿속에 들어 있는 아이디어를 흰 백지 위에 차분히 기록하는 것처럼 '내일 하루 동안 내가 해야 할 일이 무엇인지'에 대한 답을 첫째, 둘째, 셋째, 넷째 순서로 하나하나 기록하면 된다.

일과 후에 운동을 하는 것뿐만 아니라, 너무나 사소해서 그런 것까지 기록할 필요가 있을까 싶은 것이라도 하루 동안 수행하는 모든 것들을 꼼꼼히 적을 필요가 있다. 부모님께 편지하는 일, 이메일 보내는 일, 전화하는 일까지 일일 계획에 넣어보기 바란다. 이렇게 하면 일을 대하는 태도가 달라질 뿐만 아니라 그 일을 완수하였을 때의 보람도 몇 배로 높아진다. 프랑클린플래너로 유명한 프랑클린 코비 사의 최고경영자인 하이럼 스미스Hyrum W. Smith는 "어떤 일 하나를 완수하고 줄을 쫙 그을 때 뇌 속에서 엔도르핀이 생성된다."고 말한다. 내 경험을 미루어보면 엔도르핀 그 이상의 물질이 만들어진다는 생각이 들 때가 많다. 그만큼 어떤 일을 완수해내고 나면 강한 성취감과 자신감, 그리고 든든함을 느낄 수 있다.

아무리 의지가 강한 사람이라도 자신이 해야 하는 일들을 기록하지 않는다면 마음을 다잡고 무엇인가를 계속하기가 쉽지 않다. 해야 할 일을 찬찬히 기록하는 일은 매일매일 의식이나 의례를 치르는 일과 같다. 우리가 어떤 모임에서 국민의례를 하며 국기에 대한 경례를 하거나 애국가를 부르는 것도 하나의 의식이나 의례이다. 너무 형식을 강조해서는 안 되겠지만 일상을 제대로 경영하기 위해서는 시작하는 의식과 마무리 하는 의식 정도는 갖고 있는 것이 좋다.

'해야 할 일들'을 기록하는 일은 하루를 시작하는 엄숙한 의식이다. 오늘 저녁에 내일 계획을 짜는 사람은 미리 하루를 시작하는 사람이다. 하루를 아침에 시작하는 것도 좋지만 저녁 무렵에 내일을 계획하는 일은 효과가 뛰어나다. 일단 기록을 한다는 것은 관련 정보를 두뇌 속에 입력하는 일이다. 무엇을 해야 할 것인가를 입력하면 두뇌는 의식하든 의식하지 않든지 간에 주어진 과제를 잘 수행할 수 있는 방법을 찾게 된다.

예컨대 "어떻게 하면 잘 할 수 있을까?"라는 질문을 스스로에게 던지게 된다. 내가 경험한 흥미로운 체험 가운데 하나는 저녁 시간에 다음날 해야 할 일들을 정리하고 잠자리에 누워서 내일의 일과를 살짝 그려보는 것만으로도 문제를 해결하는 데 도움을 받을 수 있다는 것이다. 두뇌는 무엇인가를 머릿속에 그려보고 그것을 글로 옮겨보는 것만으로 해결해야 할 숙제를 받은 셈이다. 잠을 자는 밤 시간 동안 두뇌 속의 무의식에는 숙제가 머물게 된다. 자신의 두뇌를 효과적으로 이용할 수 있는 것이다.

이렇게 해서 어느 정도 효과가 있다면 여러분은 작은 수첩 하나를 장만해서 본격적으로 계획 세우기를 실행하기 바란다. 내가 강조하고 싶은 것은 수첩을 마련한 다음에 시작할 생각을 말라는 이야기이다. 복사지는 어디서든 구할 수 있기 때문에 일단은 조언 받는 즉시 실행에 옮기는 것이 중요하다.

TV 보기, 역기 들기, 청소하기, 집 정리하기 등과 같이 일상에서 늘 반복되는 일조차 '해야 할 일' 리스트에 정성을 들여 기록하기 바란다. 늘 반복되는 하루하루지만 그런 일상을 완전히 새롭게 재단장할 수 있는 방법이다. 많은 업무가 갑자기 몰려들 때 이렇게 적는 것만으로도 업무량에 압도되지 않고 하루를 자신의 방식대로 관리할 수 있다.

시작이 있으면 항상 끝이 있어야 한다. 마무리를 할 때는 여러분 나름의 체크하는 방법을 채택하기 바란다. 잘한 것은 A, 그저 그런 것은 B와 같이 알파벳을 사용해서 등급을 매길 수도 있고, 우수, 보통 그리고 열등의 3등급으로 나눈 다음에 각각에 A, B, C를 주는 방법도 있다. 내가 개인적으로 권하고 싶은 방법은 잘한 것에 줄을 긋거나 동그라미 등을 쳐서 표시하는 것이다. 중요한 사실은 등급을 매기는 것이 아니라 어떤 형태로든 마무리한 것과 하지 않은 것을 구분하는 것이기 때문이다. 하루를 마무리한 후에 계획한 일을 체크하는 것은 스스로 성공을 자축하는, 조촐하지만 의미 있는 행사가 된다.

일상적으로 매일 반복되는 시간인데 굳이 그렇게까지 계획을 세울 필요가 있는가 하는 의문이 생기는가? 계획을 세우게 되면 하루하루를 재단장하는 효과를 거둘 수 있다. 그리고 시간을 제대로 활용하는 면에서 큰 효과를 거둘 수 있다. 그리고 일과 후에는 길든 짧든 자유롭게 사용할 수 있는 시간이 생길 것이다. 물론 고참들이 옆에 있고, 일과 후에도 해야 할 일들이 있기 때문에 많은 시간이 주어지지 않는다는 것을 잘 알고 있다. 아무리 군대가 좋아졌다고 해도 그것은 먼저 겪은 사람들의 기준일 뿐 처음 겪는 여러분들에게는 낯설고 힘든 것임이 분명하다.

여기서 아주 중요한 이틀에 대해 말해야겠다. 바로 토요일과 일요일이다. 주말에는 주중보다는 더 많은 시간이 주어진다. 이런 시간들이 하찮아 보일 수도 있을 것이다. 하지만 이런 시간들을 모으면 제법 많은 시간을 만들어낼 수 있다. 2년여의 복무 기간 전체로 놓고 주말을 따져보면 제법 긴 시간이 된다. 그래서 군 생활에서 시간이 없다는 이야기는 사실이면서도 사실이 아니다. 자신이 하기에 따라서 얼마든지 시간을 만들어낼 수 있다. 그리고 몰입 정도에 따라서 일반인들에 비해 결코 뒤떨어지지 않을 정도의 시간을 확보할 수 있다. 토요일이나 일요일 또한 계획을 세워 보내야 한다. 평일과 마찬가지로 하루를 마치면 반드시 무엇을 마무리하고 마무리하지 못했는지를 체크해보라. 나는 이를 '주말경영'이라고 부른다.

이렇게 군 생활에서 주말을 짜임새 있게 사용한 사람은, 대학 생활뿐만 아니라 직장 생활에서도 이런 습관이 지속될 가능성이 높다. 그리고 결국 남과 다른 인생을 살아갈 수 있다. 남들에게 "그렇게까지 팍팍하게 살 필요가 있어?"라는 말을 듣거든 인생이란 남이 대신해서 살아주는 것이 아니라는 사실을 기억하면 된다.

나는 시간관리 분야에서 큰 성과를 거둔 하이럼 스미스의 주장에 전적으로 동의한다.

"'매일매일 계획을 짤 것'이란 원칙에는 예외가 없어야 한다. 인생의 사건을 컨트롤하고자 하는 사람이라면 반드시 컨트롤할 도구를 사용해야 한다. 목수가 망치가 무겁다고 망치를 내려놓고 대신 손으로 못을 받는 일은 없다. 이따금 망치질을 쉬는 일은 있어도 도구만은 제대로 사용한다."[3]

계획을 세우고 점검하는 의식을 부담스러워 하는 사람들은 한 번 세운 계획은 모두 실천해야 한다고 생각하기 쉽다. 그리고 이런 생각 때문에 계획 세우는 일을 계속하지 못한다. 계획은 일종의 선언을 하는 것이다. 자신에게 '이것을 위해 최선을 다하는 하루를 만들자'라고 말하는 것이다. 세운 계획을 모두 성공시킬 필요는 없다. 물론 노력해서 많이 성취할 수 있다면 좋은 일이다. 하지만 만일 계획한 일 가운데 일부만 성공시킨다 하더라도 그것 역시 좋은 일이다. 노력하는 것만으로 가치가 있다.

넷째, 시간을 작은 단위로 나눠 공략한다.

유능한 마라토너들은 골인 지점이 가까워질수록 동기를 부여하는 나름의 방법을 갖고 있다. 마라토너들은 골인 지점을 염두에 두지 않고 언제나 작은 목표를 염두에 두고 뛴다. 예컨대 처음에는 '다음 전봇대까지'를 목표로 잡고 그 다음에는 '이 고개까지'로 목표를 잡는 식이다. 이렇게 골인 지점까지 제 페이스로 도착하기 위해 큰 목표를 잘게 나눈다.

　유능한 직장인들이 일을 할 때도 마찬가지이다. '1년 목표'처럼 큰 목표만을 갖고 있으면 쉽게 지치게 된다. 유능한 사람들이라면 반드시 1년 목표를 잘게 나누어서 분기, 한 달, 일주일 목표로 큰 목표를 세분화한 다음에 차근차근 공략한다. 작은 목표를 성취하고 나면 자신감이 붙기 때문에 여세를 몰아서 더 빠르게 그 다음 작은 목표들을 공략하게 된다. 이것은 추진력을 만들어내는 방법이자 성과를 높이는 방법이고 신나게 사는 방법이기도 하다.

　일직선으로 길게 뻗은 길을 오래 운전하다 보면 지겨움을 느끼기 쉽다. 자칫 잘못하면 졸음 때문에 사고를 낼 수도 있다. 변화가 없기 때문이다. 하지만 꼬불꼬불한 산길을 운전한다면, 나도 모르게 정신을 똑바로 차린 채 바짝 긴장하게 될 것이다. 굽이굽이마다 어떤 변수가 나타날지 알 수 없기 때문이다. 이때 아슬아슬함은 물론이고 흥미진진함도 느낄 수 있을 것이다. 이처럼 변화는 알 수 없는 흥분과 긴장, 그리고 기쁨과 기대감을 가져다준다.

여러분이 입대 이후에 제대만을 바라보고 생활한다면 이는 틀림없이 시간을 하나의 묶음으로 받아들이고 있음을 뜻한다. 물론 본인은 한 묶음이건 두 묶음이건 무슨 차이가 있느냐고 반문할지 모르지만, 직접 경험해보면 엄청난 차이가 난다. 일단은 지겹다. 하루하루 똑같은 생활이 반복될 뿐이고, 낙이 있다면 고작해야 달력에 날짜 하나를 지우는 것뿐일 것이다. 그렇게 제대할 날만을 기다리면서 시간을 보내는 것은 고역 중에 고역이다.

이런 최악의 상황을 피하려면 큰 목표를 작은 목표들로 나누어서 생활하는 것이다. 가장 큰 목표는 1년 단위로 세우는 목표이다. 1년 동안 어떤 일을 마무리해야 하는가를 아주 구체적인 것들로 정하면 된다. 대략적으로 5~10개 정도의 목표들을 만들면 좋다.

우선 여러분 자신에게 물어보라. 한 해가 시작되었을 때 스스로 어떤 목표를 달성하기로 자신과 약속했는지, 또 그것을 달성하기 위해 어떤 구체적인 목표를 세웠는지 말이다. 여기서 구체적이라는 말은 실행을 평가할 수 있는 목표를 의미한다. 연말이 되었을 때 달성 여부를 스스로 평가할 수 있어야만 진정한 의미에서의 목표라고 하겠다. 열심히 하겠다, 혹은 잘하겠다 등과 같은 막연한 목표는 없는 것보다야 낫겠지만 사실 별반 효과가 없다.

사실 군대에서 가르치는 것은 군인이 되기 위해 필요한 것들이기 때문에 사회에 나가서는 그다지 쓸모가 없는 경우가 많다. 하지만 그런 것들을 익히는 과정은 사회에 나가서 필요한 것들을 배우는 데 좋은 예행연습이 된다. 영어 단어를 외우는 것과 총검술 동작을 외우는 것은 목표와 방식의 차이만 있을 뿐, 현재의 자신에게 도움이 되는 것을 배운다는 본질에서는 다를 바가 없다.

카페베네를 창업한 김선권 사장이 언젠가 한 매체에 지금의 자신을 만들어낸 비밀병기를 공개한 적이 있다. 그 가운데 하나가 다짐과 목표를 적어서 책상 위에 올려둔 액자다. 그가 다짐과 목표를 섞어서 만든 '2012년 나의 다짐'은 모두 아홉 가지로 구성되어 있다. 목표보다는 주로 다짐에 더 큰 비중을 두고 있는 점이 인상적이다. 목표 가운데 내 눈길을 끈 것은 "예비자금 확보는 내 생명줄이다."였다. 김선권 사장은 수많은 프랜차이즈를 거느린 성공한 사업가로 화려한 삶을 살 것 같지만, 사실은 이런 절박감을 안고 있는 평범한 사람이라는 것을 느낄 수 있었기 때문이다.

그는 연초에 세운 아홉 가지 다짐을 등대 삼아서 한 해 사업을 계획한다고 말한다. 그는 "이 다짐들은 의사결정을 할 때나 투자를 해야 할 때 어떤 방식으로 할 것인지에 대한 판단 기준을 끊임없이 일깨워준다. 그래서 내게는 인생의 등대 같은 존재다."라고 말한다. 여러분은 한 해를 이끄는 인생 등대를 갖고 있는가? 없다면 즉시 만들어야 한다.

1년에 걸쳐 이루어야 할 목표를 장기목표로 하고, 그 사이에 해야 할 일들을 중기목표로 추가해 장기목표를 보완하는 것도 좋은 방법이다. 몇 개의 작은 이벤트를 생각해보자. 예를 들어, 중간 중간에 특정 시점을 선택해서 그 시간까지 달성 가능한 목표를 만들고 이를 이루기 위해 노력해보는 것이다. 지금부터 첫 휴가까지 마무리하고 달성해야 할 목표, 오늘부터 시작해서 다음번 진급 때까지 마무리해야 할 목표, 오늘부터 다음번 휴가를 갈 때까지 마무리해야 할 목표를 만들어보자. 추진 기간은 일주일이 될 수도 있고 한 달이 될 수도 있다.

사실 나는 이 방법을 통해서 무척 재미있게 삶을 살고 있을 뿐만 아니라, 성과를 내는 데에서도 큰 덕을 보았다. 하지만 나는 이 방법을 군대 가는 아들에게는 이야기해주지 않았다. 그런데 마지막 휴가를 나온 아들과 대화를 나누던 중에 목표를 잘게 나누는 방법이 자신의 군 생활을 상대적으로 박진감 있게 만들어주었다는 이야기를 들었다. 아들은 내 조언 없이도 자신만의 방법을 찾아냈던 것이다. 아들은 또한 휴가처럼 기다려지는 시간을 기점으로 삼아서 그 기간까지 자신이 달성해야 할 목표를 만들고, 그것을 달성하기 위해 열심히 노력했던 것이 매우 효과적이었다고 덧붙였다. 우리는 서로의 방법에서 공통점을 찾았다. 나이를 먹은 사람이나 그렇지 않은 사람이나, 어떻게 하면 잘 살 수 있을 것인가라는 점에 대해서는 얼마든지 서로의 경험을 통해서 배울 수 있다.

나는 비교적 폭넓은 주제에 대해 책을 쓰는 작가다. 어떤 사람은 지나치게 넓은 주제에 대해 글을 쓰는 것에 호감을 갖지 않을 수도 있다. 나는 농담 삼아 과학을 제외한 대부분의 분야에 대한 책을 쓸 수 있다고 말한다. 그만큼 내가 관심을 가진 분야는 넓다. 그렇게 다양한 분야의 주제를 다루는 이유는 무엇보다도 재미있게 살고 싶기 때문이다.

아무튼 재미라는 면에서 새로운 주제를 다루는 것은 신나는 이벤트를 만드는 것과 같다. 그러니까 내게 있어 책을 시작하는 날부터 끝낼 때까지의 마음은 군 생활 중인 여러분이 휴가를 기다리는 마음과 같은 것이다. 지금 이 책을 쓰는 와중에도 내 머릿속에서는 앞으로 써야 할 세 권 정도의 책에 대한 구상이 동시에 만들어지고 있다. 이 책을 쓰고 난 다음에는 다른 주제의 책을, 그리고 그 다음에는 또 다른 주제의 책을, 그리고 그 다음에는 또 다른 토

픽의 글이 이미 머릿속에 혹은 노트에 정리되어 있다.

휴가를 기다리는 것은 설레는 일이다. 내가 한 권의 책을 끝내고 난 다음 또 다른 책을 쓰고 싶다는 것 또한 기다림이기도 하고 설렘이기도 하다. 여러분이 행복하게 사는 비결 가운데 하나는 크고 작은 기다림과 설렘을 만들어내는 것이다. 그래서 행복은 주어지는 것도 선택하는 것도 아니다. 행복은 제조할 수 있다는 것이 내 지론이다. 행복은 편안함에서도 올 수 있지만, 목표를 두고 자신을 몰입시킬 때에도 생겨난다.

다섯째, 일상생활에 나만의 규칙을 세운다

"모든 서양 철학은 플라톤의 각주이다."라는 말이 있을 정도로 고대 아테네의 철학자 플라톤Plato은 서양철학에 굵직한 족적을 남겼다. 그는 80세까지 장수하며 많은 작품들을 남겼는데, 최후의 작품인 《법률》에는 스스로 훌륭한 인물이 되기를 소망하는 사람을 위한 두 가지 제안이 등장한다. 플라톤은 이 책에서 이것저것 해야 할 것이 많은 사람일수록 자신의 제안을 더 열심히 따르라고 권한다. 그 제안 중 하나는 "모든 시민은 새벽부터 해가 뜨고 해가 지고 다시 새벽이 올 때까지 어떤 일을 해야 할지 정해놓은 일과표가 있어야 합니다."라는 것이다. 다른 하나는 "필수적이지 않은 활동들이 적절한 식사와 운동을 하거나 혼을 위한 배움에 방해가 되어서는 안 됩니다."이다. 꼭 해야 하는 일이 아니거나 불필요한 일을 줄이라는 뜻이다.

나는 사람 사는 일은 고대나 지금이나 비슷하다는 생각을 한다. 더 잘되려고 소망하는 사람은 늘 부족한 시간 때문에 힘들어한다. 그리고 이를 극복할 수 있는 방법은 가능한 생활을 규칙적으로 하는 것이다. 규칙이란 단어를 싫어하는 사람도 많다. 자유롭게 살아가는 데 큰 의미를 두는 사람일수록 더욱 그럴 것이다.

규칙이란 단어와 가장 잘 어울리는 곳이 바로 군대다. 잠자는 시간을, 아니 잠자는 시간도 쪼개서 불침번을 서야 하는 군대에서는 하루 종일을 정해진 일과표에 따라 보내야 한다. 저녁을 먹고 일과가 끝난 다음에도 결코 한가해지지 않는다. 밀린 빨래를 비롯해서 내무반의 이런저런 일들을 처리해야 하고, 점호 준비를 해야만 한다. 병사 개개인이 그런 규칙을 어떻게 받아들이느냐는 전혀 상관하지 않는다. 따라서 이런 생활에 적응하지 못하거나 힘들어하는 사람이 생기는 경우가 많다.

나는 사람마다 기질이나 생활 스타일에 따라 규칙에 대한 선호도가 다를 수밖에 없다고 생각한다. 어떤 사람은 체질적으로 '규칙적으로 실행한다'는 것을 좋아하지 않는다. 여러분 가운데서도 그동안 불규칙적인 생활을 하는 데 익숙했던 사람이 있을 것이다. 그런데 군 생활을 시작하면서 스스로 변화하는 모습에 "사람이 이렇게 적응할 수 있구나." 하며 신기해하는 사람도 있을 것이다.

규칙에 대한 호불호는 접어두고, 분명한 것은 우리들의 삶에서 규칙이 특별한 의미를 지닌다는 것이다. 물론 불규칙적인 방식으로도 성공을 거둔 사람도 더러 있을 것이다. 그러나 대체로 일이든 인생이든 어떤 사람에게 있어서 '조직화하는 능력'은 상당히 중요한 것 같다. 조직화는 곧바로 효율화를 뜻하기 때문이다. 한정된 자원을 일정한 시간 동안 효율적으로 배분하는 사람만이 기대하는 성과를 거둘 수 있기 때문이다. 이러한 효율화에 규칙은 결정적인 기여를 한다.

우선 인간과 규칙이란 의미를 되새겨보고 싶다. 사람의 심성을 볼 때 정상 상태는 끊임없이 풀어지는 것을 의미한다. 사람은 언제나 더 많이 자고 싶어 하고, 더 놀고 싶어 하고, 더 편한 길을 찾는다. 인위적인 노력이 더해지지 않는다면 불규칙적으로 생활하게 되도록 만들어진 존재가 사람이다. 규칙은 생활에 일정한 틀을 만드는 일이다. 그렇기 때문에 자연히 이루어지는 것이 아니라 인위적인 노력을 필요로 한다. 시간과 에너지를 투입해야 하고 참고 견뎌내야 비로소 생활에 규칙을 받아들일 수 있다. 그래서 누구나 규칙적으로 생활할 수 있는 것은 아니며, 조금만 방심하면 자꾸 허물어지는 것이 규칙적인 생활이다. 계속해서 신경을 쓰고 노력하지 않으면 언제든지 불규칙적인 생활로 되돌아가게 된다.

편안하게 사는 것도 좋지만 규칙을 세워야 할 값어치가 있다면 우리는 기꺼이 불편함을 감수할 수 있어야 한다. 내게 '불편不便'이란 단어는 언제나 한국화의 대가인 박대성 선생을 떠올리게 한다. 그는 중학교까지밖에 배우지 못했지만, 평생을 갈고 닦아 한국화 분야에서 독보적인 영역을 개척한 분이다. 어린 시절 경북 청도에서 한의사를 하던 그의 아버지는 1949년 빨치산들에게 '반동지주'로 몰려 살해당했다. 빨치산들은 아버지에게 낫을 휘둘렀고 이때 아버지 등에 업혀 있던 네 살배기 박대성은 왼팔 팔꿈치 아래를 잃어버렸다. 그러나 그는 좌절하지 않고 왼쪽 팔 절반이 없는 몸으로 평생 동안 '불편'과 함께하면서 스스로를 다그치면서 살아왔고, 그 결과 한 분야의 대가가 되었다.

"팔꿈치 아래가 없는 이 왼팔이 내 평생 스승입니다. 이 팔 하나가 없는 바람에 줄기차게 노력을 했지요. 그래서 내 인생의 좌우명이 '불편不便'이에요. 편리하면 할수록 인간정신은 게을러집니

다."⁴

편리함을 극단적으로 추구하는 이 시대에 죽비 같은 말씀이다. 무엇인가를 얻고자 하는 사람들은 스스로 몸과 마음을 불편하게 만들 수 있어야 하고, 그 불편함 속에서 미학을 발견할 수 있어야 한다. 편안함이 다 좋은 것만은 아니다.

평생을 규칙적으로 생활할 수 있는 기틀을 다지기에 가장 좋은 기간이 바로 군 복무 기간이다. 이때처럼 외부적인 힘으로 스스로를 바꾸기에 적당한 기간은 없다. 인생을 건축물에 비유한다면 군 생활에서 만들어내는 규칙적인 생활은 건축물을 지탱하는 기본 구조물에 해당한다고 할 수 있다.

살아가면서 늘 기회가 찾아오는 것은 아니다. 특정 시점에서 자신에게 다가오는 기회들을 잘 수용해 자신의 것으로 만들어가는 일은 현명한 사람이 할 수 있는 멋진 작업임에 틀림없다. 그래서 나는 여러분들이 군 생활이라는 현실, 그 외부적인 환경을 수용해서 평생을 갈 수 있는 규칙적이라는 구조물을 만들어내는 데 성공하기를 바란다.

나는 규칙을 사랑하는 사람이라기보다는 불규칙이 주는 고통을 싫어하기 때문에 규칙을 선호해왔다. 적절한 규칙으로 자신을 강제하지 않으면 생활 자체가 마치 롤러코스터를 타는 것처럼 기복이 심해진다. 이때 생활만 기복이 심해지는 것이 아니라 감정의 기복도 심해진다. 좋을 때는 좋지만 나쁠 때는 이를 극복하는 데 시간도 많이 소요되고 감정 낭비도 심해진다. 이런 단점을 극복하기 위해서 나는 규칙적으로 생활하는 것에 더 큰 비중을 두기 시작했던 것 같다.

규칙적으로 생활하다 보면 그 속에서 일종의 아름다움을 만나게 된다. 평상심 혹은 평정심을 언제 어디서나 유지할 수 있기 때문이다. 완벽하지는 않지만 가능한 한 잔잔하게 흐트러짐이 없는 마음 상태를 유지할 수 있도록 도와주는 것이 규칙적인 생활이다.

평상심을 가지도록 돕는 일은 운동 경기에서 느끼는 것처럼 강렬한 즐거움을 주지는 않는다. 그러나 평상심은 어느 것과도 비교할 수 없을 정도로 깊고 진한 즐거움을 느끼도록 도와준다. 아마도 이런 즐거움은 고교 시절이나 대학 시절 규칙적으로 일과를 정해 놓고 열심히 공부를 해본 사람이라면 이미 체득하고 있을 것이다. 그런 느낌을 군 생활은 물론이고 그 이후의 생활까지 지속하는 것은 삶 전반에 큰 도움이 된다.

그런 의미에서 큰마음을 먹고 책을 읽기보다 시간을 정해두고 그 시간이 되면 책을 읽기를 권한다. 특별하게 외국어 공부를 하라는 것이 아니더라도, 그 시간이 되면 단 몇 개라도 단어를 외우고 문장을 해석해보라. 특별한 날이 아니더라도 늘 저녁이 되면 일과를 정리하고 내일에 대해 계획을 세워보라. 어떤 시간에 되면 정해진 장소에서 계획했던 대로 꾸준히 무엇인가를 해나가는 것은 한 인간의 심성과 능력 모두를 키워준다.

처음에는 규칙이 심성과 능력을 만들어주는 데 이바지하지만 나중에는 그런 규칙들이 심성과 능력의 한 부분으로 자리 잡게 된다. 그때부터는 마치 물이 흐르는 것처럼 규칙적인 생활이 몸에 배게 된다. 후천적 DNA처럼 말이다.

내무반에서 고참들이 일과가 끝나고 난 이후에 각자의 방식대로 시간을 어떻게 보내는지를 지켜보라. 어떤 고참은 텔레비전 시청에 열중할 것이고, 또 어떤 고참은 공부를 하거나 책읽기를 꾸준히 할 것이다. 그런데 이때 유심히 관찰해보면 이런 패턴이 계속 이어진다는 것을 알 수 있을 것이다. 다시 말해 특정 날만 그런 것이 아니라 같은 시간대가 되면 마치 늘 그래왔던 것처럼 매일매일 같은 생활 패턴을 보이는 것이다. 바로 이 부분이 대단히 중요한 차이점이다.

처음에는 차이가 나지 않는 것처럼 보이지만, 이렇게 어떤 시간에 어떤 활동을 반복하는가에 따라서 그 사람의 미래와 운명이 달라진다. 별 것 아닌 것처럼 보이지만 사소한 차이가 시간이 가면서 점점 큰 차이를 만들어낸다.

생활에 자기 나름의 규칙을 확고히 만들어내는 데 성공한 사람은 단단한 기초 위에 세워진 건물처럼 흔들림이 없다. 일상을 뒤흔드는 활동으로 며칠 동안의 공백이 있더라도 그들은 어김없이 그 시간이 되면 이제까지 해왔던 활동을 계속하게 된다. 누가 뭐라 하더라도 그들은 그런 활동을 반복할 것이다.

생활 속에서 실력을 쌓는 일이나 몸을 만드는 일도 마찬가지라고 생각한다. 여러분이 자신의 꿈을 펼쳐보기를 간절히 소망한다면 규칙적으로 생활한다는 원칙의 중요성을 다시 한 번 환기하길 바란다. 그리고 이를 철두철미하게 자신의 생활 속으로 불러들이도록 노력하길 부탁한다.

초년병 시절에는 아침 기상이 조금은 힘들 것이다. 그러나 주변을 둘러보면 매일 새벽예배를 올리는 사람도 수없이 많으며, 동이 트기도 전인 이른 새벽에 하루 일과를 시작하는 사람도 많다. 그런 사람들은 처음에는 의식적으로 이런 활동들을 하지만 나중에는 무의식적으로 자연스레 활동하게 될 것이다. 이미 몸과 마음의 한 부분으로 자리 잡게 되었기 때문이다.

어려운 환경에서도 큰 업적을 남긴 기업을 연구한 짐 콜린스는 그런 기업들이 공통적으로 갖고 있는 것을 '광적인 규율fanatic discipline'이라고 부른다. 여기서 '광적인 규율'이란 추구해야 하는 바에 초점을 맞추어서 가차 없이 편집광적이며 고집스럽게 행동하는 것을 말한다. '광적인'이란 꾸밈말이 인상적인데, 나는 이런 공통점이 성공한 기업뿐만 아니라 성공한 사람에게도 똑같이 적용된다고 본다. 눈이 오나 비가 오나 기분이 좋으나 나쁘나 간에 꾸준히 무엇인가를 할 수 있는 능력 말이다.

나는 여기서 한 가지를 더 권하고 싶다. 규칙적으로 하되, 그 규칙성이 남과 차별화되어야 한다는 점이다. '차별화된 규칙'이야말로 더 멋진 미래를 소망하는 사람들이 꼭 자신의 것으로 만들어내야 하는 가치이다. 걸출한 성과를 낸 사람들은 겉으로는 남과 별로 다른 것이 없어 보이지만, 그에게는 분명히 남과 달리 규칙적으로 하는 그 무엇인가가 있을 것이다.

사우스웨스트항공을 즐거운 저가 항공사로 탈바꿈시켜 업계의 신화를 쓴 허브 켈러허 CEO는 격식과 인습을 타파하는 기행으로 유명한 사람이다. 그는 항공 정비사들을 즐겁게 하기 위해서 새벽 2시에 꽃 달린 모자에 털목도리, 보라색 옷을 걸치고 나타나는 것을 마다하지 않는 CEO였다. 사람들은 그의 기인 같은 행동에만 관심을 가졌지만, 그는 사실 매우 차별화된 규칙을 갖고 있는 인물이었다. 그는 "나는 여가시간에 일을 합니다. 월요일부터 일요일까지 일주일 내내 주로 밤 8~9시까지 일을 하지요. 그 후 퇴근을 하면 자기계발을 위해 잠들기 전까지 집에 있는 수천 권의 책들을 읽습니다."라고 말한다. 경쟁사를 무찌를 수 있는 기백과 실력에 대해 역설할 때에는 캘러허의 목소리가 한층 높아진다. 언젠가는 직원들을 모아두고 "만약 누군가가 우리를 한 방 먹이겠다고 한다면, 그 사람을 때려눕히고 발로 밟아 시궁창에 처넣은 후에 다음 일을 계속 진행하십시오."라고 말했다고 한다. 괴짜이자 유쾌하고 강력한 CEO의 면모를 엿볼 수 있는 대목이다.

나는 자서전 읽기를 좋아하는데 자서전을 읽을 때는 꼭 '이 사람만의 차별화된 규칙은 무엇인가?'에 주목한다. 바로 그 점에서 내가 배울 수 있는 게 무엇인가를 구한다. 이렇게 살다 보면 대충 살 수가 없다. 왜냐하면 어느 분야에서건, 큰 성취나 작은 성취에 상관없이 성공을 거둔 사람들은 어김없이 자신만의 차별화된 규칙을 갖고 있기 때문이다.

세계적인 투자자 워렌 버핏Warren Buffett은 소박한 삶을 살기로 유명하다. 세계 부자 순위 1, 2위를 다툴 정도로 엄청난 부자가 되었지만, 그는 아직도 부자가 되기 전과 다를 바 없는 생활을 하고 있다고 한다. 먼저 세상을 떠난 버핏의 부인은 버핏에 대해 "남편은 60와트 전구와 책 한 권만 있으면 행복한 남자이다."라고 밝힌 적이 있다. 그는 부유함을 누리며 화려한 일상을 보내기보다 조용히 책을 읽으면서 자신만의 통찰력을 유지하는 사람이다. 버핏은 취미와 특기와 직업의 경쟁력을 연결하는 데 성공했고, 스스로 자신의 성공 비결이 규칙에서 나왔다고 밝히고 있다.

"여러분과 나 사이에 차이가 있다면 단지 나는 매일 아침 일어나서 하고 싶은 일을 할 수 있는 기회를 가진다는 사실입니다. 매일 말이죠. 이 말이 내가 여러분에게 해줄 수 있는 최선의 충고입니다."[5]

자랑으로 내세울 것은 아니지만 1년 365일, 나 또한 하루도 빠지지 않고 일찍 일어난다. 이따금 빈둥대는 시간도 있지만 거의 매일 무엇인가를 읽고 쓰기를 계속한다. 토요일이든 일요일이든 공휴일이든 마음껏 빈둥대도 좋은 날은 내게 없다. 주말이나 공휴일이나 평일이나 나에게는 언제나 최선의 노력을 다해 보내야 하는 시간일 뿐이다. 그래서 매일매일 어떤 주제에 대해 읽고, 생각하고, 쓰기를 반복한다. 바로 이것이야말로 내가 가진 나만의 차별화된 규칙이다.

여러분들도 이런 차별화된 규칙을 가져보길 권한다. 2개도 좋고 3개도 좋다. 타인과 자신을 뚜렷하게 차별화할 수 있는 규칙 몇 가지를 여러분의 생활 속으로 초대하라. 초대 이후에 반복을 통해 그것을 제2의 천성으로 만들어보라. "그것 없이는 내 생활을 꾸려 갈 수 없어."라고 말할 수 있을 정도로 말이다.

여섯째, 화두를 갖고 생활한다

사람들 가운데는 유독 과거에 집착하는 사람들이 있다. 또한 작은 사건에 일희일비하는 사람이 있다. 그리고 세상에 대해 불만이 많은 사람도 있고, 다른 사람에 관한 뒷담화에 열심인 사람들도 있다. 이렇게 전혀 생산적이지 못한 것에 열심인 이유는 무엇일까? 개인마다 사정이 있겠지만 지금 당장 치열하게 그리고 긴박하게 추구해야 할 만한 무언가가 없기 때문일 것이다.

'무엇 때문에 사는가?'는 우리 모두에게 꼭 필요한 물음이다. 오늘날, 사람들은 태어날 때부터 학교에 들어가서 군대를 제대하고, 직장 생활을 시작하는 30년 가까운 세월 동안 늘 부모와 선생님, 그리고 사회가 가르쳐준 길을 따라간다. 의문은 허용되지 않고, 오직 네가 잘되는 길이라는 부모의 강권과 이래야 남보다 잘살 수 있다는 사회의 강요를 받는다. 그러다 무언가를 스스로 결정해야 할 시기가 다가오면 어떻게 해야 할지 몰라 당황하기 일쑤다. 미리 연습을 했더라면 괜찮았을 텐데, 학교나 사회 어디에서도 삶의 방향을 묻는 질문에 대한 대답을 해주지 않았다. 나는 청년들이 겪는 방황과 불만이 여기에서부터 시작된다고 믿는다. 이런 방황을 하지 않기 위해서 우리는 언제 어디서나 삶의 과녁 즉 목표를 갖고 살아야 한다. 아무리 여유 시간이 주어지더라도 과녁이 없다면 그럭저럭 시간을 보낼 수밖에 없다. 무력함을 느끼는 것은 물론이고, 정신도 이리저리 방황하게 된다. 사람은 본래 해야 할 일이 주어지지 않은 상태에서 지나치게 많은 여유가 주어지면 엉뚱한 생각을 하게 된다. 사람이란 무엇인가에 집착해야 하는 존재이기 때문이다.

여러분 가운데 입대 전에 사귀다가 두고 온 애인이 변심할 것을 걱정하는 사람이 있을 것이다. 당사자는 자신이 방황하고 힘들어하는 것은 변덕스런 애인의 마음이 문제라고 생각하기 쉽다. 그러나 내 생각은 다르다. 그것은 애인의 문제가 아니라 바로 자기 자신의 문제이다. 이것을 인식하는 순간 방황은 눈 녹듯이 사라지고 말 것이다.

항상 애인을 생각하고, 그녀가 떠나갈 것을 두려워하고, 걱정하고 스트레스를 받는 것은 여자친구가 문제가 있기 때문이 아니다. 오히려 스스로에게 별달리 추구해야 할 대상이 없기 때문이다. 추구할 것이 없으니 여자친구를 가장 큰 추구의 대상으로 삼은 것이다. 그러니 남의 탓을 할 필요는 없다고 본다. 거듭 말하지만 애인에 대한 집착은 그녀의 문제가 아니라 바로 자신의 문제임을 솔직히 인정하는 것에서부터 문제를 풀어야 한다.

자신의 마음을 잘 들여다보면 하루에도 몇 번씩 마음이 수시로 바뀌는 것을 알 수 있다. 그런데 바깥에 있는 여자친구의 마음이 어떻게 불변일 수 있겠는가? 불변은 죽은 것에만 해당하는 이야기이다. 살아 있는 모든 것은 변화하기 마련이다. 자신의 마음조차도 통제하기 힘든데 어떻게 타인의 마음을 통제할 수 있겠는가? 사람을 마음에 두되, 집착을 하지 않는 당당함을 가지는 것이 더 현명한 방법이다.

매일 제대 날짜에만 주목하고 "이제 며칠 남았군."이라고 날짜를 세거나 "왜 이렇게 시간이 안 가는 거야!"라고 툴툴거리는 것이 일상화되어 있다면, 그 역시 집착의 대상을 제대에 두고 있는 것이다. 제대를 한다고 해서 세상이 갑자기 바뀔 가능성이 있다고 생각하는가? 오히려 지금과는 차원이 다른 더 어려운 문제가 여러분을 기다리고 있을 가능성이 높다.

제임스 왓슨 James Dewey Watson은 시카고 대학교를 졸업하고 하버드대학교에서 오랫동안 교수로 일했고, DNA 이중나선 구조를 발견한 공로를 인정받아서 노벨의학상을 받기도 했다. 그는 성공한 사람들의 특징 가운데 하나로 "집착의 대상은 두 가지도 많다."는 다소 파격적인 의견을 제시했다. 이 말의 뜻은 제대로 된 것에 집착한 사람이 승리의 월계관을 쓰게 된다는 말이다. 즉, 집착의 대상을 현명하게 선택하는 지혜를 갖고 있어야 한다는 것이다.

그런데 이것이 말처럼 쉬운 일은 아니다. 나이가 들고 제법 사회적인 지위가 높은 사람들 가운데서도 잘못된 집착 때문에 낭패를 겪고, 본인이 평생 동안 어렵게 쌓아온 경력을 하루아침에 날려버리기도 한다. 이런 소식을 접할 때면 '어떻게 그런 실수를 할 수 있나?' 하는 안타까운 마음과 함께 인간적인 연민을 느끼곤 한다. 사람은 결국 이렇게 허약한 존재라는 것을 깨닫게 되기 때문이다.

오래전에 한 친구에게서 전해 들었던 이야기가 생각난다. 대학을 다니던 당시 그 친구는 진로, 여자친구 등의 복합적인 문제를 두고 고민에 빠졌다. 그래서 아버지에게 "아버지, 저 휴학을 하고 절에 가볼까 합니다. 거기서 세상과 떨어진 채 깊은 고민을 해보고 싶습니다."라고 말했다. 그러자 그 아버지는 "그것은 세상의 문제가 아니라 너 자신의 문제이기 때문에 절에 가거나 유학을 간다고 해서 해결될 성질의 문제가 아니다."라며 허락하지 않았다. 그 아버지는 경험을 통해 조용한 산사에서 해결할 성질의 문제와 번잡한 생활을 해나가면서 부여잡고 해결해야 할 문제가 각각 다르다는 사실을 알고 있었던 것이다.

우리가 고민하는 대부분의 문제는 조용한 장소로 옮겨가서 생각할 필요가 없는 문제이다. 조용한 곳에 가면 문제가 해결되고 번잡한 곳에 있으면 문제가 생기는 것이 아니다. 마음이 있는 그곳에 문제가 함께 있기 때문이다. 여러분이 고민하고 있는 문제가 있다면 그것은 현재 해결 방안을 찾아야 하는 것이지, 제대 이후에 문제가 해결되기를 기대하지 않아야 한다. 그렇게 생각하고 아무런 생각 없이 군 생활을 대충 보내다가 제대 후에 후회하는 청년들을 제법 만났다.

여러분과 내가 각자 살아야 할 삶을 하나의 큰 스토리로 보면, 그 스토리는 대체적으로 10년 터울의 작은 스토리의 합으로 이루어진다. 20대 스토리, 30대 스토리, 40대 스토리 등이 모여 삶을 이룬다. 그리고 이들 스토리는 또다시 더 작은 스토리들로 꾸며진다. 스토리는 틀 혹은 뼈대로 구성되어 있다. 여기서의 틀이나 뼈대는 반드시 도전해야 할 과제들이자 해결해야 할 과제들, 그리고 고민해야 할 과제들을 의미한다.

절박하게 해결해야 할 과제를 안고 살다 보면 의식과 무의식 모두가 그곳으로 향하게 된다. 그렇게 되면 방황은 오히려 사치처럼 여겨지게 될 것이다. 이리저리 방황하고 있다는 것은 절실하게 해결해야 할 과제가 없음을 뜻할 때가 의외로 많다. 잡념이 떠오르고 사는 데 의욕이 없고 군 생활이 재미가 없다면, 그 원인을 바깥에서 찾으려 하지 말고 내면에서 찾으려 노력해야 한다.

나는 여러분이 저마다 처한 상황에 따라 해결해야 될 과제가 다르다는 사실을 인정한다. 하지만 두 아들을 군대에 보낸, 조금 더 일찍 경험해본 사람의 입장에서 보자면 군 복무를 하는 동안 자신에게 던져야 할 과제는 비교적 단순명료하다. 앞에서 나는 핵심 과제 세 가지를 제시했다. 다시 한 번 여러분에게 상기시키고 싶은 핵심 과제는 다음의 세 가지이다.

첫째, 나는 어떤 분야에서 경력을 관리해나가야 하는가?
둘째, 내가 몸담고 있는 세상을 어떻게 바라보아야 하는가?
셋째, 내가 추구하는 목표는 무엇이어야 하는가?

여기에 보조적으로 믿음의 문제에 대해서 어느 정도 생각을 정리하는 것이 좋다는 이야기를 더했다. 이 책의 독자들 가운데 위의 세 가지 과제에 대해서 나름의 답을 이미 정리해놓은 사람들도 있을 것이다. 하지만 그런 사람들은 아주 소수에 불과할 것이다.

세상에는 그냥 해결되는 문제가 별로 없다. 스스로 노력을 해서 해결해야 하는 문제들이 대부분이다. 여러분이 해결해야 하는 과제들 역시 집중적인 노력을 통해서 스스로 답을 찾아야 하는 문제들이다.

도를 닦는 사람들이 문제에 접근하는 방식은 독특하다. 그들은 문제에 대해 해답을 구하기 위해 반복적인 질문과 생각을 생활화한다. 그들이 던지는 질문을 두고 흔히 '화두를 잡는다'는 표현을 사용한다. 우리는 이를 두고 집념이나 염원과 같은 표현을 사용한다. 두 가지 모두 무엇인가를 이루기 위해 끝까지 해내려는 의지를 가져야 함을 의미한다.

화두를 갖고 생활하는 것은 우선순위를 정리하도록 도와준다. 중요한 것은 무엇인지, 또 보조적인 것은 무엇인지를 알려주는 기능을 담당한다. 화두는 자신이 해결해야 할 과제가 무엇인지를 반복적으로 일깨워준다. 이는 별로 가치가 없는 일에 집착하지 않도록 도와주고, 자신이 가진 시간과 에너지를 어디에 조준해야 할지에 대해 가이드 역할을 해준다.

군 생활을 하면서 해결해야 할 문제들을 화두처럼 활용해보자. 잠정적인 해답이라도 정리하고 계속해서 더 나은 해답을 구하기 위해 노력해보자. 생각이 깊어질수록 점점 더 정교한 해답이 나오는 것처럼, 여러분의 삶도 더욱더 조직화되고 체계화될 것이다. 이렇게 해서 우리가 궁극적으로 도달하고자 하는 목적지는 내가 어떤 사람이 되어야 할지, 어떤 분야에 뛰어들어야 할지, 무엇을 추구해야 할지에 대한 해답을 갖고 제대를 하는 것이다. 이런 질문들에 대한 답이 일찍 정리되는 사람이라면 남보다 더 빨리 구체적인 준비 작업에 뛰어들 수 있다.

인생이 던져준 과제들에 대해서 생각을 정리하거나 답을 찾을 때 반드시 오랜 시간을 투자해야 한다는 생각을 가질 필요는 없다. 그보다는 짧은 시간이라도 집중적으로 고민하는 것이 더 큰 도움이 된다. 밀도는 길이를 능가하고도 남음이 있다. 집중적으로 고민해야 할 과제들을 선택하는 일에 익숙해지면 집중적으로 매사를 처리할 수 있게 된다.

일곱째, 어떤 경험도 허투루 흘려버리지 않는다

"지금 젊은이들은 대부분 초조해하고 있다. 태도가 좋지 않다. 성공한 사람의 결과만 보고, 자기도 그와 마찬가지로 짧은 시간 내에 사업에 성공하려고만 한다. 과정을 보려고 하지 않는다. 그러나 인내심이 없다면 사업에 성공할 수 없다." [6]

중국 최대음료회사인 와하하그룹 회장인 쭝칭허우 宗慶後 회장의 말이다. 1987년에 사업을 일으켜 중국 최고의 갑부가 된 67세의 그가 그동안 많은 젊은이들과 함께 일하면서 내린 결론이다. 쭝칭허우는 "아침 7시부터 밤 11시까지 일하는 게 나의 일상이다."라면서 "나는 사업에서 성공을 이뤄나갈 때가 가장 행복하다."고 털어놓는다. 중국 최고의 부자라고 하지만 처음부터 그런 꿈을 꾼 것은 아니었단다. 우선 먹고사는 문제를 해결하기 위해 한 푼 두 푼 벌다 보니 지금처럼 커다란 부를 이루게 되었다고 한다. 그의 인생관은 한마디로 '목표에 지나치게 연연하지 말고, 과정에 최대한 충실하게 살자'는 것이다.

살다 보면 "이걸 내가 왜 해야 하는데?" 하고 생각하는 순간들을 자주 만나게 되는데, 특히 청년기에는 더더욱 그렇다. 아무래도 젊을 때는 열정과 추진력은 강하지만, 시야와 안목은 상대적으로 좁기 때문이다. 그래서 지금 반드시 해야 하는 일이 꼭 필요하지 않다는 생각이 들면, 필요 없는 일로 치부해버리고 흥미를 잃어버리기 쉽다.

군 생활에서의 일들은 대부분 상관의 명령 때문에 해야 하는 일이다. 그래서 '왜 내가 이걸 해야 하는 거지?' 하는 생각이 드는 순간들이 자주 있을 것이다. 이따금 눈치껏 일을 하는 융통성도 필요하다. 모든 일을 그렇게 해야 한다는 것은 아니지만 그럴 때도 있어야 한다. 때로는 완성도가 약간 떨어지더라도 마감 시간을 맞추기 위해 하는 일도 있다. 마감 시간에 맞추기 위해 급히 일을 마무리하는 것도 살면서 반드시 우리가 익혀할 능력이자 기술이다.

직장 생활을 할 때 이런 눈치가 없는 사람을 만나게 되면 여간 곤혹스럽지 않다. 예컨대 프로젝트는 마감 날짜를 맞추는 것이 아주 중요하다. 헌데 이따금 지나치게 완벽함에 매달리는 동료나 상사를 만날 때가 있다. 다른 사람들이 모두 자기가 맡은 부분을 다 마무리하였음에도 한 사람 혹은 두 사람이 지나치게 높은 기준 때문에 일을 마무리하지 못하고 질질 끄는 상황이 발생하기도 한다. 이런 사람들은 주변 사람들을 초긴장시킬 뿐만 아니라, 결국은 어김없이 윗사람으로부터 팀원 전체가 꾸중을 받는 일을 초래하고야 만다. 이때는 일의 완성도를 높이는 것도 필요하지만 일단은 일정에 맞추도록 설득하는 것이 더 중요하다. 다소의 완성도를 희생하는 한이 있더라도 일단은 일정을 맞추는 데 주력해야 한다. 일정을 맞추는 것은 완성도보다 더욱 중요한 약속을 지키는 일이기 때문이다.

여러 기준으로 미루어볼 때, 일상적으로는 전혀 손색이 없더라도 프로젝트에서 이런 경향을 보인다면 조직에서 성공하기를 꿈꾸지 않는 편이 좋다. 나는 눈치껏 일하는 것도 대단한 능력 가운데 하나라고 생각한다. 군에서 요구하는 일 가운데에도 순발력이나 유연성을 발휘해서 마무리해야 하는 일처럼 마감 시간을 엄격히 맞추어야 할 일이 제법 많을 것이다. 마감 시간이라는 제약 조건하에서 어느 정도의 성과를 만들어내는 것도 우리 모두가 사회생활을 잘하기 위해 반드시 필요한 능력이자 재능 가운데 하나라는 점을 명심하자.

학교에서는 최고의 성과, 즉 성적을 높이는 일에 초점이 맞추어져야 하지만 군대에서는 목표한 시간 안에 임무를 끝내는 것에 초점이 맞추어져야 한다. 신속성을 요구할 때가 자주 있기 때문이다. 최고의 완성도로 마무리하는 것도 필요하지만 마감 시간 내에서 적절한 완성도로 마무리하는 것 모두 우리에게는 필요한 능력이다. 군 생활에서 갈고 닦아야 할 능력 가운데 하나가 바로 이것이다.

청년기에는 '이런 일이 앞으로 무슨 필요가 있겠는가?'라고 예단하는 경우가 종종 있다. 그러나 시야를 넓게 확장해보면, 인생에서 경험하는 일 가운데 버려도 좋을 경험은 거의 없다. 내무반 생활을 하다 보면 자신과 잘 맞지 않는 고참들을 만날 때가 있다. 하는 일마다 적대적인 반응을 보이는 성격이 고약한 고참들 말이다. 대학에서는 이런 사람들을 만나면 그냥 피하면 그만이다. 그러나 고참은 좋든 싫든 간에 참아내야 한다. 그래서 힘이 들고 이따금

"휴, 저 인간!"이란 볼멘소리가 튀어나오게 된다.

그러나 한번 생각을 가다듬어보자. 자식과 부모도 의견이 달라서 서로 다툰다. 아버지와 아들 사이에 서로 다른 의견 때문에 충돌하는 경우가 많지 않은가? 그런데 서로가 완전히 다른 환경에서 자란 사람들이 비슷한 선호와 취향을 갖고 있다면 이는 대단히 예외적인 경우에 해당할 것이다. 말하자면 서로 다르고 이해할 수 없는 것이 오히려 정상적인 상황에 해당한다.

나와 맞지 않는 고참이나 동기, 후임이 내무반에 있다면 이는 새롭게 해결해야 할 문제가 주어진 것이다. 이때 가장 좋은 방법은 직접 부딪혀서 해결해가는 것이다. 상대를 좋아하지 않더라도 이해하려고 노력하면서 비교적 괜찮은 관계로 만들어가는 것은 훈련을 통해서 얻어지는 능력이다. 그리고 이런 방법을 통해서 인간관계에 대한 자신감을 높일 수 있다.

버려도 좋은 경험은 없다. 이는 내가 갖고 있는 굳센 믿음 가운데 하나이다. 쉽지 않지만 여러분이 만나는 모든 문제들을 환영해야 한다. 물론 쉽지 않겠지만, 그런 문제들을 통해서 세상을 살아나갈 삶의 근육을 키워간다고 생각하면 된다. 이런 기회를 활용하는 사람과 활용은커녕 스트레스를 심하게 받는 사람들 사이의 차이는 삶을 바라보는 시야가 얕은가 깊은가에 따라 결정된다. 인생을 길게 보면 경험은 하나도 버릴 것이 없다.

아들들을 키우면서 해주는 조언 가운데 인간에 대한 이야기는 절대로 빠지지 않는다. 사람을 너무 쉽게 믿지 말라는 것, 그리고 사람의 선의에 대해서 한번 정도 생각을 해보라는 것들이 그런 조언에 해당한다. 교과서에 나온 대로 세상이 돌아가지 않기 때문에 타인에 대한 이해나 지식은 직접 경험을 하면서 배울 수밖에 없다.

그런 경험을 해볼 수 있는 곳이 바로 군 생활이다. 세상에는 좋은 사람도 있고 훌륭한 사람도 있지만 그 반대의 사람도 분명히 있다. 그런 사람들은 피할 수 있다면 피하는 것이 좋다. 그러나 피할 수 없는 경우라면 정면으로 맞붙어서 해결해야 한다. 그러나 견디기 어려울 정도로 힘이 들 때는 시간이 가면 많은 문제들이 저절로 해결된다는 사실을 기억하고, 스스로 자포자기하지 않도록 노력해야 한다.

그런 경험들을 해나갈 때 우리에게 위안이 되는 것은, 어떤 경험이든 그것을 어떻게 받아들이고 거기서 어떤 교훈을 얻는가에 따라 얼마든지 대단한 경험으로 바꿀 수 있다는 사실이다. 따라서 '경험 가운데 버릴 만한 경험은 없다'는 사실을 받아들이고 모든 과정에 충실함을 더해야 한다.

2011년 9월 28일, 제주행 여객선 설봉호는 망망대해에서 화재가 발생하는 위험천만한 사건을 겪었다. 자칫 수많은 사람들이 목숨을 잃는 대형 참사로 이어질 수 있는 사건이었지만, 다행스럽게도 130명 전원이 무사히 구출되었다. 설봉호의 탑승객들이 목숨을 건질 수 있었던 데에는 47세의 전직 해군 병장출신 사업가 박상환 씨의 역할이 컸다. 그는 자신의 군 경험을 토대로 위급상황을 인지하고 동요하기 시작한 승객들을 안심시킨 뒤에 질서를 지키면서 탈출하도록 도왔다. 그가 구조작업을 원활히 수행할 수 있었던 데에는 1984년에 취역한 서울함에서 3개월 동안 반복적으로 받았던 화재 대비 훈련이 큰 역할을 했다고 한다. 거의 30년 전의 훈련이 그와 승객들의 생명을 구한 셈이다. 화재가 발생했을 당시, 당황한 승객들이 우왕좌왕하자 그는 큰 목소리로 "나는 해군 출신입니다. 이 정도 상황은 아무것도 아닙니다. 질서만 유지하면 모두 살 수 있어요."라는 말로 승객들을 안심시킨 후 직접 시범을 보이면서 승객들 스스로 구명정을 탈 수 있도록 도왔다.

　어려움은 언제 어디서든 직면할 수 있다. 자연재해를 만날 수도 있고 등산을 하다 어려움을 당할 수도 있다. 2012년 1월 14일, 워싱턴 주 레이니어산(해발 4,392미터)에 올랐던 66세의 교민 김용춘 씨가 산비탈에서 미끄러지면서 길을 잃고 눈보라 속에 고립되는 사건이 발생했다. 레이니어산은 산세가 험준해서 등산객들이 종종 목숨을 잃곤 하는 악명 높은 곳이었는데, 놀랍게도 김용춘 씨는 48시간 만에 건강하게 구출되어 화제가 됐다. 김용춘 씨는 길을 잃고도 침착하게 행동한 덕에 목숨을 구할 수 있었다. 어둠 속에서 큰 나무를 찾아내 눈이 없는 공간에 머물면서 가능한 체온을 잃지 않도록 노력했고, 5~10분 동안 짧게 잠을 자면서 칠흑 같은 밤을 넘겼다고 한다. 또한 갖고 있던 라이터로 차례차례 나뭇잎과 치약, 양말, 지폐 등을 태우면서 눈보라 속 추위를 견뎌냈다. 베트남전에 참전한 경험이 있던 그는 "군 복무 시절 배웠던 기술이 산에서 살아남는 데 도움이 됐다."고 말했다. 또한 그는 "베트남전에 참전했을 때 나뭇잎으로 불을 지피는 방법 등을 익혔던 것이 도움이 됐다."고 말하기도 했다. 그의 나이가 66세이고 30년 전에 이민을 왔다는 점을 고려하면 40년 전에 배웠던 기술을 사용해서 생환에 성공한 것은 거의 기적에 가깝다.

아들이 군대에 갈 때 나는 이런 이야기를 해주었다. "정말 많은 것들은 현장에서 경험을 하면서 배울 수 있단다. 윗사람을 대하는 방법, 동료를 대하는 방법, 눈썰미 있게 일을 처리하는 방법, 어려움을 극복하는 방법, 위기에 처하였을 때 담대하게 대하는 방법 등은 책을 통해서는 배울 수 없는 것들이지. 군대에 머무는 동안 매사를 이제까지 해왔던 것처럼 착실하게 해나가야 한다. 지금을 기준으로 보면, 그리고 현재를 기준으로 보면 세상에는 사소하고 작은 일들이 정말 많아. 어떻게 보면 대부분이 사소하고 작은 일들이지. 그러나 이런 경험들이 언제 어디서 네 인생을 구하고 기회를 잡도록 도울 수 있을지는 아무도 몰라. 모든 경험을 환영하고 그 경험에서 무엇이든 배우고 익혀야 한단다."

물론 노력해도 원하는 결과를 손에 넣을 수 없는 경우도 생긴다. 그럼에도 불구하고 우리는 목표를 향해 힘껏 나아가는 행위 그 자체를 사랑하고 의미를 부여할 수 있어야 한다. 그래서 아들에게 노력만으로 원하는 결과를 얻을 수 없음에 대해 이런 이야기를 자주 해주었다.

"최선을 다해 목표를 향해 돌진하지만, 세상에는 우리 자신이 통제할 수 없는 것들이 참으로 많아. 그래서 최선을 다하더라도, 설령 자신이 원하는 목표를 달성할 수 없더라도 괜찮다고 말할 정도의 배포가 있어야 해. 지금은 그 목표를 100퍼센트 달성하지 못해서 문제가 될 수 있지만 최선을 다하는 과정에서 얻었던 경험은 절대 사라져버리지 않기 때문이지. 그리고 최선을 다하고 결과를 하늘에 맡긴다는 태도는 담대함을 심어주기 때문에 오히려 목표를 달성하는 데 더 큰 도움을 줄 수 있어. 결과가 좋으면 좋은 일이고, 결과가 나빠도 할 수 없다. 결과에 크게 연연해하지 않고 과정에 최대한 충실하겠다는 마음을 가져야 한다."

지금까지 나는 군 생활에서 무게 중심을 확고히 잡고, 미래를 다부지게 준비하도록 돕는 일곱 가지의 습관을 소개했다. 이것들을 완벽하게 실천하기는 쉽지 않을 것이다. 그런 것을 기대하는 것도 아니다. 여러분의 형편에 맞게끔 손쉽게 지금 당장 할 수 있는 것부터 도전해보라. 시작이 절반이다. 일단 시작하면 생활이 술술 풀리게 될 것이다. 세상사가 다 그렇다. 시작 전에는 난공불락의 성채처럼 보이지만 일단 시작하면 조금씩 허물어지게 된다. 시작을 두려워하지 말자.

《시간을 지배하는 절대법칙》 앨런 라킨 지음, 한근태 옮김, 디앤씨미디어, 2012
빌 클린턴 미국 대통령의 젊은 날에 가장 큰 영향을 끼쳤던 자기계발서로 목표 관리에 대한 구체적인 방법을 배울 수 있는 소책자이다. 클린턴 대통령의 자서전 서문에 등장하는 책이다.

《내 인생의 탐나는 자기계발 50》 톰 버틀러 보던 지음, 이정은 옮김, 흐름출판, 2009
원서 제목은 《50 Success Classics》으로 자기계발에 관해서 세월을 통해 검증받은 명서 50권의 주요 내용을 발췌해 모아놓은 책이다. 자기계발을 위한 좋은 가이드북이다.

《벤저민 프랭클린 인생의 발견》 월터 아이작슨 지음, 윤미나 옮김, 21세기북스, 2006
'스스로 성공의 공식이 된 사람'인 벤저민 프랭클린의 평전이다. 작가, 인쇄업자, 외교관, 과학자, 사회개혁가로 살았던 벤저민 프랭클린의 인생을 통해 위대한 인물이 되기 위해 스스로를 어떻게 변화시켜야 하는지를 보여준다.

《맥스웰 몰츠 성공의 법칙》 맥스웰 몰츠 지음, 공병호 옮김, 비즈니스북스, 2010
1960년 초판이 발행된 이후 꾸준히 인기를 끌고 있는 책으로서 '자아 이미지'의 혁신을 위한 과학적 방법을 제시한 책이다. 무기력과 좌절 극복법을 담고 있어 유용하다.

《습관의 힘》 찰스 두히그 지음, 강주헌 옮김, 갤리온, 2012
습관에 관해 다룬 세계적인 베스트셀러로, 습관을 바꾸기 위한 방법을 비롯해서 성공하는 습관을 갖추기 위해 기업과 개인이 활용할 수 있는 실천 방법에 대해 다루고 있다.

《당신에게 사겠습니다》 지그 지글러 지음, 안진환 옮김, 김영사, 2004
세일즈맨을 위한 내용이지만, 현실 세계에서 성공하기를 소망하는 사람들을 위한 구체적인 자기 혁신 기법까지 담고 있는 책이다. 자기계발과 성공학의 대가인 지그 지글러로부터 생생한 사례를 배울 수 있다.

《직장의 사소한 일에 목숨을 거는 당신에게》 리처드 칼슨 지음, 정영문 옮김, 까치, 1999
직장 생활뿐만 아니라 일상에서 짜증나는 일을 만났을 때 대처하는 방법을 잘 정리한 책이다. 심각하게 생각하는 대부분의 사건들이 사실은 사소하고 작은 일임을 스스로 깨달을 수 있도록 돕는다.

《피터 드러커의 자기경영노트》 피터 드러커 지음, 이재규 옮김, 한국경제신문사, 2003
경영학의 대부 피터 드러커가 쓴 자기경영에 관한 실용서이다. 출간된 지 10년이 넘었지만, 지금도 자기경영에 대한 실용지식을 구하는 사람들이 읽고 도움을 받는 책으로 실용적이고 효과적인 방법들이 많이 담겨 있다.

필자가 쓴 관련 서적

《공병호의 자기경영노트》 21세기북스, 2001
목표관리, 시간관리 등을 포괄적이면서도 구체적으로 다른 자기계발서이다. 스스로를 관리하고 싶어 하는 사람이라면 이 책에서 구체적이고 효과적인 실천 방법을 배울 수 있을 것이다.

《습관은 배신하지 않는다》 21세기북스, 2011
성공적이고 행복한 인생을 소망하는 사람들이 개인 생활과 가정생활 그리고 직장 생활 등에서 어떤 습관을 갖추어야 하는지를 효과적으로 알려주는 책이다.

PART 3

후회 없기
살기 위한
인생의 지침

우리는 항상 현재의 자기 모습에 대한 책임을
상황 탓으로 돌린다.
하지만 나는 상황의 존재를 믿지 않는다.
앞서가는 사람들은 스스로 자신이 원하는 상황을 찾아 나선다.
그리고 찾을 수 없을 때는 자신이 만들어간다.

— 조지 버나드 쇼　● 소설가, 1856~1950

성공을 간단한 함수관계 공식으로 표현해보면 어떨까? 성공은 생각과 노력 그리고 행운의 인과관계에 있다. 다시 말하면 '성공=F(생각, 노력, 행운)'로 나타낼 수 있다. 훌륭한 생각과 지속적이고 꾸준한 노력, 그리고 적당한 행운이 함께할 때 성공이란 과실을 수확할 수 있다. 행운은 우리가 어찌할 수 없는 부분이기 때문에 일단 제쳐두자. 우리가 통제할 수 있는 것은 생각과 노력인데, 노력 또한 생각의 결과물이다. 따라서 잘하려는 생각을 해야 행동이 그 뒤를 따를 수 있다.

성공의 세 가지 요소 중에서 가장 중요한 것이 바로 생각이다. 생각은 두 가지로 구성되는데, 하나는 자신과 삶 그 자체의 옳고 그름에 대한 판단을 제공하는 기준이나 관점인 '가치관價値觀'이고 다른 하나는 자신이 몸담고 있는 세상과 관련된 기준이자 관점인 '세계관世界觀'이다. 가치관의 사전적인 의미는 '인간이 자기를 포함한 세계나 그 속의 사상事象에 대하여 가지는 평가의 근본적인 태도'를 말하기 때문에 세계관도 넓은 의미에서 가치관에 포함된다. '세계관'에 대해서는 4장에서 별도로 설명할 예정이다.

여기서 내가 다루고 싶은 것은 자기 자신과 인생에 관련된 생각 즉, 기준이자 관점이다. 다시 말해서 가치관은 옳고 그름에 대한 판단을 결정함으로써 우리의 선택과 행동에 지침을 제공한다. 가치관의 힘은 막강해서 일생에 걸쳐 크고 작은 일에 영향을 미친다. 따라서 올바른 가치관을 정립하는 것이야말로 젊은 시절 가장 중요한 과제라고 해도 과언이 아니다.

그러나 대체로 우리는 그 부분에 대해 별로 신경 쓰지 않는다. 사람들 가운데 '저 사람은 능력은 있지만 아주 잘되기가 쉽지는 않겠구나' 하는 추측을 하게 만드는 가치관을 소유한 사람들이 있는 것은 사실이다. 슬픈 사실은 한번 만들어진 관점은 쉽게 바뀌지 않는다는 것이다. 스스로 대오각성하거나 특별한 계기가 주어지지 않는 한 말이다. 그래서 나는 내 책에 이런 글귀를 쓴 적이 있다. "외부 환경이나 조건이 아무리 나아지더라도 내면의 문제가 제대로 정리되어 있지 않으면 행복한 인생을 살기는 어렵습니다. 내면의 문제는 사회가 도움을 줄 수 있는 여지가 제한적입니다." 지금부터 제시할 내용은 개인이 선택할 수 있는 가치관의 가장 중요한 구성요소들에 관한 것이다. 이를 잘 참조해서 올바른 가치관을 가질 수 있게 되기를 바란다.

잘 사는 게 본래 쉽지 않다

"산다는 것에는 늘 아픔이 있지요. 고통이 있고 고통 속에 즐거움도 있습니다. 편안함보다는 불편함이 정상이며 이따금 편안함이 주어지는 것이 사는 것이지요. 이렇게 생각하면 담대하고 감사하게 살 수 있습니다."

언젠가 대화 중에 불쑥 나온 이야기를 옮겨보았다. 간단한 이야기이지만 한 인간이 어떤 가치관을 갖고 자신의 삶을 대하는가를 거짓 없이 드러내는 문장이다. 사는 게 쉬우면 무슨 문제가 있겠는가? 본래 사는 것은 녹녹치 않다. 두 가지 원인 때문인데 하나는 내부적인 요인이고, 다른 하나는 외부적인 요인이다. 이들 요인은 쉽게 고칠 수 없을 만큼 구조적이고 근본적이다.

우선 개인의 기대나 욕망은 크지만 현실은 이를 따라주지 못한다. 욕망이 어느 정도 충족되더라도 또 다른 욕망이 등장해서 가만히 있지 못하도록 부추긴다. 인간은 욕망을 가진 존재이기에 끊임없이 들썩거릴 수밖에 없다.

외부적인 요인도 만만치 않다. 한정된 자원을 수많은 사람들이 나눠 가져야 하기 때문이다. 세상을 낭만적으로 보는 사람들의 공통점 가운데 하나는 사용 가능한 자원이 마치 무한한 것처럼 가정한다는 점이다. 인간의 지력을 극대화하고 기술이 발전하면서 사용 가능한 자원도 늘어나게 되지만 모든 사람들의 욕구와 필요를 만족할 수는 없는 일이다. 사회가 발전하면 할수록 욕구와 필요는 다양해지고 커지기 때문이다.

기성세대들은 가난을 경험하였거나 가난한 시절을 보면서 성장했다. 그리고 우리나라가 빠른 속도로 성장하는 것 또한 목도했다. 그래서 그들은 가난이란 것이 무엇이고, 못 사는 것이 무엇인지를 책이 아니라 경험을 통해서 터득했다. 그러나 요즘 청년들은 나라의 기틀이 다져진 상태에서 태어나 성장했다. 그래서 흑백사진 속에서 가난을 본 사람들은 많지만 개인적으로 가난을 경험한 사람들의 숫자는 상대적으로 적다.

어떤 경험을 하며 살아왔는가에 따라 개인이 삶에 대해 가지는 기대감이나 기준은 달라진다. 사람들은 대개 삶에 대해 어떤 기준을 갖게 마련이다. 처음부터 삶은 쉽다고 가정하는 사람도 있고, 반대로 처음부터 너무 힘들다고 가정하는 사람도 있다. 고대로부터 현대에 이르기까지 인간의 삶은 물질적인 측면에서 보면 날로 발전해왔지만, 여전히 살아간다는 것은 힘든 일이다. 그 이유는 삶이 근본적이고 구조적이기 때문이다. 욕망은 날로 커지지만 이를 모두 충족할 만큼 자원을 만들어낼 수는 없다. 또한 모든 사람의 욕망을 충족시킬 만큼 어떤 것을 공평하게 분배하는 것도 불가능하다. 개개인의 삶은 생산과 분배에 좌우되는데, 문명의 발달로 기술은 비약적으로 발전하였지만 분배 면에서는 여전히 어려움을 겪고 있다. 상대적 격차의 문제가 끼어들기 때문이다.

격차의 문제가 비단 어제 오늘만의 문제는 아니다. 과거보다 오늘날의 격차가 더 크다고 생각하는 것은 잘사는 사람의 삶을 못사는 사람도 손쉽게 볼 수 있게 되었기 때문이다. 덧붙여 급격한 근대화 과정에서 자본의 축적이 비정상적으로 이뤄진 탓도 있다. 정경유착을 비롯한 편법과 불법을 이용해서 배를 불린 사람이나 집단들을 바라보는 보통사람들의 박탈감과 울분은 날이 갈수록 커지고 있다. 이렇게 정치 경제적인 문제까지 가세하면서 빈부의 격차 문제가 더욱 복잡해지고 있다. 거기다 국가가 국민들을 얼마만큼 돌봐줘야 하는지에 대한 복지 논쟁이 이어지고 있고, 대학 반값 등록금 문제까지 이슈가 되고 있다. 세계 경제 침체로 인한 저성장이 몇 년째 이어지면서 취업 문제도 발등의 불이 되어버렸다. 나는 이런 상황들을 목격하고 경험하면서 자라난 청년들이, 사는 것이 정말 힘들다고 생각하는 것을 당연하다고 생각한다.

그렇다면 그들 아버지들의 삶은 어떨까? 아버지들이 지금의 군대를 경험해보지 못한 것처럼 아들 역시 아버지들의 젊은 시절을 겪어보지 못했다. 간접적인 경험은 늘 이해의 부족을 가져온다. 아들과 대화를 나누다 보면 아버지와 사이가 좋지 않은 친구의 이야기를 듣기도 한다. "그 친구는 아버지와 별로 사이가 좋지 않은가 봅니다. 아버지와 별다른 대화가 없다고 하는 것을 봐서." 그래서 내가 물었다. "아버지가 무엇을 하시는데?" "사업을 하시는 것 같던데요." 그 이야기를 듣는 순간 내가 아들에게 해준 이야기는 이렇다.

"친구 아버지가 사업을 한다면 직장 생활을 하는 분들에 비해서 더 힘들지. 그 나이가 되면 설령 아버지와 생각이 다른 부분이 있더라도 아버지를 이해하려고 노력해야 하는 것이 아들의 도리라고 생각한다. 아버지의 삶이 참으로 고단하기 때문이지. 마치 살얼음판을 걷듯이 살아가고 계실 거야. 나도 청년 때는 깊이 생각해보지 않았지만, 지금은 사업을 하셨던 할아버지가 얼마나 힘들게 분투하셨을까 하는 생각에 이따금 가슴이 아려올 때가 있거든."

정도의 차이는 있겠지만 대다수의 아들과 아버지 사이에는 보이지 않는 벽이 존재한다. 그것은 어느 한쪽이 잘못해서가 아니라 그 시대를 살아보지 못했기 때문에 생겨난 격차 때문이다. 물론 이것이 아버지와 아들 사이가 좋지 못한 것에 대한 완벽한 해답은 아니다. 또한 젊은 세대들이 기성세대를 무조건 이해해야 한다는 말도 아니다. 단지, 그렇게 살아온 삶에 대해서 이해해달라고 부탁하고 싶은 것이다. 파도처럼 끊임없이 밀려오는 문제를 해결해가는 것이 살아가는 과정이라고 한다면, 그 다음의 과제는 잘 사는 것 혹은 아주 잘 사는 것이다. 이 역시 무척 어려운 일이다.

경쟁이나 서열화에 대해 혐오감을 가진 사람들이 많지만 세상은 은연중에 모두 서열화되어 있다. 조직이나 사회를 보더라도 늘 직위나 직책이란 것이 있다. 그래서 인간이 모여서 만든 가정, 기업, 단체, 그리고 국가는 이끄는 자와 이끌림을 받는 자로 나뉘어진다. 아리스토텔레스Aristoteles는 이에 대해 언급하면서, 현대인이 다소 오해할 수 있는 표현을 사용했다. '지배'가 그것이다. 그는 아테네와 같이 직접 민주주의를 채택하고 있는 나라에서 투표를 통해 지도자를 뽑지만, 국가의 운영은 결국 '지배하는 자'와 '지배당하는 자'로 이루어진다고 구분했다. 현대인의 입장에서는 '지배'라는 단어만으로 알레르기 반응을 보일 수 있지만, 모든 조직의 본질에는 '지배'의 순화된 표현인 위계질서라는 것이 존재한다.

지금 여러분이 몸담고 있거나 조만간 몸담아야 할 군대라는 조직은 상명하복의 위계질서가 매우 강한 조직이다. 근래 들어 구타 금지와 병사들 간의 지시 금지 같은 조치들이 취해지고 있기는 하지만, 군대라는 조직의 본질은 변하지 않을 것이다. 군대에는 장군이 있고 그 밑에 대령, 중령, 소령으로부터 시작해서 이등병에 이르기까지 다양한 계급이 있다. 모습은 다를지라도 계급에 따라 주어지는 책임과 권한 그리고 사용할 수 있는 각종 혜택이 달라진다. 차별을 피해야겠지만 엄연히 계급에 따라 차이가 있다. 그래서 군대를 사회의 축소판이라고 부른다.

세상을 게임으로 보는 것이 부적절하다고 느껴질 수 있겠지만, 결국 세상은 한정된 자원을 갖고 다투는 일종의 게임임에는 틀림없다. 건설 공사를 따거나 대기업에 상품을 납품하는 모든 사업자들은 일감을 수주하기 위해 목숨을 걸고 이리 뛰고 저리 뛴다. 수주를 해야 돌아갈 수 있는 조직에서는 수주에 실패하면 회사가 문을 닫아야 한다. 그래서 목숨을 걸 만큼 열심히 수주에 매달린다. 여러 직종 가운데서도 정액 봉급을 받지 않는 사업가들의 삶은 그만큼 치열할 수밖에 없다.

그렇다면 직장인들의 삶은 편안할까? 수백 명, 수천 명의 입사 동기들 중 20여 년이 흐르고 난 다음에 임원까지 오르는 사람은 손에 꼽을 정도로 적다. 최소한 수백 대 일의 경쟁을 뚫어야만 임원이 될 수 있는 것이다. 입사만 힘든 것이 아니라 정상까지 올라가는 일은 더더욱 힘들다. 그래서 서열화에 대해 가혹한 비판을 하는 사람도 있지만, 어쩔 수 없이 삶의 모든 면에서는 서열화가 이루어지고 승자와 패자가 가려지게 된다. 입사에서는 성적이 중요하지만 계속해서 승진에 성공하는 사람들은 그야말로 종합적인 경쟁력을 갖고 있는 사람들이다. 이러니 본래부터 사는 것이 쉬울 수가 없다. 따라서 인생을 편안하고 안락하게 살고 싶다는 낭만적인 견해를 가진 사람이라면 한 번 더 생각하기 바란다. 게다가 여러분은 남자이다. 가정을 갖게 된다면 자신과 가족 구성원들 모두의 생계를 책임져야 한다. 현재 여러분의 아버지들이 그런 엄청난 일을 해내고 있다. 그러니 어찌 사는 게 전쟁이 아니라고 말할 수 있겠는가?

마키아벨리 Machiavelli 의 말처럼 "세상이 어떻게 돌아가야 하는지를 말할 뿐 실제로 어떻게 돌아가는지에 주목하지 않는 사람은 곤경에 처할 수밖에 없다." 살아가는 것, 특히 잘 살아가는 것은 결코 쉬운 일이 아니다.

근래에 인상적으로 읽었던 책이 하버드경영대학원 교수로 있는 클레이튼 M. 크리스텐슨 Clayton M. Christensen 의 《당신의 인생을 어떻게 평가할 것인가》이다. 경영이론을 인생에 잘 적용한 책인데, 저자 자신이 암과 뇌졸중을 극복한 경험이 있어서 그런지 더 진한 감동이 묻어났다.

이 책에는 이런 내용이 담겨 있다. 하버드경영대학원을 졸업한 동기들은 5년마다 '홈커밍데이'에 학교에서 모여 기부도 하고 자신들의 업적을 자랑하며 교분을 나눈다. 졸업 후 첫 번째 5년에 만난 친구들은 대부분 자신만만하고 부유하고 행복하게 보인다. 그러나 10년이 지나면 모임에 참석하지 않거나 직업적 성공에도 불구하고 그다지 행복한 삶을 살지 못하는 친구들이 등장하게 된다. 그리고 20년이 흐르고 30년이 흐르면 사회적 물의를 일으키는 유명인도 나오고 가족의 해체나 험난한 사회생활에 패배하고 만 친구들도 생긴다. 이들 중에 대표적인 인물이 전 세계 사람들을 깜짝 놀라게 하고 수많은 사람들에게 피해를 입혔던 엔론 스캔들의 주역인 제프리 스킬링 Jeffrey Skilling이다. 크리스텐슨 교수는 똑똑했고, 열심히 일했으며, 가족을 사랑했던 스킬링이 어쩌다 탐욕에 눈이 멀어 그런 멍청한 짓을 저지르고 말았는지 이해할 수 없다고 토로한다.

지금 잘 나간다고 해서 우쭐해서는 안 되는 것이 삶이라는 생각을 한다. 또한 나이가 먹어가면서 경험과 지식과 지혜가 조금씩 늘어나고 있지만 여전히 다양한 모습으로 밀려오는 문제들을 하나 하나 제대로 처리하는 일이 만만치 않음을 절감하게 된다. 까닥 잘못하면 자신과 가족 그리고 사회에 누를 끼치기 쉽다. 그래서 나는 지금도 사는 것은 정말 만만치 않은 일이라고 생각한다.

주기도문의 한 대목인 "시험에 들지 말게 하옵소서."라는 글귀처럼 삶의 현장을 적나라하게 표현한 문장이 있을까 싶다. 삶을 '본래 어려운 것이다'라고 정하고 나면 잠시 주어지는 기쁨, 안락, 편안함에도 무척 감사한 마음을 갖게 된다. 내가 아들들과 공유하는 가장 강력한 공감대는 '삶은 본래 쉽지 않다'는 것이다. 이런 가치관은 각자가 어떻게 삶을 살아야 할지에 대한 뚜렷한 방향을 제시한다. 그것은 바로 자신이 가진 자원을 낭비하지 않고 각자의 자리에서 최선을 다해 살아야 한다는 사실이다.

남자는 자기 자리를 스스로 만들어내야 한다

"집중해야 하는데 그게 쉽지 않네요. 뭔가 준비하려면 주변을 정리할 수 있어야 하는데, 공부를 하려 하면 이번 한 번만 놀자는 친구가 여럿 있거든요. 한두 번 거절할 수도 있지만 그 이상은 힘듭니다. 선생님은 대학 다닐 때 어떻게 하셨습니까?"

한 젊은이가 고민을 털어놓자마자 잠시 호흡을 고른 다음, 나는 "절박하지 않기 때문이지요."라고 다소 퉁명스레 답했다. "보기에 지금 졸업이 1년 남짓 남았을 것 같은데, 그렇게 대학 생활을 보내고 졸업을 했을 때 대안이 있습니까? 집안 형편도 고려해야 할 텐데요."라는 말도 더했다. 결국 친구는 친구의 길을, 나는 나의 길을 갈 수밖에 없다면, 현명한 선택은 자신의 목표를 향해 더 매진하는 것이다.

아이들이 무슨 잘못을 해서 학교에 불려온 부모가 가장 많이 하는 변명은 "애는 착한데 친구를 잘못 만나서……."이다. 나는 이런 변명은 자식을 두 번 망가뜨리는 것이라고 생각한다. 사람은 누구나 자신의 선택에 따른 결과와 잘못에 책임을 지고 인정하는 자세를 가져야 한다. 그런데 자녀에게 어떤 문제가 생겼을 때 그것을 자녀 스스로가 책임지게 하는 것이 아니라 그저 다른 사람을 탓하며 면피에만 급급한 모습을 보인다면, 그것은 아이가 스스로 저지른 일에 대한 책임을 질 기회를 부모가 박탈해버리는 것이나 매한가지다. 이런 부모 옆에서 아이는 남을 탓하는 방법만을 배울 뿐이다. 위의 젊은이가 만약 자신의 인생에 대한 명확한 목표의식과 소신이 있다면 같이 놀자는 친구의 제안을 한두 번이 아니라 수백 번이라도 아무 고민 없이 거절해야 한다. 더군다나 요즘처럼 취업

경쟁이 심한 시기에 대학 시절은 그 어느 때보다 시간을 쪼개서 써야 할 때가 아닌가.

　대학을 졸업하고 나면 남자들은 20대 후반에 도달한다. 여기에 이런저런 이유로 1~2년 정도 한눈을 팔게 되면 금세 서른이 목전이다. 한국의 아버지들이 자식을 대학 졸업 이후에도 챙겨주는 이유는 졸업 이후 3~5년의 시간이 인생에 매우 큰 영향을 미칠 만큼 중요하기 때문이다. 이 시기를 제대로 알차게 보내지 못하고 허송세월하며 보낸 사람은 사회에 적응하는 데, 아니 사회에 진출하는 것조차도 어려울 수 있다.

　그래서 내가 아들에게 해준 조언은 휴학 같은 것을 하지 말고 가능한 한 빠른 시간 안에 졸업하고 사회에 진출하라는 것이다. 그 점에서 우리집은 아무런 이견이 없다. 어떤 학자들은 직장 초년생 시기를 사회화가 되는 과정이라고 말하기도 한다. 나는 이 시기를, 공부만 하던 사람이 명실상부 사회적 가치를 만들어내는 주역으로 전환되는 시기라고 생각한다. 그래서 지나치게 오랜 시간 학교에 머무는 데에 반대하는 입장이다. 물론 대학원에 진학에서 계속해서 공부를 하려는 사람은 예외다.

　형편이 되는 부모들은 자식에게 1~2년 정도 지원을 해주는 일이 크게 어렵지 않을 것이다. 아주 딱한 경우가 아니라면 형편이 좋지 않은 부모라도 무리를 해서 그 정도 학비는 도와주려 할 것이다. 그런데 생각이 깊은 부모라면 이런 호의가 자식의 홀로서기에 큰 걸림돌이 될 수 있다는 사실을 안다.

부모의 집은 편안하고 안락하다. 그래서 집을 떠나 홀로서기를 시작하는 일은 편안한 세계로부터 불확실하고 불편한 세계로 한 발자국을 내딛는 것을 의미한다. 누구나 자발적으로 이런 세계로 들어가기를 원하지는 않는다. 나는 이때 부모가 등을 떠밀어주어야 한다고 생각한다. "나가서 자기의 날개로 날아야 할 시점이다."라고 분명히 말해주어야 한다. 그것이 자식을 돕는 일이다.

자식이 휴학하고 싶어 하는데 안 된다고 강하게 이야기하는 부모를 찾기는 쉽지 않다. 1년이나 반 학기 정도 어학연수를 다녀오겠다는 자식을 이유 없이 막을 부모는 거의 없다. 자식이 원하고 자식에게 도움이 된다면, 모든 것을 해주려는 것이 세상의 부모이니 말이다. 이따금 이를 이용해서 부모를 괴롭게 하는 친구들도 있다. 한 가지 분명한 사실은 어학연수에다 휴학까지 겹치게 되면 졸업 시점이 너무 늦어진다는 점이다.

졸업을 하고 난 이후의 1년은 사회라는 험한 세계에서 자신의 자리를 찾아내는 시기이기 때문에, 뚜렷한 목표 없이 무작정 사회 진출을 늦추는 일은 앞날을 위해 좋지 않다. 그러나 예외는 있을 수 있다. 사회생활 이전에 본인이 꼭 경험하고 싶은 일이 있어서 늦추는 것은 이해할 수 있다. 내가 우려하는 것은 그냥 남들이 늦추니까 나도 미룬다거나, 취업이 어렵기 때문에 늦추려고 하는 청년들이다.

특별히 공부를 계속하려는 게 아니면, 학교를 마치자마자 빠르게 직장을 잡아서 홀로서기를 시작해야 한다. 여기서도 우선순위는 졸업과 동시에 홀로서기를 하는 것이다. 다른 것들은 모두 부수적인 것이다.

휴학이나 어학연수 등은 여러분이 알아서 결정할 일이지만 대한민국의 청년들은 의무적으로 군대에 가야 하기 때문에 다른 나라 청년들에 비해 사회 첫걸음이 늦은 편이다. 이것이 바로 우리가 군 생활을 더욱 알차게 보내야 할 이유다. 대학 1년을 마치고 입대한 사람이라면 제대 후 홀로서기를 준비할 시간이 3년에 불과하다. 2년을 마치고 입대한 사람이라면 불과 2년의 시간이 남을 뿐이다. 이렇게 보면 군 생활에서는 홀로서기를 향한 프로젝트의 일환으로 현재의 시간을 대해야 한다. 홀로서기에 필요하고 중요한 조건들을 차근차근 준비하는 기간이어야 한다는 말이다.

내가 아들들에게 늘 강조하는 것은 어떤 상황에서든지 직장을 잡고 자기 길을 개척해나가라는 것이다. 그래서 나는, 예상치 못한 상황 때문에 마음에 두었던 직장에 가지 못하더라도 부모가 더 이상의 지원을 해줄 수 없다는 점을 분명히 밝혔다. 나는 그것이 자식을 돕는 방법이라고 생각한다. 누군가에게 기댈 수 있다는 안도감이 있으면, 그 사람의 전투력이나 근성은 자연히 약해지고 만다. 그러면 홀로서기가 어려워진다. 따라서 부모를 포함해 그 어떤 사람의 선의에도 기대고 싶다는 마음을 먹지 말아야 한다. 그리고 스스로 강하고 담대하게 일어서야 한다. 어느 누구도 여기가 당신 자리라고 이야기해주지 않는다. 남자는 자기 자리를 스스로 만들어내야 한다. 그 모든 것에 여러분 자신과 가족의 미래가 달려 있다.

이따금 완벽한 준비를 한 다음에 사회생활을 하려는 사람을 만난다. 자신의 재능에 바탕을 두고 목표를 정한 다음에 사회생활을 시작하더라도, 우연한 사건이나 만남 혹은 기회 등을 계기로 처음의 목표는 계속해서 변화하게 된다. 나는 이것을 자연스러운 과정이라고 생각한다. '이게 내 길이다'라는 확신이 설 때까지 어느 정도의 실험이나 시행착오는 불가피하다고 본다. 그래서 완벽한 준비를 한 다음에 출발하는 것에 반대하는 입장이다. 마감 시간을 정한 다음, 최선이 아니라면 차선에서라도 일단 출발해야 한다.

사회는 빠른 속도로 변화하고 우리는 그 변화에 적응해야 한다.

휴대폰이 처음 등장한 때는 1980년대였다. 지난 30여 년 동안 휴대폰이 보여준 놀라운 진화과정을 생각하면, 그 사이 사회가 얼마나 빨리 변화했는지 짐작할 수 있을 것이다. 그 변화의 속도만큼이나 직업의 미래도 수없이 바뀌고 있다. 촉망받던 직업이 하루아침에 인기가 없어지거나, 반대로 별 볼일 없던 직업이 각광받는 일이 비일비재하다. 어린 시절 품었던 장래 희망이 계속 변하는 것처럼 목표 역시 이런저런 일 때문에 변하게 마련이다. 이런 변화는 아무리 철저하게 준비해도 따라잡기 어렵다. 따라서 어느 정도의 변화는 기꺼이 맞이하겠다는 굳은 각오와 함께 홀로서기에 나서야 한다.

내가 말하는 홀로서기는 학교를 졸업하고 부모를 떠나서 경제적, 심리적으로 독립하는 것만을 뜻하는 것은 아니다. 사람에 따라 조직 생활이 맞는 사람도 있고 그렇지 않은 사람도 있을 것이다. 어느 쪽이라도 언젠가는 고용된 상태를 벗어나리라는 꿈을 가지는 것이 필요하다. 물론 이 길은 실패에 대한 두려움도 크고 성공 가능성도 낮다.

이쯤에서 성공한 한 사업가의 자기 사업 개척기를 들어보는 것이 삶의 단면을 이해하는 데 도움이 될 것이다. 1950년에 북한에서 내려와 도미하여 엔지니어로 성공한 후 사업체를 일궈 재미 사업가로 우뚝 선 사람이 펩코 철강의 백영중 전 회장이다. 그는 뛰어난 직장인으로 보낸 13년의 시간에 대해 "아무리 일을 잘해도 월급쟁이는 결국 월급쟁이"라고 말했다. 그는 "일을 잘해서 결과가 좋으면, 겨우 한국을 한 번 방문할 시간을 허락받는 정도가 최고의 보너스였다."라고 말한다. 그래서 직장인으로 정신없이 살아가는 동안 회의가 찾아왔고, 개인 사업을 해볼까 하는 생각을 하게 되었다고 한다. 하지만 가족들의 생계를 책임져야 하는 가장으로서 사업을 한다는 것은 그리 쉽게 결정을 내릴 수 있는 문제가 아니었다. 이런저런 걱정 때문에 일생일대의 결단을 내리고도 주춤거릴 때 그의 아내가 건넨 이야기는 참으로 경탄스럽다.

"당신은 사업을 해야 합니다. 월급쟁이 생활을 하면 먹고는 살겠지요. 하지만 무한히 열려 있는 기회에 도전은 한번 해봐야 하는 것 아니에요? 직장 생활이라는 것이 진흙 같아서 한번 발을 들여놓으면 시간이 지날수록 점점 발을 빼기가 힘들어지는 법이에요. 결단은 빠를수록 좋다고 생각해요. 만약 실패하게 되면 내가 핫도그 장사라고 할 테니까 그만두세요."[1]

훗날 한 인터뷰에서 백 회장은 창업은 자신이 한 것이지만 절반의 공은 아내에게 돌려야 한다고 말하기도 했다. 인생에서 겪을 수 있는 또 한 번의 홀로서기는 타인으로부터 명령과 지시를 받지 않고 스스로 운명의 주인공이 되는 일이다. 그러나 이 길은 무척 아슬아슬하다. 목숨을 걸고 뛸 정도로 열심히 하고 운도 따라 주어야 성공할 수 있는 길이다. 사업이 체질에 맞는 사람도 있고 그렇지 않은 사람도 분명히 있다. 섣불리 뛰어들 일은 아니지만, 나는 여러분들이 젊기 때문에 홀로서기의 또 다른 단계까지 염두에 두어야 한다고 말해주고 싶다.

물론 안정과 위험 사이에 어느 정도 비중을 둘 것인가는 여러분 자신이 선택할 사항이다. 나는 아들들에게 직장 생활과 자기 사업 사이에 존재하는 빛과 그림자를 비교적 명확하게 이야기해주는 편이다. 선택은 각자의 몫으로 남겨둔다. 다만, 시대가 이러니 큰 조직에 들어가서 안정적으로 생활하는 것이 최선의 선택이라는 이야기를 하고 싶지는 않다. 시작도 하기 전에 안정부터 찾는다니, 인생에 대한 예의가 아니지 않은가. 좀 더 크고 좀 더 넓고 좀 더 높게 인생을 계획할 수 있는 무언가를 스스로 찾아보는 재미, 그 즐거움을 여러분이 느껴보았으면 좋겠다.

어른이 된다는 것은 내 삶에 책임을 진다는 것이다

"나이를 먹어가더라도 우리는 노인이 아니라 어른이 되어야 한다." 지인과 대화를 나누던 중에 나왔던 이야기인데 오랫동안 기억에 남아 있는 말이다. 그만큼 인상적이었다. 청년을 넘어서 중년, 장년, 그리고 노년이 되더라도 이따금 철이 들지 않은 사람을 만날 때가 있다.

어떤 모임에서 나이가 50대에 들어선 한 중년 남성에게서 "경제력이 있는 처가를 만나지 않은 것을 후회한다."는 이야기를 들었다. 내심 놀랐다. 그분의 지위가 사회적으로 꽤 높았기 때문이다. 물론 현직을 떠난 다음이라 살기가 팍팍했거나 농담으로 한 말이었을 수도 있다. 그렇다고 해서 50대 중반을 넘어선 나이에 "경제력이 있는 처가를 만났어야 했는데."라는 말은 입에 담을 수 있는 말은 아닌 것 같다.

오랫동안 초등학생, 중고교생 그리고 대학생 등을 교육해오면서 참으로 특이한 사실을 발견하게 되었다. 초등학생 가운데서도 철이 든 아이들은 벌써 5, 6학년만 되더라도 자존감이 있고 자신의 생활과 삶에 대해 스스로 책임을 지겠다는 의식이 비교적 분명했다. 반면에 고교 2, 3년생이라도 아직도 정신을 차리지 못하고 강의에 몰입하지 못하는 학생들도 있었다. 철이 들었음을 나타내는 표식 가운데 하나는 자신의 행위에 대해 책임을 지려는 적극적인 마음가짐과 태도이다.

  책임을 질 때 인간은 비로소 어른이 된다. 자신의 언행과 선택으로 인한 모든 결과에 대해 스스로 책임을 지고 말겠다는 결연한 의지를 갖고 행동할 때, 비로소 진정한 의미에서 어른이 된다. 성공학 고전인 새뮤얼 스마일즈Samuel Smiles의 《자조론》에는 도저히 그냥 흘려들을 수 없는 귀한 이야기들이 잔뜩 담겨 있다. 이탈리아 중부지방인 토스카나에는 예부터 내려오는 멋진 속담이 있다. "모두가 베란다에서 살 수는 없지만 누구나 햇볕을 즐길 수는 있다." 모든 사람이 똑같이 잘 살고 출세를 할 수는 없지만 대체로 사람들은 자신이 노력한 만큼 받게 되어 있다는 말이다. 이 말처럼 더 많이 받고 싶은 사람은 더 많은 노력을 해야 한다.

  자본주의 체제에서 살아가는 사람에게 꼭 필요한 것이 '자기 책임의 원리'이다. 스스로가 한 선택에 필요한 비용과 편익을 기꺼이 책임져야 한다는 사실만으로도 우리는 모든 면에서 용의주도해지고 분별 있게 행동하게 된다.

  회사나 동아리 모임에서 회식을 가는 경우를 생각해보면 금방 이해할 수 있다. 자기 지갑에서 돈이 나가는 경우 사람은 좀처럼 낭비하지 않는다. 반면에 공동 경비가 사용될 때는 상당한 낭비가 발생하게 된다. 자신이 선택한 것에 대해 스스로 책임을 져야 한다는 것은 모든 행동에 신중함을 낳게 한다.

책임은 어떤 범위까지 적용되어야 할까? 지금 하고 있는 일에 대한 책임뿐만 아니라 스스로 내버려둔 일에 대해서도 책임을 져야 한다. 삶에서는 예상치 못한 사건들이 꽤 많이 발생한다. 그러나 청년, 중년, 장년을 거쳐서 노년에 이르게 되면 대충 어떤 상황이 전개될지 충분히 예상할 수 있게 된다. 세월이 가면서 수모를 당하거나 어려운 곤경에 처하지 않으려면 책임감을 갖고 자신의 시간과 에너지를 제대로 사용할 수 있어야 한다. 20대는 이미 스스로 모든 것에 대해 책임을 져야 할 시기이다. 군 복무를 위해 집을 떠나는 그 순간부터 부모가 책임졌던 영역의 대부분이 자신에게 넘어오게 되었음을 의미한다는 사실을 자각해야 한다. 자각의 순간에 대해 독일의 저술가 라인하르트 K. 슈프렝어 Reinhard K. Sprenger 는 아래와 같이 묘사하는데, 군 생활이 바로 이런 시점이라고 생각한다.

"언젠가는 모두가 한 번쯤 깨닫게 된다. 어른이 된다는 것은 아무도 내게 오지 않는다는 의미임을! 나를 행복하게 해주기 위해 아무도 오지 않는다는 것을. 내 문제를 해결해주기 위해 아무도 오지 않으며, 내가 어떻게 살아야 하는지 아무도 나를 위해 결정해주지 않는다는 것을. 나 스스로 능동적이 되지 않으면 아무 일도 일어나지 않는다."[2]

책임을 지고 싶지 않을 때도 있지만, 어른은 거의 모든 것에 대해 스스로 책임을 져야만 한다. 자본주의 사회를 살아간다는 것은 불확실성 속에서 무엇인가를 선택하는 것을 뜻한다. 진로를 선택하는 것, 직장을 선택하는 것, 전직을 하는 것, 투자를 하는 것 등은 모두 자유의지에 따라 선택된다. 그리고 자유의 이면에 존재하는 것이 바로 책임이다. 그래서 자유는 곧 책임이다. 자유는 우리가 전혀 예상치 못한 결과까지도 자신이 책임져야 함을 뜻한다. 그래서 위대한 자유주의 철학자 하이에크Friedrich August Von Hayek는 자유가 지닌 냉정하지만 불편한 진실에 대해 이렇게 말한다.

"우리는 무엇보다도 자유롭지만 비참해질 수도 있다는 점을 반드시 인식해야 한다. 자유는 전적으로 좋은 것, 또는 모든 해악들이 없음을 뜻하지 않는다. 자유로움이 굶어죽을 자유, 값비싼 실수를 행할 자유, 운명적 위험을 감수할 자유를 의미한다는 것은 사실이다."[3]

"자유롭지만 비참해질 수 있다."는 말은 참으로 명언이다. 구약에 등장하는 출애굽기에는 노예로 살던 이스라엘 사람들이 이집트를 떠나는 전후 이야기가 잘 그려져 있다. 이집트 치하에서 그들은 노예처럼 취급받고 있었지만 빵은 주어졌다. 아이러니하게도 탈출 후 자유를 얻게 되었을 때 그들 가운데 자유보다는 오히려 빵이 보장되던 시절을 그리워하는 사람들도 많았다.

시장경제 체제에서 인간은 자유로운 삶을 살 수 있지만, 그만큼 쉽게 비참해질 수도 있다. 누구도 빵을 공짜로 주지 않기 때문이다. 타인의 간섭을 받지 않는 자유에 대한 대가는 누군가의 선의에 기대지 않으며 빵을 달라고 애걸하지 않는 것을 의미한다. 또한 스스로 비참해지지 않기 위해, 그리고 과거보다 나은 미래를 만들기 위해 노력해야 함을 의미한다. 세상살이의 본래 모습이 이러한데 우리가 어떻게 대충 살아갈 수 있겠는가?

인생은 주어진 것이 아니라 만들어가는 것이다

어떤 사람이 되고 싶은지, 그리고 어떤 인생을 만들어가고 싶은지는 인생의 목적에 해당한다. 그런 목적을 찾아내는 데 사람마다 소요되는 시간은 다르다. 계획을 세워서 인생의 목적을 찾더라도 대부분의 사람들은 중간 중간에 제법 크고 작은 변화를 경험한다.

군 복무를 마치는 시점 혹은 대학을 졸업할 시점에 인생의 목적을 찾아내는 것은 흔치 않은 일이다. 예컨대 나는 제법 긴 시간이 소용되었고, 이런 과정에서 많은 시행착오를 경험했다. 인생의 목적을 찾아가는 과정은 인생을 만들어갈 때 반드시 거쳐야 하는 필수 과정이다.

어떤 사람은 끝내 인생의 목적을 찾지 못하고 삶을 마치기도 하는데, 이런 경우에는 후회가 많기 마련이다. 또한 성공이나 행복과 거리가 먼 인생을 살았을 가능성이 크다. 인생의 목적을 찾는 과정에서는 계획도 중요하지만 삶의 굽이굽이마다 만나는 작은 기회들도 중요한 역할을 담당한다. 그래서 나는 인생에서 사소한 것은 없다고 생각한다.

클레이튼 M. 크리스텐슨 교수는 인생의 목적을 찾는 과정에서 자신이 겪은 좋은 경험과 그렇지 않은 경험들이 합해져 오늘의 자신이 있게 되었음을 이렇게 털어놓는다.

"어떤 경우에는 내 목적을 향해 나아갈 때 예상치 못한 상태에서 생긴 위기와 기회들이 내 등 뒤에서 부는 바람처럼 느껴졌다. 또 어떤 경우에는 내 얼굴 감각을 마비시키는 바람처럼 느껴지기도 했다. 그럼에도 내가 융통성 있게 목적을 달성해왔다는 게 기쁘다." [4]

일단 인생의 목적을 찾아내는 데 성공하게 되면 삶은 반석 위에 선 것처럼 한층 안정감을 갖게 된다. 스스로도 만족감과 행복감을 느낄 수 있음은 물론이고 집중적으로 목적을 추구하게 된다. 참고로 크리스텐슨 교수가 24세 무렵에 깨우친 '내가 원하는 나의 모습'은 "첫째, 타인의 삶의 수준을 높일 수 있도록 돕는 데 헌신하는 사람. 둘째, 친절하고 정직하고 용서를 베풀고 이기적이지 않은 남편이자 아버지이자 친구. 셋째, 하나님의 존재 가치와 하나님의 실체를 믿는 사람."이었다.

인생은 만들어가는 것이라고 생각한다면, 그 시작은 마땅히 스스로 목적을 찾아내는 것부터가 아닐까? 나의 경우에는 진지함, 성실함, 그리고 치열함을 바탕으로 만들어낸 인생의 목적이 있었고, 이것이 몇 차례 변화를 거듭해왔다. 20대부터 지금까지 인생 목적의 틀은 변화가 없었지만 구성과 내용면에서는 제법 큰 변화를 겪었다. 20대는 공부를 할 때, 30대는 왕성하게 조직 생활을 할 때, 40대는 조직을 떠나 홀로서기를 할 때, 그리고 50대는 안정궤도에 접어들었을 때이다.

시작부터 넉넉하게 모든 것이 준비되어 있다면 더할 나위 없이 좋지만 그것은 무척 드문 일이다. 풍성하게 주어진 것을 기본으로 여긴다면 그렇지 못한 대부분의 상태에 대해 불편함과 불만을 가지기 쉽다. 그러나 부족한 것을 당연하게 여기면 불평불만이 끼어들 여지가 없다. 여기서 다시 한 사람이 가진 가치관이 얼마나 중요한지를 확인할 수 있다. 어떤 것을 기본으로 여기는가에 따라 삶을 대하는 태도가 달라지기 때문이다.

'만들어가는 것이 인생이다'라는 것은 시시비비를 가릴 수 없는 개인적인 믿음에 속한다. 어떤 사람이 '인생은 만들어가는 것이 아니다'라고 말한다고 해서 그 사람이 틀린 것은 아니다. 우리는 두 가지 가운데 하나를 선택할 수도 있고 또한 두 가지를 적절히 혼합해서 받아들일 수도 있다. 다만 '내가 만들어갈 수 없다'는 말은 내 기준으로 볼 때, '내가 그렇게 하기를 원하지 않는다'는 뜻으로 들린다.

내가 '만들어가는 것이 인생이다'라는 가설을 굳게 믿는 이유는 다음과 같다. 삶에는 내가 통제할 수 있는 것이 있고 내가 통제할 수 없는 것이 있다. 어느 나라에 태어나는 것, 어떤 시대에 태어나는 것, 어떤 부모를 만나는 것 등과 같은 무수한 상황들은 우리가 통제할 수 없는 일이다. 통제할 수 없는 것들이 서로 서로 어우러져 초기 상태를 결정하게 된다. 이런 초기 상태는 자신의 통제를 벗어난 영역에 속하기 때문에, 우리가 할 수 있는 일은 그것을 기꺼이 받아들일 것인가 아닌가를 결정하는 것뿐이다.

동료들 중에는 도저히 따라갈 수 없을 정도로 월등히 머리가 뛰어난 사람들이 있다. 아들은 한참 군 복무를 하고 있는 중에 같이 입학한 동기가 벌써 졸업을 한다는 소식을 전해 들었다고 한다. 3년이 채 되지 않는 기간 동안 대학 교육 과정을 모두 통과해버린 것이다. 이 이야기를 전해들은 후 나는 아들에게 이렇게 말해두었다. "어떻게 하겠니. 사람들이 저마다 타고난 재능이란 것이 다르니까. 다만 우리가 해야 할 일은 그런 차이를 받아들인 다음에 자기 페이스를 유지하면서 계속해서 앞을 향해 나아가는 일이란다."

'만들어가는 것이 인생이다' 혹은 '원래부터 주어지는 것이 인생이다'라는 믿음 가운데 어느 쪽에 더 큰 비중을 둘 것인지는 각자가 선택할 몫이다. 그리고 이 선택에 따라 개인의 생각과 행동은 크게 달라진다. 만들어가는 인생을 당연히 여기는 사람은 살면서 만나게 되는 모든 종류의 부족함에 대해서 누구를 원망하는 일이 거의 없다. 재능이든 돈이든 행운이든 부족할 수 있는 것이 삶이라는 사실을 받아들였기 때문이다. 그리고 그 다음이 더 중요한데, 부족하기 때문에 혼자서 채워갈 수 있고 채워가는 것을 당연하게 여기게 되었기 때문이다.

부족함을 느끼는 사람들이 흔히 경험하는 감정이 바로 열등감이나 콤플렉스이다. 어떤 사람은 학벌콤플렉스나 외모콤플렉스 때문에 오랜 시간 방황하기도 한다. 요즘은 성형수술이 일반화되면서 외모콤플렉스는 어느 정도 치유가 가능해졌다. 그런데 학벌콤플렉스는 한 사람이 걸어온 길에 해당하기 때문에 이를 극복하는 일은 쉽지 않다. 그런 탓에 이따금 학벌을 자의반 타의반으로 조작해서 사회적으로 물의를 일으키는 인사들이 등장하곤 한다.

그런데 이런 결핍이나 콤플렉스도 우리가 어떻게 다루는가에 따라 달라진다. 한마디로 부족하면 부족함을 인정하고 이를 하나하나 채워가겠다고 생각하면 충분히 극복할 수 있다. 물론 쉽지는 않다. 어려움도 극복해야 하고, 남보다 더 많이 노력해야 한다. 또한 노력하다가 실패를 할 수도 있고 남들과 다른 길을 걸을 때도 있기 때문에, 비판을 받을 수도 있다.

그러나 모든 것을 하나하나 자신의 손으로 만들어간다고 생각하는 사람들은 그렇지 않은 사람들에 비해서 자신의 인생에 대한 자긍심을 더 크게 가질 수 있다. 젊은 날 산전수전을 겪은 후에 자신이 원하는 인생을 일궈낸 사람들은 살아온 시간에 대한 자긍심이 강하다. 이들 가운데 다소 오만한 사람들도 있지만, 겸손하면서도 당당함을 갖춘 사람들이 대부분이다. 그 이유는 자신감이 유연함을 가져오기 때문이다. 사람은 늘 자신이 틀리거나 실패할 수 있다는 두려움을 가지고 있다. 따라서 자신도 모르게 위축되고, 수

동적이 된다. 더불어서 자신에 대한 타인의 충고를 공격으로 받아들인다. 하지만 풍부한 경험을 쌓아오면서 성공한 사람들은 자칫 불편할 수도 있는 지적이나 상황을 기꺼이 받아들인다. 자신의 능력이라면 그런 지적쯤은 얼마든지 소화하고, 나쁜 상황 또한 바꿀 수 있다는 자신감이 있기 때문이다.

나는 내 힘으로 내 삶을 바꾸어나가야 하고, 또한 바꿀 수 있다는 사실에 거의 신앙적인 믿음을 갖고 있다. 이것이야말로 내가 가진 귀한 자산 가운데 하나라고 생각한다. 그래서 나는 나의 길을 꿋꿋이 걸어온 것에 대해 자부심이 있다.

남자는 기백과 기상이 있어야 한다. 또한 부족한 가운데 스스로가 이상적으로 생각하는 상태를 만들어내려는 의지와 행동력이 있어야 한다. 인생의 유일한 지향점이 안정이 되어서야 되겠는가? 게다가 처음부터 안정이 주어진 상태를 이상적인 상태로 간주해서야 되겠는가? 만들어가는 과정에서 즐거움과 행복을 찾아가는 것이 백 번 현명하다.

밑바닥부터 성실하게 인생의 계단을 올라가라

"어느 세월에 그곳에 도달할 수 있을까?"

 도달하고 싶은 곳이 까마득하게 멀어 보이고 앞서 도착한 사람들이 대단해 보일 때, 우리는 부러움이 앞선다. 그래서 얼른 빨리 저곳에 도달해야겠다는 생각을 한다. 그 때문에 많은 젊은이들이 어려움을 겪게 된다.

 성급함과 조급함은 젊음의 특징 가운데 하나이다. 진로를 선택하는 일, 취업을 준비하는 일, 그리고 입사 이후에 업무를 대하는 태도 면에서 조급함과 성급함이 먼저 생긴다면, 이는 의욕이 앞서기 때문일 것이다. 그러나 착실히 과정을 거치지 않고서 목표에 도달하는 것은 아주 예외적인 경우일 뿐이다. 중간 과정을 생략해 버린 채로 목표를 이루기는 사실상 어렵다.

 초조함이나 불안감은 성급함에서 온다. 성급함을 성실함으로 바꿔야만 한다. 시간이 걸리더라도 착실히 하나씩 성취해가면서 정상까지 올라가겠다고 생각한다면, 지금 겪는 일 모두가 크게 달라 보일 것이다.

 학교에는 교육 과정이 정해져 있다. 그러나 사회에는 그런 교육 과정이 없다. 오직 경험을 통해 스스로 깨우쳐나가야 한다. 일터에서 배울 수 있고, 만남에서 배울 수 있고, 길거리를 오가면서도 배울 수 있다. 반면에 아예 배움과 담을 쌓고 지낼 수도 있다. 사회생활에서의 교육은 경험을 통하지 않고서는 쉽게 이루어지지 않는다. 삶의 현장에서 하나하나의 경험들로부터 배우는 사람은 늘 성장하는 사람이다. 이들이 정상에 설 가능성은 크게 높아진다.

나는 눈 쌓인 산을 오르는 산악인들의 모습을 찍은 사진을 좋아한다. 젊은 날부터 삶을 살아가는 자세는 무릇 산을 오르는 것처럼, 차근차근 준비하고 조심스레 한 걸음씩 내디뎌야 한다고 생각해왔다. 그래서 이따금 어떤 일을 도모해서 한몫을 챙기고 떠나버리겠다는 식으로 행동하는 사람들을 볼 때면 놀랍기만 하다. '저렇게 살아서 무엇이 될까?' 싶은 생각이 들기 때문이다. 정상을 향해 하나하나 마치 벽돌을 쌓아가듯 나아가는 것은 한 인간이 가져야 할 숭고한 원칙 가운데 하나다. 그것이 옳다고 생각하는 사람은 쉽게 낙담하지 않고 초조해하지 않는다.

큰아들이 대학문을 나서 직장 생활을 시작하였을 때도 나는 "인생에 버릴 만한 경험은 하나도 없다."는 것과 "착실히 하나하나 쌓아 올라가야 한다."는 말을 여러 차례 강조했다. 직장 생활에서의 경험 하나하나마다 기초를 다진다고 생각하고 자신의 자산을 축적한다고 생각하면 얼마나 멋진 삶이 펼쳐지겠는가. 마지못해 일하고 있다는 생각 대신에 말이다.

근래에 청년들 대다수가 비슷한 곳에 입사 지원을 하는 이유는 보수의 차이도 있지만 힘든 일을 하고 싶어 하지 않기 때문이다. 하지만 젊은 시절에 힘들거나 고된 일을 하는 것은 스스로를 단련시키는 멋진 훈련 과정이 된다. 힘든 일을 겪어낸 경험이 있는 사람은 언제 어디서 어떤 일이든 해낼 수 있다. 30여 년의 직장 생활과 은퇴 이후 시작될 30여 년의 인생까지 길게 바라본다면 궂은일이나 힘든 일에 대한 가치 판단도 크게 달라질 수 있다.

내가 마흔 이후에 새로운 길을 개척할 수 있었던 데에는 직장 생활 초기 5~10년간 궂은일을 마다하지 않고 어떤 일이든 시도해 본 경험이 크게 도움이 되었다. 그래서 나는 아들들에게 이 점을 강조하곤 한다. "일을 배울 수 있는 곳에서부터 시작해야 한다. 그곳에서 다른 사람들이 꺼려하는 사소한 일도 자원해서 맡아 해야 해. 그렇게 하나하나 쌓아가다 보면 구체적으로 앞으로 무엇을 해야 할지가 점점 눈에 들어올 거야. 이렇게 범위를 좁혀 가다 보면 어느새 내가 좋아하는 일, 그리고 평생 동안 해야 할 일을 찾아낼 수 있단다. 직장 초기 단계에서 치열하게 기초를 쌓아가는 노력이 없다면 실력은 물론이고 자신이 몸담아야 할 분야를 찾아내는 것도 불가능하지. 이것은 이래서 할 수 없고, 저것은 저래서 할 수 없다면 무엇을 할 수 있겠니."

사람이 밑바닥부터 올라가기 위해서는 심지가 굳어야 한다. 이때 당장 이익이 떨어지지도 않는데도 성실히 일하는 사람이 흔치는 않다. 하지만 이런 작은 차이가 훗날 좁힐 수 없을 정도로 큰 차이를 낳는다. 이는 올바른 것이 무엇인가에 대한 믿음의 차이에서 비롯된다. 어떤 사람은 밑바닥부터 차곡차곡 쌓아 올라가는 것에 대한 강한 믿음을 갖지만, 또 어떤 사람은 처음부터 근사하게 보이고 편안하고 쉬운 것이 최고라고 생각한다.

지난 10여 년을 돌이켜보면 내 분야만 하더라도 참으로 많은 변화가 있었고 인물들의 부침이 있었다. 앞으로 10년의 변화는 훨씬 더 심할 것이다. 따라서 청년들은 앞으로 10년이 아니라 50~60년 정도 살아갈 세월을 고려해서, 힘이 들더라도 어떤 경험이든 자신의 성장을 위한 밑거름으로 삼겠다고 각오해야 한다.

조직에 몸을 담고 있을 때는 자신의 실질적인 실력이나 가치를 알아차릴 기회가 흔치 않다. 그러나 조직을 떠나고 나면 직업인으로서의 가치가 확연하게 드러나게 된다. 마흔을 전후해서 자의반 타의반으로 조직 생활을 청산하게 되었을 때, 나는 저축해둔 돈이 거의 없었다. 그러나 나도 모르는 사이에 실력이라 부를 수 있는 자산이 만들어져 있었다. 밑바닥부터 기어서 올라간다는 믿음하에 쌓았던 갖가지 경험들이 조합되어 제법 내놓을 만한 실력을 갖추게 된 것이다. 나는 그것을 기초로 타인에게 의지하지 않고 내 힘으로 살아가는 삶을 만들어나갔다.

당장 자신에게 이득이 되지 않는 일을 열심히 하기 위해서는 무엇이 필요할까? 바로 그 일을 통해 자신의 경력이나 실력을 차곡차곡 쌓아나갈 수 있다는 굳건한 믿음이다. 그런 믿음이 없다면 당장 눈앞에 이득이 보이지 않는 일은 열심히 하지 않게 돼버린다.

청년들과 이야기를 나누다 보면 내가 젊은 날 가졌던 생각과 아주 다른 이야기를 들을 때가 있다. 상황이 다르기 때문에 그런 생각을 가질 수 있다는 점은 충분히 이해한다. 하지만 청년들 중 일부는 마치 다 살아본 것처럼 성급하게 인생에 대한 판단을 내려버리는 이들도 있다. 그러고는 "우리 세대는 더 이상 기회가 없어요." "우리 세대가 겪는 어려움은 이전 세대가 겪은 것과는 차원이 달라요." "우리에게 무슨 희망이 있습니까?"라고 말한다.

지난 30여 년을 되돌아보면 어려운 상황 속에서도 기회를 만들어낸 사람들의 삶은 몰라보게 좋아졌다. 나는 누구에게나 세상의 주역이 될 가능성의 문이 열려 있다고 생각한다. 특히 청년들의 경우에는 더더욱 그렇다. 따라서 출발선부터 '우리 세대'라는 모호한 용어로 기회를 잡을 가능성을 거부해버리는 것은 올바른 선택이 아니다. 단, 그런 가능성의 문이 열려 있는 사람에게 필요한 것은 바닥부터 시작해서 차곡차곡 하나씩 삶의 경험을 쌓아가겠다는 굳건한 믿음이다.

한 가지 당부하고 싶은 것은 밑바닥부터 차곡차곡 쌓아서 올라가라는 말이 그냥 지금 하고 있는 분야에만 집중하라는 뜻은 아니라는 것이다. 목표 달성을 위한 계획을 갖고 살아가되, 삶의 굽이굽이에서 새로운 기회라고 판단되는 상황을 맞이하면 과감하게 도전할 수 있어야 한다. 삶에서의 성장은 원래 세웠던 계획과 중간중간 끼어드는 기회의 포착과 도전의 조합으로 이루어진다. 지금 하고 있는 일을 착실히 하는 것뿐만 아니라 새로운 일에 대한 도전 모두가 경험의 내용에 포함되어야 한다.

생각이 가난하면 삶도 가난하다

언젠가 30여 년간 학생들을 가르쳐온 한 교수님과 대화를 나눌 기회가 있었다. 그 교수님은 오랫동안 학생들을 가르치다 보니, 대략 10년 터울로 학생들 사이에 큰 변화가 있다는 것을 느끼게 되었다고 한다. 그 변화 가운데 가장 두드러진 것은 문제에 대한 해답을 제시하는 데 논리성이 떨어진다는 것이다. 문제를 해석해서 자신의 의견을 제시하는 것이 아니라 마치 검색엔진처럼 사실을 단편적으로 나열하는 사례가 많다고 한다. "자기 의견이나 주장을 논리적으로 전개해서 상대를 설득하는 능력은 시간이 갈수록 떨어지고 있다고 보면 됩니다. 특히 요즘 대학생들은 논리적이고 이성적이기보다는 즉흥적이고 감성적이랍니다."

개중에는 이런 의견에 동의하지 않는 사람도 있을 것이다. 하지만 나는 그 교수님의 의견에 동의한다. 이런 현상이 나타나는 가장 큰 원인은 독서의 절대량이 부족하기 때문이다. 논리적으로 자신의 주장, 의견, 혹은 해답을 정리하는 일은 읽고 쓰는 훈련이 되어 있지 않으면 쉽지 않다. 그런데 요즘 젊은이들은 대개 읽고 쓰는 것에 취약하다. 이러다 보니 사회문제에 대해서도 논리적으로 전후를 찬찬히 따지기보다는 욱하는 식으로 즉흥적으로 말하고 행동하는 경향이 많다. 나는 이번 기회에 청년들에게 깊이 생각하고 실천에 옮기는 삶에 대해서 고민해보라고 권유하고 싶다.

깊이 생각하고 사는 사람은 눈에 보이는 현상이나 바람처럼 흩날리는 유행에 크게 휘둘리지 않는다. 이들은 눈에 보이는 현상과 눈에 보이지 않는 본질을 구분하는 데 익숙해서 웬만해서는 부화뇌동하지 않는다. 그들은 다수가 가는 방향이나 다수가 생각하는 것이 늘 올바르다고 생각하지 않으며, 다수의 의견이라도 시시비비를 가릴 수 있는 힘을 가지고 있다.

일단 자기 생각을 갖는 일은 실용적인 면에서도 큰 도움이 된다. 우리가 직업 세계에서 승리하려면 다른 사람들이 만들 수 없는 독특한 가치를 제공할 수 있어야 한다. 시장에서 성공하는 크고 작은 혁신과 창조는 자신만의 독특한 생각을 할 수 있는 힘에서부터 나온다. 그런 능력을 가지지 못한 사람은 손쉽게 대체되어버리고 만다.

여러분이 조직에서 일을 한다고 가정해보자. 늘 새로운 아이디어를 만들 수 있는 사람을 조직이 어떻게 대하겠는가? 귀하게 대하지 않을 수 없다. 그런 사람들이 창업을 해서 자기 사업을 일으킨다면 이 역시 성공할 가능성이 높다. 우리가 직업인으로 늘 조심해야 할 것은 어중간한 사람이 되는 것이다. 그냥 근속연수만 올라가고 나이만 먹었을 뿐 새로운 것을 만들어내는 데 아무런 능력을 발휘할 수 없는 사람은 제대로 된 대접을 받을 수 없다.

우리는 대기업의 CEO에게 상당한 보수가 주어지는 것을 이해하지 못할 때가 있다. 평범한 직원의 평균 소득에 비해 몇십 배 혹은 그 이상이라는 소식을 접할 때면 정의로운 일이 아니라고 생각될 것이다. 그러나 CEO가 내리는 판단에 의해서 조직의 성과가 엄청나게 달라진다는 측면에서 보면 소득의 차이 또한 충분히 이해할 수 있다. 조직이 위기에 처하게 되었을 때 CEO의 역량이 조직의 부침을 결정하는 경우도 자주 있다.

1997년 스티브 잡스가 애플의 CEO로 복귀하였을 때 그는 자신만의 방식으로 조직을 재정비하는 작업을 시도했다. 자유분방하게 업무를 추진해오던 기존의 방식을 폐기처분해버린 것이다. 잡스는 초심으로 돌아가야 한다는 생각하에 쓸데없는 프로젝트들을 폐기시키고, 세계 최고의 상품을 만드는 데 모든 노력과 자원을 집중시켰다. 그의 조치는 많은 반발을 불러왔지만, 결국 애플의 옛 영광을 되살리는 촉매제가 되었다. 물론 이런 과정에서 임직원들이 기울인 노력도 큰 기여를 했다. 우리가 스티브 잡스의 행동에서 주목해야 할 것은 그가 주변의 말에 흔들리지 않고 자신의 생각대로 조직을 재편해 성공을 이끌었다는 사실이다.

다른 예를 들어보자. 1980년대 세계 최고의 컴퓨터 기업 IBM은 심각한 경영난에 빠져 있었다. 당시 주력 사업이었던 PC 사업은 컴팩, HP, 델과 같은 후발주자에게 추월당한 지 오래였다. 1993년 4월, IBM의 구원투수로 등장한 루이스 거스너Louis Gerstner 회장은 기로에 서게 된다. 그가 취임하였을 당시 월가의 분위기나 여론은 IBM을 사업군별로 분리해서 경영하고, 일부는 매각하는 게 최선이라는 것이었다. 그러나 그는 이런 여론에 흔들리지 않았다. 대신 IBM의 핵심역량을 찾는 한편 '솔루션 프로바이더'라는 콘셉트에 맞추어서 조직을 재구축하는 방법을 택했다. 그리고 이 방법은 성공을 거두었다. 당시 언론이나 업계 관계자들이 주장한 사업군별 분리 전략 대신 자신만의 방법을 따른 것이 IBM 회생의 결정적인 요인이 되었다.

자신의 판단대로 일을 처리할 때 조심해야 할 것은, 그 판단이 아집으로 흐르지 않도록 경계하는 것이다. 누구의 생각이든지 그것은 일종의 가설에 해당한다. 그런 자신의 의견이나 주장이 틀릴 가능성을 낮추는 방법은 첫째로 사실을 직시할 수 있도록 노력하는 것이다. 남들이 뭐라 하더라도 항상 '사실fact'에 주목해야 한다. 둘째는 공정함을 유지하도록 최선을 다하는 것이다. 선입견이나 편견 혹은 다수 의견에 휘둘릴 가능성을 낮추도록 노력한다. 이는 감정보다는 이성을 앞세우면 어느 정도는 가능하다고 본다. 마지막으로 셋째는 설령 자신의 가설이 올바르다는 생각이 들더라도 검증에 대한 문을 열어두는 것이다. 틀릴 수 있다는 가능성을 늘 인정하고 지적 겸손함을 유지해야 한다.

생각이란 눈에 보이지 않는 것이다. 돈처럼 눈에 보이는 것은 우리 모두가 귀하게 여긴다. 그런데 생각처럼 눈에 보이지 않는 것을 귀하게 여기는 사람은 그렇게 많지 않다.

돈이란 것도 넓게 보면 생각의 결과물이다. 영국의 사업가이자 작가인 벤 벤슨Ben Benson은 《돈에 관한 생각》이란 책에서 사람들이 부와 부자, 그리고 돈에 대해 가지는 스물일곱 가지의 잘못된 생각을 낱낱이 파헤쳤다. 이런 맥락에서 내가 즐겨 사용하는 문장 가운데 하나는 "생각이 가난하면 삶도 가난하고, 생각이 부유하면 삶도 부유해진다."는 것이다.

벤 벤슨은 이 책에서 돈에 대한 두 가지 대조적인 시각을 제시한다. '돈은 모든 악의 근원'이라는 생각과 '돈의 결핍이 모든 악의 근원'이라는 생각이다. 이에 대해 스튜어트 빌데Stuart Wilde는 "돈은 모든 악의 근원이라 말하는 사람들은 돈이 전혀 없는 사람들이다."라고 말한다. 비슷한 말을 하는 사람은 저명한 작가이면서 투자에도 열심이었던 미국의 소설가 마크 트웨인mark twain이다. 그는 고속타자기 개발에 투자했다가 400만 달러라는 거액을 모두 날린 다음, 돈을 벌기 위해 세계일주 강연을 나서기도 했다. 돈에 대한 쓴맛 단맛을 모두 본 마크 트웨인은 "돈이 부족한 것이 모든 악의 근원이다."는 명언을 남겼다. 이처럼 돈에 대해 어떤 생각을 갖느냐에 따라 삶을 보는 시각이 달라진다. 돈을 악한 것으로, 자본가는 악한 세력으로 간주하게 되면 스스로 부자가 될 가능성을 원천적으로 차단하고 만다. 이는 잘못된 생각이 낳는 폐해 가운데 하나이다.

언젠가 아들이 금융업에 관심을 갖고 있다고 말했을 때, 나는 이런 이야기를 해주었다. "군중심리라는 것이 투자의 세계에서만큼 확연하게 드러나는 곳도 드물 거다. 그 세계는 그냥 대세를 추종함으로써 지불해야 할 비용이 지나치게 높은 세계지. 금융에 관심이 있다면 역사에 대한 이해와 인간에 대한 이해, 그리고 전문지식에 바탕을 둔 자기만의 확고한 생각을 갖고 있어야 해. 그렇지 않으면 패자가 될 가능성이 높단다. 그런 패자는 주로 대세를 추종하고 뒷북을 치고 다니다가 돈을 잃고 만다."

제대로 생각하는 법을 배우는 것은 쉬운 일이 아니다. 대학 교육에서는 큰 도움을 받을 수 없는 것 같다. 고교는 대학입시를 위해, 대학은 취업을 위해 존재하는 것처럼 보이는 우리나라의 현실에서, 반듯하게 자기의 생각을 만들어내는 일은 쉽지 않다. 그래서 편향된 지식인들이 공급하는 생각을 마치 자신의 것인양 차용하는 경우가 종종 발생하게 된다.

스스로 올바른 생각을 만드는 프로젝트를 추진하기 바란다. 그 일을 하기 가장 적합한 시점이 바로 군에 머무는 기간이다. 꾸준히 양서를 읽고 자신의 생각을 정리하는 작업으로 세상과 타인,

그리고 자신에 대해 정확한 생각을 갖도록 노력해보라. 여기서 중요한 점은 편향된 독서보다는 오랜 세월을 통해 검증받은 양서를 균형 있게 읽는 것이다. 건강한 생각의 형성이란 점에서 기본서와 트렌디한 서적 사이에서의 균형은 매우 중요하다.

기회를 포착하려면 절실해야 한다

"아버지가 언제까지 도와줄 수 있겠니?"

아이들이 성장하는 동안 내가 자주 들려준 말이다. 부모의 도움을 받을 수 있는 시기가 제한적임을 자주 강조하려다 보니 자연스럽게 나오는 말이다.

회사에 소속돼서 월급을 받지 않는 부모들, 이를 테면 자기 사업을 하는 부모들의 수입은 들쭉날쭉하다. 매출이 줄어드는 기간이 오래 계속되면 문을 닫을 수도 있다. 사업하는 부모들의 제일 큰 걱정은 '아이들에게 교육비가 한참 들어갈 때에 사업에 문제가 생기면 어떻게 하나' 하는 것이다. 게다가 사람의 일이란 알 수가 없으니, 50세가 넘으면 건강한 것만으로도 감사해야 할 일이다. 자식들은 아버지가 늘 건강하고 늘 사업을 잘하리라고 믿지만 세상

일은 뜻대로 돌아가지 않을 수도 있다. 사업하는 아버지의 고뇌를 알고 있는 아들이 얼마나 되겠는가. 또 임원으로 승진한 다음에 전전긍긍하는 아버지의 고뇌를 아는 아들이 얼마나 되겠는가. 이 모든 걱정의 이면에는 자식의 공부를 반드시 마무리해주어야 한다는 아버지의 책임감이 놓여 있다.

내 지인 가운데 아들 때문에 무척 속을 썩은 아버지가 있었다. 사고뭉치 아들 덕분에 학교로 불려간 것이 한두 번이 아니었다. 그런데 어느 날 어처구니없는 사고로 아버지가 세상을 떠나고 말았다. 그리고 남은 아들이 아버지가 살아계셨을 때 도움을 받지 못한 것을 크게 후회하는 것을 지켜본 적이 있다.

지금 당신이 당연하게 누리고 있는 것들이 영원히 존재하지는 않는다는 것을 기억하라. 안타깝게도 그런 명백한 사실을 뒤늦게 깨닫는 젊은이들이 제법 많다. 따지고 보면 부모가 자신을 돌봐주는 것이 오히려 예외적인 상황일 수도 있다.

모든 것에는 때가 있고 그 때란 기회와 동의어라고 할 수 있다. 기회가 언제 찾아올지는 모르지만 일단 찾아온 기회는 놓치지 않아야 한다. 이때 준비가 되어 있어야 기회를 놓치지 않는다. 기회를 대할 때도 '다시는 이런 기회가 오지 않을 것이다' 하는 생각을 명확히 갖고 있어야 한다. 물론 기회는 다시 올 것이다. 그러나 지금 이 기회는 다시 오지 않는다.

　이렇게 생각하다 보면 우리가 만나게 되는 기회 하나하나는 처음이자 마지막이라 불러도 무리가 없다. 살아오면서 기회에 대해 갖게 된 생각은 하나가 다른 하나를 낳고 그 하나가 또 다른 하나를 낳게 된다는 점이다. 그때 그 기회를 놓쳤더라면 현재도 있을 수 없을 것이다. 현재가 없다면 미래도 있을 수 없다. 지금을 기준으로 보면 작고 사소하게 보이는 기회라도 그것을 최대한 활용할 수 있어야 한다.

　잘 풀리는 사람들의 특징에는 여러 가지가 있지만, 이 가운데서 빼놓을 수 없는 것이 바로 자신에게 다가온 기회를 야무지게 붙잡는 능력이다. 이 능력이 다른 능력과 차이가 있다면, 절실함이나 절박함 같은 심적 상태와 맞물려 있다는 것이다. 그래서 나는 인재가 갖추어야 할 조건 가운데 하나로 바로 기회를 포착하는 능력을 꼽는다. 그 밖에도 문제 해결력이나 창의적 사고력 역시 중요하다. 그래서 나는 이들 세 가지를 인재가 갖추어야 할 3대 핵심조건이라 부른다.

　기회를 포착하지 못하면, 해결해야 할 문제나 창의적 사고력을 발휘해야 할 대상을 얻을 수 없다. 기회를 포착하는 능력은 정규교육 과정에서 배울 수 있는 것이 아니다. 오히려 개인의 습관이나 태도와 깊은 관련이 있다. 그래서 제대로 교육을 받지 못한 사람들 중에도 기회 포착 면에서 괄목할 만한 성과를 내는 사람들이 적지 않다. 자신이 하고 있는 일에 대해 애정을 가지고 부지런히 하는 사람들은 많이 생각하고 활동한다. 또한 자신의 분야와 직접 혹은 간접으로 연결된 정보에 민감하다. 그래서 이런 사람들은 다른 사람들은 전혀 눈치 채지 못하는 기회를 놀랍게도 잘 포착해내는 것이다.

자신의 분야뿐만 아니라 세상 전체를 따뜻한 시선으로 바라보는 사람은 불평불만보다는 감탄, 호기심, 경외, 신기함을 갖게 된다. 이들은 타인이 만들어낸 광고, 디자인, 의견, 상품, 서비스 등 그 어떤 것에 대해서도 비판보다는 "어떻게 저런 아이디어를 만들어낼 수 있을까? 참 대단하다!"는 감탄을 자주 한다. 이들은 마치 초강력 자석이 주변의 철 성분을 끌어들이듯이 새로운 아이디어들을 끌어들인다. 신기하게도 이들은 상대방의 아이디어를 평면적으로 받아들이는 것을 넘어, 그 아이디어가 자신에게 말을 걸어오는 것처럼 대화를 나눈다. 그리고 그 과정에서 타인의 아이디어를 뛰어넘는 자신만의 아이디어를 발견하게 된다.

기회를 포착하는 데 익숙한 사람들은 기회 포착을 통해서 여러 번의 성공 경험을 축적한 사람들이다. 그들은 작은 아이디어가 얼마나 큰 힘을 낼 수 있는지를 잘 알고 있기 때문에 '세상에 사소한 것은 없다.'는 굳센 믿음을 갖고 살아간다. 그래서 남들이 별것 아닌 것처럼 여기는 것들에도 정성을 기울인다.

또한 기회를 포착하는 데 익숙한 사람들은 기회를 잡는 행위를 즐긴다. 즐거운 오락이나 취미 활동처럼 즐겁고 유쾌하게 여긴다. 주변을 따뜻하게 바라보되 무엇이든 예리하게 잡아내는 것은 기회 포착에 익숙한 사람들의 전형이다.

기회를 포착하는 방법을 익히고 이를 실행에 옮기며 스스로 자신을 훈련시키는 사람이 되는 것은 어느 누가 도움을 준다고 되는 일이 아니다. 일상과 직업, 그리고 학교의 모든 생활에서 스스로를 연마하는 일에 더 많은 시간과 관심을 쏟는 사람만이 갖출 수 있는 멋진 능력이다. 그런데 "이번에 하지 않으면 다음에 하지요."라는 무덤덤한 반응으로는 결코 기회가 눈에 들어오지도 않을뿐더러 자신의 것으로 만들 수도 없다.

나는 학교에서 가르쳐주지 않는 능력에 대해 아들들과 자주 이야기를 나누는 편인데, 이때 꼭 들어가는 것이 기회를 포착하는 능력이다. 포착하는 능력 이전에 필수적인 것은 "다시는 결코 기회가 오지 않는다."라는 절실함이라고 생각한다. 테크닉은 배우면 되지만 절실함은 배우는 것이 아니라 스스로 만들어내야 하는 것이기 때문이다.

스토리가 있는 삶을 살아라

나는 훌륭한 리더가 되기 위해 각고의 노력을 기울인 사람들을 오랫동안 보아온 탓에 평탄한 삶을 살아온 사람에게서는 큰 흥미를 갖지 못한다. 뛰어난 학벌을 가진 분들의 경우에는 '다른 분보다 좀 똑똑한 사람이구나'라고 생각하는 정도이다. 내가 주목하는 사람은 자신만의 독특한 인생 스토리를 가진 사람이다. 자신만의 궤적이 뚜렷한 사람들에게 우리는 자연히 관심을 갖게 된다. 관찰자의 입장에서 보면, 자신만의 독특한 행보를 걸어온 사람은 흥미로울 수밖에 없다. 그런 사람들에게는 필연적으로 아슬아슬한 순간들이 많았을 것이다.

모든 사람은 스토리를 좋아한다. 강연장에서 어떤 내용을 전달할 때도 그냥 얘기하는 것보다 스토리 형식으로 전달하면 훨씬 호소력이 있다. 그런 경험을 통해 나는 인간의 본성 안에 스토리를 사랑하는 부분이 있음을 이해하게 되었다. 대부분의 문화권에서는 그 나름의 독특한 이야기 체계 즉, 신화를 갖고 있다. 이런 점들을 고려하면 본래 인간이란 세상이 어떻게 돌아가고 있는지를 이해하기 위해 이야기를 만들어서 이를 전수해왔음을 알 수 있다.

그런데 스토리를 만든다는 것은 무엇을 뜻하는 것일까? 그냥 스토리가 아니라 도전을 감수한 여러 번의 시도가 있어야 별도의 스토리 구성이 가능하다. 1막, 2막, 3막처럼 말이다. 세상 사람들이 은퇴 전과 후를 인생 1막 혹은 인생 2막으로 표현하는데, 그 안에 무수한 장면을 만들어낼 수 있다. 도전은 적절한 위험을 감수하는 것을 뜻하며 때로는 세상 사람들이 가는 것과 다른 길을 선택하는 것을 뜻하기도 한다. 스토리를 만들어내는 핵심은 전체 스토리를 어떻게 만들어갈 것인가에 대한 큰 그림을 그리는 것이다. 그리고 이를 잘게 나누어서 작은 그림을 완성하는 일련의 과정을 거쳐야 한다. 그런데 모든 작은 그림의 중심에는 리스크를 기꺼이 감수하면서 행하는 도전이 있어야 한다.

되돌아보면 그냥 편안하게 지냈던 생활은 별로 기억에 남지 않는다. 반면 불확실함과 불안정함에 맞서 무엇인가를 성취하기 위해 도전하는 시간들은 세월이 흘러도 강하게 기억에 남는다. 수십 년이 흐른 지금도 불확실성을 향해서 발걸음을 내딛을 때 느꼈던 그 진한 감정들을 아직도 강렬하게 느낄 수 있다. 삶에는 그런 순간들이 반드시 필요하다.

사람들은 성공한 사람들의 성공 스토리에만 주목한다. 그래서 성공을 향해 나아가는 과정에서 겪었던 처절했던 순간들은 그냥 지나치고 만다. 하지만 나는 한 인물의 자서전을 읽을 때 유난히 처절한 순간들에 주목하고 그것을 오래 가슴에 담곤 한다.

버락 오바마 Barack Obama 미국 대통령의 자서전인《내 아버지로부터의 꿈》을 읽다 보면 그가 뉴욕의 한 컨설팅 회사를 그만두고 원래 하고 싶었던 일을 좇아 인권운동을 하는 비영리단체를 찾아가는 장면이 나온다. 그는 이곳저곳에 이력서를 넣고 기다렸지만 아무데서도 연락이 오지 않았다. 실업 상태는 길어져서 6개월에 이르게 되었다. 수중에 돈은 떨어지고 기다리는 것 이외에는 별다른 방법이 없었던 시절의 오바마에게 닥친 암담함과 불안감이 묘사되는 장면에 이르게 되면, 젊은 날 직장을 구하기까지 엄청난 가슴앓이를 해봤던 사람들은 가슴이 먹먹해질 것이다. 훗날 그가 "나는 실업자 신세였기 때문에 겨우 통조림을 사서 수프를 끓여먹으며 생활을 이어갔다."고 회고할 정도로 당시 상황은 가혹했다. 상대가 나를 선택해주어야 하는 대부분 일이 그렇듯, 기다림에는 필연적으로 불안감이 함께하기 때문이다. 하지만 그때 그가 다국적 기업을 상대로 하는 컨설팅 회사에 안주하였더라면 오늘날의 오바마는 없었을 것이다.

도전하는 시간은 스토리를 만들어내는 데 필수적이다. 도전이란 단어는 생소한 세계를 향해 한 발자국을 내딛는 것을 뜻하기 때문에, 현재의 편안함에 젖어 있는 사람들은 쉽게 시도하기 어렵다. 편안함을 넘어 더 멀리 생각할 수 있어야 하는데, 이게 모든 청년들에게 가능한 일은 아니라고 생각한다.

다양한 스토리를 만들어온 사람들의 삶에는 자부심과 자긍심이 함께한다. 그들의 삶을 보면 후회할 만한 일들이 없거나 적다. 그렇다면 우리는 자연스럽게 자신과 타인에게 물어볼 수 있다. "그렇게 힘들게 살 필요가 있는가?"라고 말이다.

어떻게 사는 것이 올바른 삶인가에 대해 옳고 그름은 없다. 단지 선택이 있을 뿐이다. 스토리를 만들어내는 데 관심이 없는 사람의 삶에도 가치는 있다. 그렇지만 스토리가 없는 삶을 살아온 것을 후회하지 않겠느냐고 스스로에게 물어야 한다. 알고 지내던 사람의 괄목할 만한 성취를 보면서 부러워하지 않을 자신이 있는가? 정년 퇴직 이후 길게 남은 삶 속에서 '그때 그걸 했어야 했는데' 하는 아쉬움이 없을 것인가? 이런 질문에 대해 솔직하게 답을 구해야 한다.

스토리가 있는 인생에는 본래 타고난 욕심이란 요소가 차지하는 비중이 제법 높다. 자기 삶에 대해 욕심이 있는 사람들은 평범한 인생에 만족하지 않는다. 그들은 자신의 인생에 대한 기대 수준이 높기 때문에, 힘들더라도 스토리를 만들어내기 위해 전력투구한다. 이때 주변 사람들로부터 "살 만한데 왜 그렇게 사느냐?"는 핀잔을 듣기도 한다. 하지만 그들은 자신의 삶을 고집한다. 증명할 수는 없지만 그렇게 사는 것이 올바른 삶이라고 생각하기 때문인 것 같다.

젊은 날은 세상 기준으로 볼 때 좀 거칠다고 할 정도로 무언가에 세게 도전해볼 필요가 있다. 나이가 들면 거칠고 싶어도 거칠어질 수가 없다. 심적으로나 육체적으로 노쇠해지기 때문이다. 40대만 돼도 책임을 져야 할 것이 많아지기 때문에, 일의 앞뒤를 재는 경우가 빈번해진다. 또한 50대가 되면 책임 문제뿐만 아니라 나이가 들었다는 것을 심리적으로 크게 느끼기 때문에 보수적으로 바뀔 수밖에 없다.

젊은 날은 영원할 것 같지만 언젠가는 소멸된다. 일본 디자이너 나가오카 겐메이長岡賢明는 《디자인하지 않는 디자이너》라는 책에서 젊은 날을 두고 "추억이라는 것은 자신의 인생에서 무리한 일을 했던 순간을 되돌아보는 것이다. 기진맥진할 때까지, 될 수 있는 만큼 달려 놓는 것이다."라고 말했다. 정말 멋진 지적이다. 혹자는 사치스러운 이야기라고 할지 모르지만 추억할 거리를 만들어놓고 그것을 회상할 정도가 되어야만 나중에 후회를 하지 않는다. 그러니 좀 더 정열적으로 여러분만의 인생 스토리 만들기에 도전해보길 바란다.

나와 타인을 확실히 구분짓는 특별함을 갖춰라

"세상은 주고받는 계약관계야. 타인의 선의를 기대하는 것은 자유지만 줄 것이 없는데 어떻게 받기를 기대하겠니. 부모는 너를 어느 누구보다 사랑하고 아무 조건 없이 뭔가를 주려고 하지. 그러나 타인과의 관계는 주고받는 관계임을 잊지 말아야 한다."

내가 아들들과 자주 나눈 대화의 일부분이다. 이 말을 통해 나는 타인에게 제공할 수 있는 '그 무엇(실력)'과 그것을 만들어내는 데 꼭 필요한 '그 무엇(습관)'을 갖출 수 있을 때 인간은 진정한 의미에서 자유로울 수 있다는 것을 설명하고 싶었다.

나는 자식들에게 귀에 못이 박힐 정도로 반복해서 "좀 더 자유로운 인생을 원한다면 그것에 걸맞은 비용을 젊은 날부터 기꺼이 부담할 수 있어야 한다."고 말해주었다. 부모로서 자식을 도와줄 수 있지만 결정을 내리는 일과 실행까지 대신해줄 수는 없는 일이다.

다른 사람과 뭔가 달라야 다른 결과를 얻을 수 있다. 우리 모두는 잘되기를 소망한다. 행복하기를, 성공하기를, 어떤 목표를 성취하기를 바란다. 우리가 원하는 거의 모든 것은 어떤 결과물이고, 우리는 그 결과물에 대해 일정한 기대 수준을 갖고 있다.

합리적인 사람이라면 당연히 인과관계로 매사를 이해하는 데에 익숙하다. '뿌린 대로 거둔다'는 격언처럼 무엇인가를 뿌려야 무엇인가를 거둘 수 있다. 이처럼 명백한 사실에도 불구하고 우리는 자주 이런 사실을 잊어버린다. 소망하기만 할 뿐 그것을 위해 구체적으로 어떤 노력을 기울여야 하는지에 대해서는 소홀하다. 여러분은 남들과 다른 인생을 만들어가기를 소망하는가? 그것도 간절히 소망하는가? 그렇다면 정공법을 선택하라. 성공이나 성취를 하나의 생산물로 생각하고 그런 생산물을 만들어내는 투입물에 관심을 가져보라는 것이다.

이것은 자신의 삶을 정직하게 바라보도록 돕는 방법이기도 하고, 기대하는 결과를 얻기 위하여 무리하게 서둘지 않도록 돕는 방법이기도 하다. 자신과 타인을 확실히 구분할 수 있는 특징을 최소한 몇 가지 정도는 갖고 있어야 한다. 흔히 말하는 뚜렷한 차별화에 해답이 들어 있다.

두세 개도 좋고 대여섯 개도 좋고 많게는 열 개 이상이라도 좋다. 생활과 업무, 그리고 인간관계에서 자신과 다른 사람을 구분할 수 있는 몇 가지 습관을 만들기 바란다. 여기서 습관은 삶을 규정하는 원리나 원칙 등을 말한다.

인풋(input, 투입요소)에 관심을 갖는 일은 자신에게 정직해지는 방법이기도 하고, 서둘지 않도록 돕는 방법이기도 하다. 또한 과정에 최대한 충실하도록 만들어주는 방법이기도 하고, 과정에서 행복감을 느끼게 해주는 방법이기도 하다. 인풋에 관심을 갖는 일은 과정에 관심을 갖는 것을 말한다. 우리는 자신도 모르는 사이에 과정과 노력에 대한 고려 없이 결과물에만 눈길을 주곤 한다. 이럴수록 좌절감을 맛볼 가능성이 높다. 하지만 과정에 관심을 갖게 되면 '어떤 상황에 처해 있든지간에 세상은 한번 살아볼 만하다'는 결론을 끌어낼 수 있다. 반대로 목표에만 눈길을 주면 현실과 목표 사이의 건널 수 없는 격차 때문에 낙담하기 쉽다.

최대한 충실한 군 생활, 성공적인 취업, 원하는 학점 등은 모두가 각각의 결과물에 해당한다. 그러면 이런 것들을 만들어내기 위해 내가 주도권을 쥐고 행할 수 있는 구체적인 방법에는 무엇이 있을까? 이런 생각을 하면서 목표를 달성하려는 사람은 과학적이고 합리적인 사고를 가진 사람들이다. 단순히 목표에만 매달려서 소망하는 사람과 근본적인 차이를 보이게 된다. 합리적인 사람은 허황된 것을 기대하지 않는다.

우리가 수학이나 과학과 같은 과목을 정규 교과 과정에서 배우는 것은 이성의 힘을 강화시키기 위함이다. 이성이 가진 힘의 중심에는 합리적인 정신이 있다. 요행을 바라며 공부하는 것은 비합리적인 정신에서부터 비롯된다. 따라서 성장한다는 것은 개인적으로나 사회적으로 합리적인 방법을 찾아서 사용하는 것을 말한다.

얼마 전 흥사단이 초, 중, 고교생 2,000명을 대상으로 조사한 설문조사에 '10억 원이 생긴다면 1년간 감옥행도 감수할 수 있다'라는 항목에 대해 반응을 물은 적이 있다. 놀랍게도 '감수할 수 있다'고 대답한 학생 비율이 무려 44퍼센트나 되었다. 놀라운 것은 학년이 올라갈수록 이런 답변을 한 비율이 높았다는 것이다. 나이를 먹을수록 윤리의식이 더 낮았다. 참으로 안타까운 결과가 아닐 수 없다.

여러분의 생각은 어떤가? 과연 그 10억 원이 온전한 자기 것이 될 수 있을까? 원인과 결과의 관계로 보면 10억 원이 공짜로 자기 돈이 될 가능성은 거의 없다. 상식이나 순리에 비춰보면 세상에는 공짜가 없기 때문이다. 세상을 살다 보면 "이번 한번만 하고 손을 턴다."고 말하면서 자신의 나쁜 짓을 무마하려는 사람들을 만날 때가 있다. 이들은 대부분 그 한 번 때문에 자신의 경력과 명예 전부를 흙탕물에 집어 던져버리는 잘못을 범한다. 그 한 번이 결코 한 번으로 끝나지 않는 것이다.

이런 현상에 대해 기업이론으로 인생경영을 설명하는 클레이튼 M. 크리스텐슨 교수는 '한계비용 대 총비용 이론'에서 해법을 찾는다. 큰 이득을 눈앞에 둔 경우 대다수 사람들은 한계비용에 주목하고 총비용에 눈을 주지 않는다. 그러나 '딱 이번 한 번만 하고'라는 그 한 건 때문에 전체를 잃어버리는 경우가 빈번하게 발생한다. 똑똑하고 전도유망했지만 그 한 번 때문에 경력 전체를 허공에 날려버린 사람을 목격했기 때문에 더 가슴에 와 닿는 주장이다. 크리스텐슨 교수는 그 한번이 얼마나 위험한지를 이렇게 말한다.

"우리는 무의식적으로 사생활에 한계비용 원칙을 적용한다. 머릿속에서는 '봐라, 일반적으로 대부분의 사람들이 이렇게 하면 안 된다는 걸 안다. 그러나 이번처럼 특별히 어쩔 수 없는 상황에서는 한 번만 그렇게 해도 좋다.'라는 말이 들린다. 그리고 머릿속에서 들리는 목소리가 옳은 것 같다. '이번 한 번만' 뭔가를 잘못해서 치르는 대가는 보통 엄청 작아 보인다. 결국 그 유혹에 빠지면 궁극적으로 가게 될 방향이나 내리게 될 선택에 따르는 총비용을

보지 못한다."⁵

윤리나 도덕이라는 것이 크게 중요한 것이 아니라고 여기는 사람들도 있다. 그러나 결정적인 순간에 그것이 사람을 살릴 수도 있고 죽일 수도 있다. 자신을 차별화할 수 있는 부분에 윤리와 관련된 것도 반드시 포함되어야 한다. '나는 절대로 넘지 않아야 할 선을 넘지 않는다'거나 '호의에 의한 경우라도 절대로 부당한 이익을 취득하지 않는다' 등과 같이 말이다. 인풋의 모든 것은 앞에서 부분적으로 이야기한 것처럼 구체적인 습관으로 표현할 수 있다. '~한다' 혹은 '~하지 않는다'와 같은 형식으로 만들어낼 수 있다.

차별화에 있어서 타인의 방법을 참조할 필요는 있다. 어떤 분야든간에 자기 분야에서 어느 정도의 성과를 거둔 사람들을 유심히 관찰해보라. 이들의 공통점은 다른 사람들과 뚜렷하게 구분되는 나름의 습관을 갖고 있다는 것이다. 이들이 가지고 있는 차별화의 핵심 포인트는 차별화된 습관에서 비롯된다. 좀 더 강하게 이야기하자면, 자신을 지킬 수 있을 뿐만 아니라 자신과 타인을 뚜렷하게 구분 지을 수 있는 비장의 무기 몇 가지는 최소한 갖고 살아야 한다.

습관은 반복을 통해서 만들어진다. 반복은 습관을 넘어서 한 인간의 품성과 같은 근본적인 것의 변화를 꾀할 수 있다. 더욱 매력적인 것은 어느 누구의 도움도 받을 필요가 없다는 사실이다. 좋은 습관을 갖는 것은 타인에게 폐를 끼치거나 타인과 경쟁할 필요가 전혀 없는 것이다.

좋은 습관을 갖고 그것을 자신의 것으로 만들어내는 것은 자신과의 경쟁이다. 더욱이 사적인 생활에 속하기 때문에 타인의 질투나 시기심을 피할 수 있다는 점도 매력적이다.

한번 마음을 정한 일은 화끈하고 야무지게 해내라

아이들이 한참 대학을 다니던 무렵의 어느 연말에 나는 가족들이 모인 장소에서 자식들에게 "지금까지 목숨 걸고 무엇인가를 추구해본 적이 있는지 생각해보라."고 말했다. 세월이 지나 가장 후회스러운 것은 어떤 일을 이루어내지 못한 것보다 자신이 가진 능력을 한껏 발휘하지 못했던 것이다. 여러분도 자신에게 한번 물어보라. "지금껏 내가 목숨 걸고 해본 일이 있는가?"

'이것은 꼭 해야 하는 일인가?' 신중하게 생각해봐도 반드시 해내야 하는 일이라고 판단되면, 정해진 시간 내에 자신이 가진 모든 것을 퍼부어서 그것을 성취하기 위해 노력할 수 있어야 한다. 한 번 두 번 이렇게 하다 보면 나중에는 자연스럽게 자신이 가진 에너지를 집중시키는 데 익숙해진다.

느슨하게 지내더라도 일단 목표가 정해지면 자신의 에너지를 모두 쏟아붓는 것은 유능한 인간으로 되는 멋진 방법이다. 하는 둥 마는 둥 에너지를 흘려버리지 말고 뭘 해야 한다면 화끈하게 하자. 이것을 제2의 천성처럼 자신의 것으로 확실히 만들어야 한다.

사람이 게임할 때 즐거움을 느끼는 것처럼 결과를 얻기 위한 모든 노력들을 게임처럼 운영해보자. 무엇인가에 몰입할 때 생기는 행복감을 체험한 사람이라면, 다른 작은 즐거움에 좀처럼 눈길을 주지 않게 된다. 그리고 높은 몰입도를 가지고 일을 하면 역량이나 능력이 커지게 된다. 한계치에 해당하는 무게를 들어야만 몸에 더 많은 근육을 만들 수 있는 것과 같은 원리이다.

나는 몰아붙이듯이 일을 해내는 데 일가견이 있다. 해야 하는가 혹은 하지 않아도 되는가를 찬찬히 살펴본 다음 하지 않아도 된다면 크게 개의치 않는다. 그러나 일단 해야 한다고 판단하면 전력투구한다. 누가 무엇이라 하더라도 야무지게 밀어붙일 수 있어야 한다.

그래서 나는 별다른 잡기雜技를 갖고 있지 않다. 언젠가 그 이유를 곰곰이 생각해본 적이 있다. 이유는 단순했다. 무엇인가에 몰입할 때 느낄 수 있는 행복감을 잡기를 통해서는 경험할 수 없었기 때문이다.

일단 게임이라면 어떤 게임이든 이기려는 자세가 필요하다. 그런데 열심히 해도 지는 경우가 있다. 여러분이 열심히 무엇인가를 준비한다고 해서 모두 성과로 연결되는 것은 아닌 것처럼 말이다. 그렇다 하더라도 이길 수 있다는 믿음을 갖고 과정에 최대한 충실한 가운데 극한까지 밀어붙여 보자.

'극한까지 밀어붙인다'는 것은 자신이 동원할 수 있는 모든 것을 다 동원해서 최상의 결과를 얻기 위해 노력하는 것을 말한다. 이렇게 노력하는 사람들은 결과가 좋으면 좋지만 그렇지 않아도 괜찮다고 생각한다. 이런 반응은 과정에 최대한 충실한 사람만이 보일 수 있는 것이다.

모든 일을 극한까지 밀어붙일 수는 없다. 우리가 가진 에너지는 제한되어 있기 때문이다. 극한까지 밀어붙이는 데 익숙한 사람은 선택과 집중에 능한 사람이기도 하다. 그런 사람은 자신이 모든 일을 다 잘할 수 없음을 안다. 또한 잘하지 않아도 되는 일이 세상에 많다는 사실을 알고 있다. 따라서 포기해야 할 일은 과감하게 포기한다. 대신에 아주 잘해야 하는 일이 무엇인가는 정확히 가려

낸다. 이렇게 가려낸 일을 잘하기 위해서 전략적인 사고를 갖고 헌신적인 태도로 임한다.

우리집에서 아이들과 대화를 나눌 때 반복적으로 등장하는 한마디를 소개하겠다. "우리 집안의 사람들은 머리가 평범하다."는 것이다. '평범함'이란 단어를 '쿨'하게 받아들여야만 자신을 극한까지 밀어붙이는 습관이 만들어진다. 나는 아들에게 늘 이런 이야기를 들려줄 뿐만 아니라, 몸소 내 삶을 통해서 이를 실천하고 있다. '내가 조금도 스마트한 사람이 아니라는 사실'을 기꺼이 인정하면 이를 대체할 그 무엇이 있어야 한다는 사실을 깨닫게 될 것이다. 나는 그 무엇을 '극한'이라는 단어에서 찾았다.

잘해야 하는 일을 극한까지 밀어붙이는 사람은 초점을 좁히는 데 익숙하다. 그는 자신의 한계를 정확히 알고 있기 때문에 초점을 좁히는 것을 당연하게 생각한다. 반면 작은 즐거움에 지나치게 익숙하고 잡기를 지나치게 가까이 하는 사람이라면 자신의 분야에서 큰 성취를 해낼 가능성은 줄어든다.

이렇게 치열하게 노력해야 하는 이유는 우리가 가진 역량이 한정되어 있기 때문이다. 한 인간이 동원할 수 있는 관심, 흥미, 의지, 열정, 그리고 시간 등은 모두 유한한 자원이다. 따라서 무엇인가를 성취하기 위해서는 그런 자원을 최적으로 배분해서 효율적으로 사용해야 한다. 이런 점에서 아주 머리가 좋아서 다재다능한 사람들보다, 목표를 정확하게 한정해서 밀어붙여야 할 대상을 정하는 사람들이 더 의미 있는 성과를 이룰 가능성이 높다.

해야 할 일을 극한까지 밀어붙이는 사람은 자신이 누리는 즐거움의 원천을 주의 깊게 선별한다. 그래서 당장 즐거움을 얻을 수 있는 활동도 때로 의도적으로 멀리한다. 이런 사람은 활동 영역을 넓힐 때 발생할 수 있는 어려운 상황을 좀 더 쉽게 벗어날 수 있다.

극한까지 밀어붙이는 사람은 어떤 일에서든 마지막 몇 퍼센트에서 승부가 결정될 수 있음을 알기 때문에 한시도 방심하지 않는다. 또한 그런 노력들이 설령 결실을 맺지 못하더라도 활동 자체가 자신을 단련하고 큰 기쁨을 선물해준다는 사실을 누구보다도 잘 알고 있다. '아, 내가 이런 능력을 갖고 있구나' 혹은 '내가 이런 사람이구나' 하는 자신에 대한 깨달음은 극한까지 밀어붙이는 일을 반복하면서 갖게 되는 귀한 자산이다.

배움이 나를 지켜준다

우리 모두는 즐거움을 추구한다. 물론 내가 권장하고 싶은 즐거움은 가능한 한 성장을 돕는 즐거움을 추구하는 것이다. 성장의 과정에서 즐거움을 찾을 수 있게 된다면, 그 즐거움은 인생을 평생 동안 행복하게 해줄 좋은 친구가 될 것이다. 나는 그런 즐거움 가운데 하나가 '읽는 즐거움'이라고 생각한다. 그래서 아이들을 키우면서 가장 크게 신경 쓴 부분이 아이 스스로 주제를 선택해서 책을 읽는 습관을 들이도록 돕는 것이었다. 책 읽는 즐거움은 내가 아이들에게 물려준 가장 귀한 유산 가운데 하나라고 자부한다.

대학 졸업을 앞두었을 무렵 큰 아이가 나에게 이런 이야기를 해주었다. "아버지 덕택에 늘 짬짬이 책을 읽었던 것이 큰 자산이라고 생각합니다. 이렇게 훈련받은 사람이 많지는 않은 것 같아요." 나는 아들의 이야기를 듣고 이렇게 답해주었다. "당장 취업하는 데는 얼마나 도움이 되겠니. 하지만 길게 보면 자신의 삶에 지혜와 행복을 더하는 데 큰 도움이 될 거다."

세상에서 누릴 수 있는 즐거움이 여럿 있지만 이 가운데서도 손꼽을 수 있는 것이 배우는 즐거움이다. 배움을 통해 계속 성장할 뿐만 아니라 자신과 주변 사람들에게 계속해서 기쁨을 주기 때문이다. 배움의 즐거움을 얻을 수 있는 원천 중 으뜸은 활자를 가까이 하고 무엇인가를 계속 읽는 것이다.

독서를 통해 무엇을 배울 수 있을까? 학교 공부의 범위를 넘어서 배움의 대상을 확장할 수 있다. 자신이 몸담고 사는 세상에 대한 이해의 폭을 넓히기 위해 배우기를 게을리 하지 않는 사람들은 독서를 통해 관심의 지평을 계속해서 확장한다. 또한 독서를 계속하면 꾸준히 성장을 계속하기 때문에 타인의 인정은 물론이고 자신에 대한 자존감을 생의 마지막까지 유지할 수 있다.

우리가 삶에서 만나는 다양한 것들에 대해 궁금함을 갖는 것은 당연한 일이다. 작가들 가운데 책을 쓰는 이유를 특정 부분에 대한 이해력을 높이기 위해서라고 답하는 사람들이 있다. 나도 그런 부류에 속한다. 내가 글을 쓰는 목적 가운데 하나는 어떤 주제에 대해 더 깊이 이해하고 싶기 때문이다. 읽는 것도 중요하지만 자기 생각을 책으로 정리해보면 특정 주제에 대해 더 깊이 이해할 수 있다. 그래서 나는 여러분이 배움의 즐거움에 '쓰는 즐거움'까지 더하기를 바란다. 참고로 나는 독후감 쓰는 훈련을 통해 아들들이 '쓰는 즐거움'을 접하게 하고 스스로 생각하는 힘을 가질 수 있도록 도왔다.

그런데 '읽는 즐거움'이나 '쓰는 즐거움'이 반드시 학생이나 작가들처럼 일부에게만 적용되는 이야기일까? 그렇지 않다. 모든 사람은 지식에 대한 기본적 욕구를 갖고 있다. 어떤 사업가가 사업을 한다면 사업을 더 잘할 수 있는 방법을 찾게 될 것이고, 이 과정에서 필연적으로 자신의 사업에 대한 더 깊은 지식을 알기를 원하게 된다. 부분을 아는 경우보다는 전체를 알 때에 성공할 가능성도 높고 더 큰 기쁨을 누릴 수 있기 때문이다.

배움이 우리에게 안겨주는 여러 가지 혜택 가운데 빼놓을 수 없는 것은 늘 겸손함을 갖도록 도와준다는 것이다. 모든 사람들이 배움과 함께 겸손함을 가질 수 있는 것은 아니다. 이따금 자신의 지식과 해박함을 과장된 언어와 행동으로 표현하는 사람들을 만날 때도 있지만, 대체로 배움은 자신의 유한함을 받아들일 수 있도록 돕는다.

나는 강연할 때 성공하면 할수록 배움에 대해 더욱 갈급함을 갖고 정진하라고 권한다. 이유는 성공이 가져다주는 어두움 가운데 하나가 교만함이기 때문이다. 스스로 절제하는 사람들도 많지만, 성공을 경험한 이후 자신의 성공에 취한 나머지 무리수를 두다가 어려움을 당하는 사람들도 많다.

배움은 자신의 한계와 겸손을 끊임없이 가르쳐주기 때문에 파면 팔수록 쏟아져 나오는 샘물과 같다. 인생이라는 길을 가다가 실족할 가능성을 크게 낮출 수 있도록 도와주는 것이 바로 계속해서 배우는 일이다.

배우는 것은 일종의 경험이다. 경험에는 직접 경험과 간접 경험

두 가지가 있다. 직접 체험하면서 배우는 것도 좋은 방법이지만 비용이 많이 들어간다. 시간과 돈을 투자하면서 배우는 방법이기 때문이다. 그러나 타인이 이미 치른 간접 경험을 통해 배우는 것은 시간과 세월을 아껴주기 때문에 훌륭한 학습법이다. 훌륭한 자서전을 읽는다는 것은 저자가 걸어온 길에서 무언가를 얻는 것을 말한다. 그가 경험하였던 성공과 실패에서 우리는 우리 자신을 되돌아보게 된다. 이런 사례가 차곡차곡 데이터베이스화되어 축적된다면 비슷한 상황에 처했을 때 현명함을 발휘할 수 있다. 그런 의미에서 역사서는 특히 더 권유할 만하다. 역사 속에서 일어나는 국가와 개인의 선택은 오늘을 살아가는 우리에게 큰 교훈을 주기 때문이다.

세상에서 충분히 검증받은 이론들 역시 자신의 현명함을 더하는 데 도움이 된다. 충분히 검증된 이론은 직접 경험하지 않더라도 사건이나 일의 인과관계를 예측하는 데 도움을 준다. '만약 이렇게 한다면'이란 가정 이후에 일어날 일들을 미리 가르쳐주기 때문이다.

배움에 대한 방법 즉, 공부법도 점점 진화하게 된다. 학교를 다닐 때는 책을 통한 배움이 주를 이루지만, 사회생활을 할 때는 자신에게 잘 맞고 효과적인 공부법을 찾아내서 하나하나 체계화할 수 있어야 한다. 누군가의 이야기를 듣고 배울 수도 있고, 질문하면서 배울 수도 있고, 관찰하면서 배울 수도 있다. 이렇게 배우는 방법이 다양해지면 그 사람은 전천후로 학습하게 된다. 학교를 벗어나고 난 다음에 배우는 방법을 더 체계화한다면, 정말 막강한 인재가 될 발판을 마련할 수 있다.

학교를 다닐 때는 시험도 있고 강의도 있어서 정해진 틀 안에서 배우게 된다. 그러나 일단 학교를 졸업하고 나면 상당한 자유가 주어진다. 이때 배우는 습관이 몸에 배어 있고 효과적인 공부법을 가진 사람들은 정말 빠른 속도로 성장하게 된다. 정규 교육 과정에서도 사람의 노력에 따라 차이가 나는데, 하물며 길고 긴 시간에 선택할 자유까지 대폭 허용된다면 사람마다 얼마나 큰 차이가 나겠는가? 내가 쓴 책에는 공부에 대한 권면이 이렇게 나와 있다.

"우리는 모두 오래도록 사랑받고 존경받는 대상이 되기를 소망한다. 사회인으로서 우리에게 반드시 필요한 것은 계속해서 '쓸모 있음 usefulness'의 자리에 자신이 남는 일이다. 공부하라. 공부는 사람들에게 필요하고 아쉬운 가치를 계속해서 공급할 수 있는 능력을 갖추는 일이다."[6]

청년기부터 배움을 통해 스스로를 만들어가려고 노력하는 사람이 되기를 권한다. 배워서 계속해서 성장하는 사람만이 변화하는 세상으로부터 스스로를 보호할 수 있을 것이다. 지식의 수명주기가 날로 짧아지는 것을 고려하면, 어느 누가 자신을 보호해줄 수 있겠는가? 끊임없는 배움만이 이런 역할을 맡아줄 것이다.

《당신의 인생을 어떻게 평가할 것인가》 클레이튼 M. 크리스텐슨 외 지음, 이진원 옮김, 이호
욱 감수, RHK, 2012
　이 시대 최고의 경영 구루인 클레이튼 크리스텐슨 하버드경영대학원 석좌교수
가 펴낸 인생 경영에 대한 책이다. 경영학의 '이론'을 우리 인생의 중요한 국면
에 접목하여 현재의 일, 가정, 관계를 점검하도록 돕는다.

《나는 정직과 성실로 미국을 정복했다》 백영중 지음, 중앙M&B, 1999
　성공한 엔지니어이자 재미사업가인 펩코철강 창업자 백영중 회장의 자서전이
다. 우리가 처한 상황은 모두 다르지만, 그럼에도 불구하고 삶을 어떻게 살아야
하는가에 대해 많은 교훈을 얻을 수 있는 책이다.

《인생을 최고로 사는 지혜》 새뮤얼 스마일즈 지음, 공병호 편역, 비즈니스북스, 2003
　성공학 고전 중에 고전으로 꼽히는《자조론》의 핵심 내용을 현대적으로 편역한
책이다. 자조 정신으로 삶을 바꾼 걸출한 인물들의 풍부한 사례가 잘 정리되어
있다.

《자기 책임의 원칙》 라인하르트 K. 슈퍼렝어 지음, 홍명희 옮김, 생각의 나무, 1999
　책임과 선택을 포함해서 우리가 받아들이고 싶지 않은 삶의 진실들을 솔직하
게 다룬 자기계발서이다. 특히 상황에 책임을 돌리는 데 익숙한 사람들의 정신
을 번쩍 차리게 해주는 책이다.

《스티브 잡스》 월터 아이작슨 지음, 안진환 옮김, 민음사, 2011
스티브 잡스가 인정한 유일한 공식 전기이다. 스티브 잡스의 내면세계와 활동, 그리고 영향력 등을 충실하게 정리한 책으로서 매우 유익하다.

《학문의 즐거움》 히로나카 헤이스케 지음, 방승양 옮김, 김영사, 2008
공부하는 즐거움에 대해 생각해보는 계기를 제공하는 책이다. 즐겁게 공부하다 인생에도 도통하게 된 어느 늦깎이 수학자의 인생이야기로, 잔잔한 감동과 생각할 거리를 제공하는 책이다.

《내 아버지로부터의 꿈》 버락 오바마 지음, 이경식 옮김, 랜덤하우스코리아, 2007
아프리카계 혼혈 미국인으로 태어나 수많은 차별과 편견을 딛고 주목받는 정치인이 된 버락 오바마 대통령의 자서전이다. 어려웠던 시절의 버락 오바마의 삶이 담겨 있어서, 젊은이들에게 인생과 도전 그리고 젊음에 대해 생각할 수 있는 기회를 제공한다.

필자가 쓴 관련 서적

《공병호의 공부법》 21세기북스, 2012
일반인을 위한 공부법에 관한 책이다. 좁은 의미의 공부법인 독서를 포함해서 직장인으로서 혹은 사업가로서 어떤 방법을 사용해서 끊임없이 지식과 정보를 습득할 것인가를 다루고 있다.

《고전강독3》 해냄, 2011
아리스토텔레스의 대표작인《니코마코스 윤리학》을 현대적으로 재해석한 책이다. 행복에 대한 올바른 지식이 담겨 있어 삶의 많은 문제들, 이를테면 직업관과 인생관을 정립하는 데 도움을 준다.

《주말 경쟁력을 높여라》 해냄, 2004
인생의 3분 1에 해당하는 주말을 어떻게 효과적으로 보낼 것인가를 다룬 실용서이다. 마치 포트폴리오를 구성하듯이 시간을 배분해서 장단기 목표 사이에서 균형을 이루는 방법을 다루고 있다.

PART 4

세상을
올바르게
바라보는 창

하나의 세계관(비전)은 '분석할 필요도 없이
누구나 분명하게 인정하고 있는 작동원리'로 설명되어 있다.
그것은 우리가 이론이라 부를 수 있는
어떤 체계적인 논거를 구성하기 이전에
우리가 알고 있거나 느끼고 있는 것이다.

_ 토마스 소웰 ● 경제학자, 1950~

　　　　　　짙은 선글라스를 끼고 바라보는 세상은 맨눈으로 바라보는 세상과 크게 다르다. 같은 세상(혹은 현실)에 살더라도 사람은 각자가 갖고 있는 '세상을 바라보는 창窓'에 따라 전혀 다르게 세상을 이해하고, 판단하고 행동한다. 여기서 '세상을 바라보는 창'은 '프레임frame'이란 용어로도 설명할 수 있다.

　프레임의 옳고 그름을 판단하는 기준은 무엇일까? 현실과 동떨어진 프레임은 잘못된 생각, 판단, 그리고 행동을 낳지만 현실을 제대로 반영한 프레임은 현명한 생각과 판단 그리고 행동을 낳는다. 이론이 올바른 인과관계를 가르쳐주듯이 프레임 역시 이해, 판단, 그리고 행동에 대한 올바른 인과관계를 가르쳐준다. 예를 들어, 현실 세계는 무더운 여름이지만 프레임은 한 겨울이나 스산한 가을로 해석할 수도 있다. 그런 잘못된 해석이 가져올 수 있는 폐해를 생각하면 프레임의 왜곡은 예사롭게 넘길 수 있는 일이 아니다.

'세상을 바라보는 창'은 세월과 함께 점점 견고해지는 성향을 갖고 있다. 따라서 올바른 프레임을 갖기 위해 의도적인 노력을 하지 않으면 타고난 본능에 맞는 프레임을 갖게 된다. 물론 타고난 본능이 모두 나쁜 것은 아니다. 그렇지만 본능이 생겨날 무렵의 환경과 현대의 환경이 크게 바뀐다는 점을 고려하면 올바른 프레임에 대한 지적 투자는 꼭 필요한 일이다.

프레임에 대한 이야기는 '생각에 대한 생각'을 뜻한다. 이번 장에서 프레임의 주요 구성 요소 모두를 다룰 수는 없지만, 젊은 그대들이 반드시 알아야 할 주요 부분들을 이야기하려 한다. 혹자는 저자와 다른 '프레임'을 갖고 있을지도 모르겠다. 프레임이란 것에 한 가지 정답이 있을 수 없다. 건전한 비판적 사고로 읽어주기 바란다.

한국사 제대로 공부하기

한국 사회를 어떻게 평가할 것인가? 누구든 자신이 살고 있는 사회에 대해 호감과 비호감을 가질 수 있다. 이는 과거를 어떻게 평가하는가와 현재를 어떻게 받아들이는가에 크게 영향을 받는다. 여기서는 과거를 어떻게 해석할 것인가에 대해서 살펴보도록 하자.

데이비드 핼버스탬David Halberstam이 쓴《콜디스트 윈터》을 읽으면서, 나는 우리 역사에 대해 다시 생각해보았다. 한국전쟁을 상세하게 다룬 이 책은 분량이 무려 1,000페이지가 넘을 정도로 두껍지만, 상당히 재미있게 쓰인 책이다. 나는 책을 읽는 내내 '이 작가는 얼마나 뛰어난 실력을 가지고 있기에 먼 곳에서 벌어진 한국전을 이다지도 소상하게 그릴 수 있을까?' 하는 생각을 했다. 또한 한국인임에도 불구하고 외국인인 저자보다도 한국전쟁에 대해 무지했다는 것을 새삼 반성하게 되었다. 집필을 위해 그 책을 다시 꺼내 보다가 이런 생각을 했다. '나는, 아니 우리는 한국전쟁에 대해 제대로 배워볼 기회가 없었구나!'

나는 이 책을 읽으면서 다소 충격을 받기도 했다. 멋지게 번역된 책이었음에도 불구하고 첫 장이 시작되는 중국군과의 교전을 다룬 부분부터 '국군'이 '남한군'으로 번역되어 있었기 때문이다. 최근에 들었던 한 정치인의 '남측 정부'라는 용어가 생각나는 표현이었다. '북한군'이 '인민군'으로 번역되어 있었음은 물론이다. 이 부분은 2쇄에서 빠르게 교정되었지만 나는 '젊은 번역자들이 무심코 듣고 배웠던 역사 교육에서 이렇게 배우지는 않았을까?' 하는 걱정이 들었다.

한국의 근현대사를 어떻게 이해할 것인가? 그리고 일제 치하를 어떻게 이해할 것인가? 이것은 대단히 논쟁적인 부분들이고, 아직도 학계에서 치열한 공방이 벌어지고 있는 부분이다. 나는 한국사를 전문적으로 연구하는 역사학자가 아니기 때문에, 그저 한 개인으로서 내가 가진 생각을 여기에 정리해보려 한다.

아들이 자대에 배치되고 난 후 얼마의 시간이 흘렀을 때, 좋은 한국사 책을 골라서 보내주면 좋겠다는 부탁을 받았다. 기특하게도 우리 역사에 대해 제대로 공부해보겠다는 생각을 한 모양이다. 그래서 아들에게 보내준 책이 모두 네 권이다. 박지향의《해방전후사의 재인식1, 2》, 이영훈의《대한민국 이야기》와《대한민국 역사의 기로에 서다》이다. 앞의 두 권은 조금 딱딱한 책이지만, 뒤의 두 권은 손쉽게 읽을 수 있도록 쉽게 쓰인 책이라 부담이 덜할 듯했다.

우리가 역사를 이해하는 데 있어 가장 중요한 것은 균형 잡힌 역사관을 갖는 것이다. 더불어 자신이 몸담고 있는 사회가 역사적으로 어떻게 형성되었는지를 제대로 이해하는 일도 중요하다.

미국의 조지 워싱턴 George Washington 초대 대통령이나 패전 독일을 위기에서 구한 콘라드 아데나워 Konrad Adenauer 초대 서독 수상과 같이, 한국의 이승만 대통령도 건국의 아버지 반열에 설 수 있었던 인물이다. 그러나 앞의 두 사람과 달리 이승만 전 대통령은 훗날 장기집권을 위해 3.15 선거를 부정하게 이용했다는 것이 들통나 같은 해 4월 26일 하야 성명을 발표한 후 불명예스럽게 대통령직에서 물러났다. 이것은 이승만 자신에게뿐만 아니라 대한민국 역사에도 씻을 수 없는 오점을 남기고 말았다. 역사에 만약이 있을 수 없지만, 그가 '주변 사람들의 아부와 권력욕에 따라 장기집권을 추구하지 않았다면' 대한민국의 현대사 전체가 다른 차원으로 전개되었을지도 모른다. 대통령으로서 하지 말아야 할 부정을 저지르긴 했지만, 나는 이승만 대통령이 대한민국의 건국과 이후 초기 몇 년간 나라의 기초를 다지기 위해 헌신한 공로까지 부정되어서는 안 된다고 생각한다.

펜실베이니아대학의 이정식 명예교수는 자신의 저서 《대한민국의 기원》에서 해방 직후 소련의 움직임을 관찰해볼 때 당분간 남북한의 재통합이 불가능하다는 판단을 내렸다고 밝히고 있다. 이런 이유로 이정식 교수는 남한 단독 정부의 수립을 서둔 이승만의 기여를 긍정적으로 평가하고 있다. 참고로 1946년 6월 3일 정읍에서 "남한에서만이라도 독립정부를 세워야 한다."고 이승만이 주장하였을 때 이에 동조한 인사는 아무도 없었다. 이정식 교수는 바로 이런 당돌한 시도야말로 대한민국 건국사에서 가장 핵심적인 문제제기라고 말하면서 이승만의 공을 다음과 같이 평가하고 있다.

"이승만은 독촉을 통해서, 워싱턴 연락사무실을 통해서, 그리고 자신의 도미행정을 통해서 독립을 위해 힘을 기울였다. 그런 노력이 계속된 후에 미국은 남한에서의 정부 수립에 관한 안건을 유엔에 제출했고 그 결과로 남한에서 5.10 선거가 이루어졌으며 대한민국 정부가 수립되었다. 따라서 미국이 남한에서의 정부 수립을 위한 조치를 취한 것은 이승만의 공로였다고 볼 수도 있다."[1]

이승만에 대한 평가와는 별개로, 대한민국의 형성 과정에 관심 있는 사람이라면 대한민국의 건국 전후를 다룬 이정식 교수의《대한민국 기원》과 이한우 기자의《우남 이승만, 대한민국을 세우다》를 읽어볼 것을 권한다.

이승만을 능가할 정도로 아직도 그 평가에 대해 격렬한 논쟁을 일으키는 인물은 박정희 전 대통령이다. 1960년 군사쿠데타로 집권해 18년 6개월 동안 장기집권을 하면서 현대 한국 경제와 사회의 틀을 만든 이가 바로 박정희다. 그러나 그의 장기 집권 과정에서 핍박을 받았던 사람들이 아직도 살아 있기에, 박정희에 대한 평가는 사람에 따라서 극명하게 달라진다. 그를 경제의 기틀을 다진 훌륭한 대통령으로 생각하는 사람도 있지만, 강압적인 통치로 민중을 핍박했던 독재자로 여기는 사람도 많다.

그의 공과를 어떻게 평가하든지 박정희가 현대 대한민국 경제의 기본 틀을 다진 인물이라는 사실을 부인하기는 어렵다. 만일 5.16 군사 쿠데타가 없었다면 한국이 현재와 같은 산업구조를 갖춘 근대 국가로 성장할 수 있었을까? 군사정부가 등장하지 않았더라도 경제발전이 가능했을 거라고 주장하는 사람들은, 경제성장을 향한 최초의 움직임이 이미 이승만 정권에서 시작되었다는 점을 지적한다. 실제로 이승만 정부 시절 부흥부내에 산업개발위원회를 두고 경제개발을 위한 7개년 계획과 3개년 계획을 추진하기도 했다. 그러나 허약한 민주주의 체제하에서 이승만 정권이 과연 단기적인 이익을 넘어 장기적인 이익을 추구할 수 있을까라는 의문은 여전히 남는다.

지금으로부터 50년 전의 한국을 생각해보자. 당시 한국은 선거 때마다 술과 음식 그리고 고무신이나 돈과 같은 뇌물이 공공연하게 오고갈 만큼 청렴하지 못했고, 사회적 불안 소요가 극심했다. 이 상황에서 별다른 사회적 인프라를 갖추지 못한 경제후진국이 성장을 위해 장기 계획을 수립하는 일은 쉽지 않았을 것이다. 개인적으로는 거의 불가능한 일이었을 거라고 생각한다.

개인이 아무리 능력이 있더라도 정치 및 경제 체제와 정책이 왜곡되면 자신의 능력을 제대로 발휘하기는커녕 점점 위축될 수밖에 없다. 이런 면에서 보면 1960년대부터 나라의 경제 기틀을 다지기 위한 각종 정책을 강력하게 추진한 박정희의 공로는 인정할 만하다. 그러나 안타깝게도 그 과정에서 인권 유린이나 노동운동 탄압 등과 같은 부작용이 있었다.

한편 오랫동안 풀리지 않는 해묵은 논쟁이긴 하지만 여전히 우리 사회에는 친일파 혹은 친일 문제를 두고 서로 다른 시각들이 팽팽하게 대립하고 있다. 조선 말기부터 36년간 이어진 일제강점기는 전 국토를 황폐하게 만들 만큼 긴 시간이었다. 그러니 당시를 살았던 사람들이 한국의 독립 가능성에 대해 얼마나 믿음을 가질 수 있었을까? 일제 지배가 길어질수록 독립에 대한 열망 또한 줄어들고 있지 않았을까?

이런 측면에서 우리는 친일을 논의할 때, 일제에 적극적으로 영합한 사람들과 오로지 그 시대를 살아남기 위해 소극적으로 동조하거나 별다른 저항을 하지 못한 채 살아야만 했던 대다수의 민중들을 구분해서 이해할 필요가 있다. 나라를 팔아먹는 데 가담하였거나 독립투사나 동족을 괴롭히는 데 적극적인 역할을 한 매국노들은 당연히 비난받아 마땅하다. 그러나 그저 목숨을 부지하기 위해 어쩔 수 없이 동조할 수밖에 없었던 대다수 사람들의 선택에 대해서는 좀더 유연하게 해석할 필요가 있다.

다소 논쟁적인 책이라고 받아들이는 사람도 있겠지만 일제 치하의 한국인들을 새로운 시각으로 볼 수 있도록 돕는 책은 복거일의 《죽은 자들을 위한 변호》와 박지향의 《윤치호의 협력 일기》이다. 두 저자의 이야기를 통해 우리는 친일 문제에 대해 우리가 가져왔던 전통적인 시각을 다시 한 번 점검하는 데 도움을 받을 수 있을 것이다.

선과 악 혹은 옳고 그름에서 어떤 문제는 명확하게 결론을 내릴 수 있는 반면, 어떤 문제는 더 깊이 생각해볼 필요가 있는 것들도 있다. 사람이 한평생을 살면서 조금의 흠결도 남기지 않는다면 좋겠지만, 대부분은 약간의 실수나 실책을 저지르기도 한다. 하지만 그 약간의 실수로 더 큰 공로마저 무시하는 것은 그리 온당한 시각이 아닐 것이다. 과오가 있다면 과오는 과오대로 인정하고 공은 공대로 구분해서 평가할 필요가 있다는 생각을 해본다. 나는 내가 가지고 있는 가치관과 역사관이 옳다고 믿지만, 그것을 여러분에게 강요할 생각은 없다. 단지 많은 글들을 읽어보고 스스로 본인만의 역사관을 갖추라는 말을 해주고 싶다.

자본주의를 편견 없이 바라보기

자유시장경제 즉, 자본주의의 기본 바탕은 교환의 자유와 사적 재산권을 기초로 자원을 배분하는 것이다. 이 체제가 많은 사람들로 이루어진 복잡한 사회의 경제 문제를 해결하는 최선의 방법으로 등장한 것은 그리 오래된 일이 아니다. 경제사학자로서 노벨경제학상을 수상한 더글러스 노스Douglas C. North 교수는 인류 역사를 24시간에 비교하면 자본주의의 출현은 불과 3분에 지나지 않을 정도로 그 역사가 짧다고 말한다.

자본주의는 엄청난 물적 생산성을 가능하게 하는 강점을 갖고 있지만, 가진 자와 그렇지 못한 자 사이에 상대적 격차를 발생시키는 주범으로 비난받기도 한다. 오늘날 전 세계는 부자와 빈자 사이의 소득 격차 문제를 두고 치열한 논쟁을 진행 중이다. 일부에서는 소수 부자와 다수 빈자의 대결 구도를 '1퍼센트 대 99퍼센트'로 표현하면서 많은 사람들의 공감대를 이끌어내기도 했다. 그러나 조금 더 깊이 생각해보면 역사상 어느 시대나 상대적 격차가 존재하지 않았던 시절은 없었다. 그나마 자본주의는 권력이나 신분이 아니라 자신이 고객에게 제공할 수 있는 가치에 대한 합당한 몫을 배분받을 수 있다는 점에서 높은 공정성을 지니고 있는 체제라고 할 수 있다.

2012년 대선을 전후해 경제민주화가 큰 화두가 되면서, 자유시장경제의 자원 배분 방식을 비난하는 사람들이 많아졌다. 하지만 가끔 정치인의 위세에 따라 국가 예산이 임의로 배분되거나, 전시성 행사를 열기 위해 막대한 세금을 써버리는 것을 목도할 때면, 도저히 정치에 의한 자원 배분이 시장에 의한 자원 배분보다 더 낫다는 생각을 할 수가 없다.

자본주의는 노력의 결과물을 자신의 소유로 만들 수 있는 체제이기 때문에 인간의 노력을 극대화한다는 장점이 있다. 그래서 자본주의가 가진 몇 가지 어두운 점에도 불구하고, 생산성의 향상이란 면에서 이 체제와 경쟁할 만한 다른 체제를 찾기가 힘들다. 잠시 주변을 둘러보라. 여러분의 눈에 띄는 상품이나 서비스 그리고 각종 기술이나 제도는 인간의 지적 능력이 최대한으로 발휘된 결과물임을 확인할 수 있을 것이다. 이들 가운데 일부는 감탄의 대상이 될 수도 있고 호기심의 대상이 될 수도 있다. 여러분이 사용하고 있는 각종 상품과 서비스가 제공하는 즐거움과 편리함을 생각해보면 이를 가능하게 하는 사유 재산권과 자본주의 체제의 힘을 다시 한 번 실감할 수 있을 것이다. 예를 들어 나는 스마트폰이나 태블릿 PC를 이용해서 이동하는 길에 자주 강연을 듣곤 하는 데, 그럴 때마다 모바일 기기의 대중화를 가능하게 한 사람들과 기업, 그리고 자본주의의 위력에 대해 새삼 감탄한다.

자본주의의 역사가 짧다는 사실이 증명하듯이 사실 자본주의는 인간 본성과 그다지 잘 맞는 체제는 아니다. 우리의 몸과 마음에는 본성에 가까운 구석기 시대의 잔영이 짙게 남아 있지만, 우리가 활동하면서 살아가는 이 세상은 문명화된 이성에 부합하는 대단히 자본주의적이고 현대적인 곳이다.

잠시 생각해보면, 지나칠 정도로 확실하게 계산을 따지는 사람이 달갑지 않았던 경험이 한 번쯤은 있을 것이다. 이성의 관점에서 계산은 합리적이고 바람직한 일이지만, 본능의 관점에서 계산은 마음의 따뜻함과는 거리가 멀기 때문이다. 가족 사이에는 셈이 분명하지 않은 것도 통할 수 있을지 모르지만 타인과의 관계에서는 그렇지 않다. 우리는 이성적으로 "셈이 정확한 것은 좋은 일이야."라고 생각해야 하지만, 얄미울 정도로 깐깐하게 따지는 사람을 만나면 마음이 불편해지는 것까지는 어쩔 수 없다. 원시 본능과 이성이 충돌하는 경우이다.

인간이 오랜 세월 동안 살아온 환경은 교환보다는 수렵과 채집을 중심으로 하는 20~30명 정도의 소규모 무리 사회였다. 대가족인 씨족처럼 소규모 무리 생활에 통하는 도덕률(행동원칙)은 구성원들의 마음을 훈훈하게 하기 때문에, 현대인들은 이에 대해 무의식적으로 아련한 향수를 갖고 있다. 소규모 무리 사회에서는 의식주 문제에 대해 모두가 공동으로 책임진다. 하지만 공동책임의 원칙이 소규모 사회를 넘어서 대규모 익명 사회로 확대하면 어떤 일이 벌어질까? 농땡이를 부리면서 놀고먹는 사람들이 부쩍 늘어날 것이며, 장기적으로 이런 체제가 의식주 문제를 해결할 가능성은 거의 없다. 그럼에도 불구하고 현대 사회에도 "공동으로 책임을 지는 것은 좋은 일이다."라고 주장하며 소규모 사회의 도덕률을 대규모 사회에 적용하려는 사람이 있다.

도시나 국가처럼 익명의 다수로 구성된 사회가 집안의 가장이나 부족의 추장과 같은 '빅맨'의 존재를 인정하고 그의 지시와 명령에 따라 일사불란하게 자원 배분에 종사하는 것은 처음부터 불가능한 일이다. 그럼에도 불구하고 소규모 사회의 도덕률이 대규모 사회에 그대로 적용된 역사적 사례가 사회주의와 공산주의의 실험이라 할 수 있다. 허망한 실패로 끝나고 말았지만 당시 유럽과 미국의 지식인들 가운데 마르크스Karl Heinrich Marx 와 레닌Vladimir Lenin의 사회주의 사상에 열렬히 동조하는 이들이 많았다.

현대 문명 속에서 성공적으로 살아가기 위해서는 대규모 구성원들로 이루어지는 대규모 사회의 특성을 제대로 이해해야 한다. 그리고 소규모 사회에 적합하게 만들어져 있는 우리 자신의 원시 본능을 정확하게 이해하려는 노력이 반드시 필요하다. 자본주의를 주축으로 하는 현대 문명과 자본주의 사이의 갈등은 현재에도 계속되고 있다. 이런 현상에 대해 나는 이렇게 이야기한 적이 있다.

"현대에 일어나는 수많은 사회현상들은 원시 두뇌가 만들어질 당시에는 전혀 존재하지 않았기 때문에 현대인들은 근본적으로 현대 문명 속에서 갈등하고 분노할 수밖에 없다. 여기서 우리는 '현대 문명과 원시 두뇌의 갈등은 구조적이고 본질적인 문제임을 확인할 수 있다. 불황이 닥치거나 자본주의의 문제점이 조금이라도 노출될 때면 어김없이 "이제 자본주의는 끝났다."라는 목소리가 수시로 들리는 것이 좋은 사례이다. 지금 이 순간에도 터져 나오는 자본주의에 대한 분노도 현대 문명 속에서 갈등하는 원시 본능의 아우성으로 이해할 수 있다."[2]

근래에 내가 집필한 《진화심리학을 통해 본 5년 후 대한민국》은 인간 본성과 자본주의라는 현대 문명 사이에서 갈등하는 우리의 모습에 대해 설명하고 있다. 훌륭한 개인과 훌륭한 시민은 반드시 자본주의의 구성 원리에 대해서 학습할 기회를 가져야 한다. 이는 당차게 세상을 헤치고 나아가는 기백과 정신력을 갖는 데 큰 도움이 된다.

기회를 포착하고 이를 이용해서 자신이 소망하는 바를 이루려는 기업가정신은 자본주의를 있는 그대로 받아들일 때에만 발휘될 수 있다. 자본주의의 어두운 점에 갇힌 사람은 기업가정신의 주역이 될 수 없다. 어떤 편견이나 선입견을 제외한 채 자본주의의 민낯을 볼 수 있어야 한다.

　물론 그러기 위해서는 전제조건이 있다. 바로 공정한 경쟁이다. 누구나 똑같은 출발점에 서서 노력과 비용을 투자해 성과를 얻어내는 것이야말로 진정한 '자본주의의 룰'이다. 사람들이 자본주의에 대해서 비난하는 이유는 '공정한 경쟁'을 할 수 없다는 불안감과 두려움 때문이다. 재벌이 골목 상권까지 진입하고, 재벌총수가 아무리 큰 죄를 지어도 솜방망이 처벌을 받는 상황이 반복되면서 이런 불안감은 더 커져가고 있다. 이런 문제들이야말로 나를 비롯한 기성세대들이 해결해나가야 할 과제가 아닐 수 없다.

글로벌 경제 위기 제대로 이해하기

"언제쯤 불황의 어두움이 사라질 수 있을까?" "언제쯤 젊은이를 위한 일자리가 충분하게 만들어질 수 있을까?"

2008년 글로벌 금융위기 이후 전 세계는 극심한 불황을 겪고 있다. 낮은 성장률과 높은 실업, 그리고 버블경제의 붕괴로 인해 일부 지역에서는 국가에 대한 회의론과 비판이 증가하고 있다.

하지만 당장 자본주의를 다른 체제로 대체할 수는 없기 때문에, 자본주의의 새로운 대안으로 '자본주의 4.0' 등과 같은 용어들이 등장하는 실정이다. 또한 경제 위기의 주요 원인으로 자유주의(혹은 신자유주의)가 지목된 후, 진보 진영의 주된 공격의 대상이 되고 있다.

당분간은 정부가 더 많은 역할을 담당해야 한다는 주장이 설득력을 얻고, 앞으로도 이런 추세를 거스를 수는 없을 것으로 보인다. 자유주의는 사회적 선택을 줄이고 대신에 개인적 선택을 늘려가야 한다고 주장한다. 여기서 사회적 선택을 수행하는 기구는 정부이고 개인적 선택은 시장이기 때문에, 자유주의는 정부의 몫을 가급적 줄이고 시장의 몫을 늘려야 한다고 믿는다. 또한 자유주의는 자본주의의 구성 원리(선택의 자유, 계약의 자유, 작은 정부, 규제완화, 법치 등)를 충실하게 운용해야 한다고 주장한다. 이런 측면에서 보면 당분간 세계는 자유주의와 반대 방향으로 나아갈 것으로 보인다.

어떤 현상이든 그 원인을 정확하게 진단해야 그것에 대한 올바른 해결책을 얻을 수 있다. 따라서 우리는 글로벌 금융위기의 원인을 정확하게 이해할 필요가 있다. 금융인들의 탐욕이나 지나친 규제 완화 등도 어느 정도 역할을 했을 것이다. 그러나 가장 근본적인 원인은 잘못된 정책의 누적이다. 수십 년 동안 경제 상황이 조금이라도 불황의 기미를 보이거나 혹은 성장률을 일정 이상 유지해야 할 때 잘못된 정책이 아무런 제어장치 없이 관행적으로 집행되었다. 예컨대 오랫동안 반복적으로 사용되어 왔던 인위적인 저금리 정책이 불러온 방만한 통화 공급과 거품의 형성 및 붕괴가 그것이다.

낮은 금리는 시중에 통화 공급을 증가시키고 자산가격의 급등과 경제 주체들의 과잉 부채를 낳았다. 나라의 일을 담당하는 정치인이나 관료들은 불황이 자율조정 과정을 거쳐 해결될 때까지 인내하거나 구조조정을 하자는 대안을 내놓을 수 없다. 때문에 조금이라도 불황의 기미가 보이면 재정정책이나 통화정책을 통해서 경기를 인위적으로 부양하는 정책을 쓰게 된다. 이런 일들이 수십 년 동안 누적되어 오면서 모든 경제 주체들이 과도한 부채를 짊어지게 된 것이다. 이런 누적된 부채들이 조정되는 과정은 앞으로 향후 몇 년간 계속될 것으로 보인다. 여러분의 졸업을 전후한 시점까지도 빚을 다이어트해나가는 과정이 진행 중일 것이다. 때문에 불황의 깊은 수렁을 완전히 벗어나기는 쉽지 않을 것으로 본다. 해리 덴트Harry Dent의 《2013-2014 세계경제의 미래》에서는 글로벌 불황의 원인과 향후 전망을 이렇게 내다보고 있다.

"역사상 최대의 신용 버블과 부동산 버블이 꺼지면서 부채 축소 과정이 이어질 것이다. 미국을 비롯한 대다수 국가는 지난 2008년 말부터 금융시스템이 붕괴되는 것을 막기 위해 부채를 늘리고 최대 수준의 부양책을 써왔다. (중략) 향후 10년간, 특히 2013년부터 2015년까지 우리는 역사상 가장 거대한 구조조정을 경험할 것이고 이 같은 부채 축소 과정은 실질적으로 인플레이션이 아니라 디플레이션을 초래할 것이다. 이 결과 우리는 1969년부터 1982년까지 경험했던 오랜 경기 침체와는 판이하게 다른 경제의 겨울을 맞이하게 될 것이다."[3]

이제껏 그래왔듯이 2008년 글로벌 금융위기 이후에도 전 세계의 국가들은 막대한 통화를 공급해 경제가 심각한 불황에 진입하는 것을 막는 데 성공했다. 문제는 부채의 증가다. 하버드대학의 케네스 로고프Kenneth Rogoff 교수에 의하면, 2008년 전 세계 국가의 정부 부채 규모는 32조 달러였지만 2012년 그 규모는 50조 달러로 4년 만에 국가 부채 규모가 56퍼센트나 늘어났다. 이렇게 막대한 돈을 풀어서 최악의 불황을 막은 나라들 가운데 한국도 속해 있다. 그 결과 세계 각국들은 돈을 풀어서 발생한 문제를 다시 돈을 풀어서 해결할 수밖에 없는 딱한 사정에 처하게 되었다.

현재의 위기는 잘못된 통화정책이라는 반자유주의 정책의 결과로 발생했다. 하지만 대다수 사람들은 자본주의의 결함이나 자유주의 정책의 문제점으로 현재의 위기를 이해하고 있다. 어떤 시대든 유행처럼 번지는 신념이 있기 때문에 당분간 자본주의와 자유주의에 대한 비판을 막을 수는 없을 것으로 본다. 현재의 위기가 자본주의 자체의 위기가 아니라 반자유주의적 정책의 결과물인데도 불구하고 다수는 그렇게 생각하지 않는 것 같다. 그런데 현재 우리가 겪고 있는 이러한 어려움은 아주 새로운 것은 아니다.

얼마 전에 타계한 노벨경제학상 수상자인 제임스 뷰캐넌James Buchannen 교수는 '공공선택이론'을 발표한 적이 있다. 이 이론은 정치가나 관료들은 공익을 위해 일을 해야 하지만 많은 경우 그들 역시 재선과 권력의 추구 때문에 사적 이익을 극대화하게 된다는 주장을 담고 있다. 그들에게 있어 사적 이익의 극대화란 현재의 적자를 감내하더라도 자신에게 표를 던질 수 있는 유권자에게 혜택을 주는 정책을 사용하기를 원한다는 것이다. 그래서 선진국에 가까울수록 국내총생산 대비 국가부채의 비중이 현저하게 높아지는 것이다. 제임스 뷰캐넌 교수가 제시한 '적자 속의 민주주의'라는 용어는 이런 현상을 정확하게 말해주는데, 지금 선진국들이 처한 현실과 꼭 같다. 민주주의를 채택하고 있는 나라라면 점점 더 국가부채 규모를 키워갈 수밖에 없다는 지적이다.

불황과 같이 단기적인 고통에 아우성을 치는 시민들과 언론의 목소리를 외면할 만큼 담력이 강한 정치인이나 관료는 사실상 찾기 힘들다. 그래서 미래에 부작용이 충분히 예상되더라도 단기적인 고통을 완화하는 경기부양책을 반복적으로 사용하게 된다. 이 과정에서 막대한 국가부채가 누적되고, 풀린 돈 가운데 상당 부분은 낭비되고 만다.

밸러리 래미 UC샌디에고대학 교수는 미국의 경우 재정승수는 0.59~0.69에 불과하다고 주장한다. 이 말은 100억 원을 정부가 지출하고 나면, 국민 소득의 증가에는 59~69억여 원이 기여할 뿐 나머지는 낭비되어버린다는 것이다. 그래서 그는 효율이 떨어지는 분야에 대한 구조개혁을 하지 않고 재정정책이나 통화정책으로 자금을 공급하는 것은 귀한 자원을 낭비하는 일이자 국가부채를 올리는 일이라고 비판한다.

1990년의 거품 붕괴 이후로 일본은 모두 14차례에 걸쳐서 경기를 부양시키기 위한 조치를 취해왔다. 그 결과는 경제는 경제대로 살리지 못했고, 부채 또한 GDP대비 세계 최고의 국가 부채비율 수준인 246퍼센트까지 누적시키게 되었다.

민간 부문 부채이든 정부 부문 부채이든 빚 탕감을 받지 못하면 벌어서 갚아야 한다. 때문에 빚을 갚기까지는 제법 긴 시간이 소요된다. 이번 불황이 오랜 시간 계속될 수밖에 없는 이유가 여기에 있다. 글로벌 불황이 해결되기까지는 앞으로도 제법 긴 시간이 걸릴 것 같다.

보수와 진보는 어떻게 다른가

수많은 약점에도 불구하고, 아직까지는 자본주의를 대체할 수 있는 체제가 등장하지 않았다. 그렇다면 우리에게 남겨진 과제는 사회적 선택(사회적 강제)의 범위를 어디까지로 정하고, 개인적 선택의 범위는 얼마만큼으로 할 것인가를 정하는 것이다. 이 문제에 대한 논쟁 또한 시끄럽지만, 단박에 어떤 것이 옳다고 정답을 내리기는 어렵다. 예컨대 정부가 문제 해결을 위해 적극적으로 개입하는 것이 올바르다고 생각하는 쪽과 정부는 가능한 한 개입 범위를 키우지 않아야 한다는 작은 정부론을 외치는 쪽의 의견이 팽팽하게 맞서고 있기 때문이다. 그래서 민주주의 국가에서 이런 문제는 주로 선거를 통해 결정한다. 선거를 통해 집권당이 결정되면,

집권당의 색채가 보수적인가 진보적인가에 따라 서로 다른 정책을 사용하게 된다.

이때 경제적 측면에서의 진보와 보수, 그리고 좌와 우가 등장한다. 특별한 지적 훈련을 받지 않은 사람이라면 자연스럽게 정부가 더 많은 역할을 수행하는 것이 정의로운 일이자 효율적인 일이라고 생각하기 쉽다. 그리고 이런 추세가 지금 우리 사회뿐만 아니라 전 세계적으로 유행하는 추세라고 여기게 될 것이다. 여러분들의 생각은 어떤가?

이번 장을 읽으면서 여러분 스스로 보수와 진보의 주장을 어떻게 바라볼 것인가에 대한 관점을 제대로 세워보면 좋겠다. 이쯤에서 정부의 역할이 비대해져는 안 되는 이유에 대해 다루고 있는 두 권의 책을 소개하고자 한다. 존 스토셀John Stossel의《왜 정부는 하는 일마다 실패하는가》와 대런 애쓰모글루Daron Acemoglu의《국가는 왜 실패하는가》이다. 사회적으로 어떤 문제가 생길 때마다 우리는 자연스럽게 '그건 정부가 나서서 해결해야 된다'는 통념을 갖기 쉽다. 그런데 이 책들은 그러한 통념을 벗어나 정부의 역할에 대해 새로운 시각을 갖도록 도와준다.

한편 보수와 진보에 대해 확고한 개념 정리를 원하는 사람이라면 토마스 소웰Thomas Sowell의《비전의 충돌》이란 책을 읽어보길 권한다. 이 책은 아들이 군 생활을 하는 동안 가장 흥미롭게 읽었다고 말한 책 가운데 하나이다. 아들의 말을 빌리자면 "세계관 세우기에 결정적인 기여를 한 책"이라고 한다. 내가 반듯한 세계관의 정립을 위해 아들에게 강력하게 일독을 권했던 책이기도 하다. 이 책에서는 진보의 세계관을 '무제약적 비전unconstrained vision'으로, 보수의 세계관을 '제약적 비전constrained vision'으로 정의한다. 이 책의 부제인 '세계를 바라보는 두 개의 시선'에서 알 수 있듯이, 이 두 세계관이 왜 차이가 날 수밖에 없는지, 그리고 왜 충돌할 수밖에 없는지를 체계적으로 다루고 있다. 대략적으로 정리해보자면, 우선 보수와 진보는 인간 본성에 대한 기본 가정에서부터 차이가 난다. 특히 보수는 인간을 자신의 이익에 충실하고 자기중심적인 본성을 쉽게 바꾸지 못하는 대상으로 여긴다.

이런 인간관을 잘 드러낸 사례가 아담 스미스Adam Smith의 《국부론》에도 등장한다. 중국 땅에서 지진으로 수많은 사람들이 죽음을 당하였을 때 중국과 전혀 관련이 없는 보통의 유럽인은 어떻게 반응할까? 아담 스미스는 잠시 동안은 삶의 허망함에 빠져 고통을 당한 중국인들의 처지를 안타깝게 생각하겠지만, 얼마 가지 않아서 인간의 고유 본능인 자기중심주의로 되돌아간다고 이야기한다. 마치 언제 그런 일이 있었느냐는 듯이 편안하게 자기 일을 하고 자기의 쾌락에 따라 행동한다는 것이다. 이처럼 인간 본성에 깊이 새겨진 자기중심주의는 변화될 수 없다. 이런 면에서 보면 아담 스미스의 인간관은 '제약적 비전'의 사례에 해당한다.

그러나 이와는 극명하게 대조되는 인간관을 믿는 사람들도 있다. 이들은 인간의 자기중심주의적인 성향은 불변의 것이 아니기 때문에 교육과 같은 방법으로 얼마든지 고칠 수 있다고 믿는다. 이것이 진보가 인간을 바라보는 관점이다. 이러한 인간관을 주장한 대표적인 인물은 윌리엄 고드윈William Godwin이다. 그는 《정치적 정의에 의한 고찰》이란 자신의 저서에서 인간들은 교육을 통해서 이상적인 모습으로 만들어질 수 있다는 주장을 펼친다. 고드윈은 "우리 인간은 점점 더 완벽에 가까워질 수 있다."고 믿을 뿐만 아니라 "개선 과정에서 한계들을 규정할 수 없다."고 믿었다. 이는 인간 본성의 개조에 있어서 아무런 제약이 없다고 믿는 것을 의미한다. 이런 믿음은 윌리엄 고드윈만의 믿음이 아니다. 오늘날 몇몇 국가와 사회단체, 교육기관에서는 적극적인 개입을 통해서 인간을 이상적인 존재로 바꿀 수 있다고 생각한다. 따라서 이들은 '무제약적 비전'을 갖고 있는 사람들이다.

보수와 진보는 인간이 소유한 지식과 이성, 그리고 그 결과에서 나오는 해결 방법에 대한 믿음에서도 큰 차이를 보인다. 보수는 어떤 사회문제에 대한 지식과 이성 그리고 해결 방법을 믿기는 하지만, 이를 절대적인 것으로 믿지는 않는다. 지식에 바탕을 둔 모든 정책은 의도하지 않은 파급효과를 낳을 수 있다고 여기기 때문에, 점진적인 해결책을 선호하고 신중한 접근에 손을 들어준다. 반면 진보는 인간의 지식과 이성, 그리고 이로부터 도출되는 해법에 대해 절대적인 신뢰를 가진다. 그들이 즐겨 사용하는 용어는 개선이 아니라 완벽한 해결이다. 진보는 한 사회가 직면하는 문제들, 예컨대 가난, 저성장, 고실업, 범죄 등 거의 모든 문제에 있어서 완전한 해결책의 제시가 가능하며 이를 위해 정부가 나서야 한다고 주장한다. 해결 방법에 있어서도 특정 문제에 대한 원인이라고 추측되는 것을 직접 해결하는 방법을 시도한다.

일례로 빈곤층을 돕기 위한 복지제도를 수립하는 데 있어서도 보수와 진보의 접근 방법은 매우 다르다. 무제약적 비전을 가진 진보는 가난의 해소라는 직접적인 해결책을 위해 보조금을 지불하는 방법을 선호한다. 그러나 제약적 비전을 가진 보수는 가난한 사람을 도와야 한다는 명제에 대해서는 동의하지만 직접적인 보조금을 지불하는 데에는 신중해야 한다고 말한다. 보수에서는 보조금의 지불이 처음에는 의도하지 않았던 나쁜 결과, 즉 자활 의지의 훼손과 도덕적 해이 등을 가져올 수도 있기 때문에, 인센티브 구조를 충분히 고려하는 해법을 찾으려 노력한다.

　이처럼 보수는 제약적 비전에 진보는 무제약적 비전에 신뢰를 둔다. 진보는 비록 사회악이라 하더라도 인간 이성을 통해 해결할 수 있다고 본다. 반면에 보수는 사회악의 제거는 불가능하고 개선만이 가능하며 이런 노력들에도 어느 정도의 부작용이 따를 수 있기 때문에 신중하게 접근해야 한다고 생각한다.

　이쯤에서 물어보고 싶다. 여러분은 어느 쪽에 더 신뢰가 가는가? 진보와 보수 중 어느 쪽을 신뢰하든간에 중요한 것은 주변사람들의 의견을 무작정 따르지 말고, 스스로 다양한 지식과 정보를 찾아 읽어보고 충분히 생각해본 후에 결정을 해야 한다는 것이다.

올바른 국가관의 정립

"국가는 나에게 어떤 존재인가?" 마치 물과 공기처럼 대한민국이라는 조국祖國은 늘 우리 곁에 있어왔기 때문에, 대부분의 사람들은 국가에 대해 깊이 생각해볼 필요성을 느끼지 못한다. 그래서 국가에 대해 어떤 생각을 갖고 있느냐고 물으면 선뜻 대답하지 못하는 경우가 많다. 국가관이 제대로 서 있지 않은 까닭에, 국가의 부름에 따라 군에 입대할 시점이 되면 기쁘게 입대하는 사람보다 마지못해서 어쩔 수 없이 입대하는 사람이 더 많은 것이 현실이다.

젊은 날의 귀한 시간을 군대에서 보내야 한다면, 우리는 어떤 자세로 임해야 할까? 거창하게 생각할 것 없이 제대 후 어떻게 살 것인가에 대해서 깊게 생각해보는 것이 우선이다. 큰 것을 이룩하려는 생각보다는 잠시 쉬어가면서 앞으로의 미래를 준비해야 하는 단계로 받아들여야 한다는 뜻이다.

'국가는 무엇인가'에 대해서 가장 먼저 체계적으로 다룬 철학자는 아리스토텔레스이다. 기원전 4세기에 쓰였지만 오늘날 읽어도 감동적일 만큼 멋진 책인 《정치학》에서 아리스토텔레스는 국가에 대해 이렇게 언급한다. "모든 공동체가 선善을 실현하기 위해 구성되는 것처럼 국가 역시 으뜸가는 선을 가장 훌륭하게 추구하기 위해 만들어진 공동체이다. 인간은 본성적으로 국가 공동체를 구성하는 동물이기 때문에 국가를 떠나서 존립할 수도 없고, 생각할 수도 없으며, 국가를 떠난 인간은 들짐승이거나 신이다."[4]

여기서 주목해야 할 핵심 메시지는 두 가지이다. 하나는 인간은 본성적으로 국가를 구성하는 존재이며 국가 없이는 살아갈 수 없다는 점이다. 이것은 국가의 고마움을 잊어버릴 때도 있지만 국가 없이는 나의 행복도 없다는 점을 잊지 않아야 한다는 뜻으로 해석할 수 있다. 다른 하나는 국가는 선(좋은 것)을 실현하는 존재라는 것이다. 아리스토텔레스는 우리가 살아가는 목적이 행복이라면 국가는 개개인이 저마다 행복을 추구하도록 돕는 존재이기 때문에 국가 없이는 행복 또한 가능하지 않다고 말한다.

아리스토텔레스의 말처럼 대부분의 국가는 선을 추구하지만, 모든 국가가 선을 추구하는 것은 아니다. 역사적으로 살펴보면 소수이긴 해도 악惡을 추구했던 국가가 존재했음을 알 수 있다. 예컨대 자국의 목적을 달성하기 위해 기꺼이 다른 국가에 대한 침략을 정당화하는 국가들이 그렇다. 유태인을 학살하고 전 세계를 불바다로 만든 나치 독일과 대동아공영권이라는 헛된 망상을 가지고 태평양 전쟁을 일으켜서 수많은 사람들을 희생시킨 일본이 대표적이다.

국가를 존속시키는 방법에는 여러 가지가 있는데, 역사적으로 가장 흔히 사용된 방법은 침략과 정복이다. 교역을 통해서 평화적으로 국가의 의식주 문제를 해결해온 것은 인류 역사에서 아주 짧은 시간에 불과하다. 지난 5,000년 동안 한반도에는 거의 1,000번의 전쟁이 있었다. 거의 5년마다 전쟁이 일어났던 셈이다. 그러니 해방 이후 70여 년 가까이 전쟁이 없었던 것은 매우 예외적인 일이다.

고대 그리스 철학자인 플라톤의 최후 작품인《법률》에서는 자유를 지키기 위한 '국가 안보'를 첫 번째 주제로 다룬다. 책에는 이런 내용이 등장한다. "대다수의 사람들이 '평화'라 부르는 것은 허상에 불과하고 실제로는 모든 나라가 서로를 상대로 선포만 하지 않았을 뿐, 항상 전쟁을 벌이고 있는 것입니다." 또한 이런 문장도 등장한다. "실상 전쟁에서 패배할 경우, 모든 재산은 승리한 쪽이 차지하기 때문에, 평화로운 시기에 우리가 소유하는 어떠한 것이나 우리가 행하는 것들은 전혀 도움이 되지 않는다고 믿습니다."[5]

세상에는 좋은 국가가 있지만 사악한 국가도 엄연히 존재하며, 사악한 국가의 주특기는 무력 도발에 의한 정복이다. 자유나 재산은 그냥 주어지는 것도, 남이 지켜주는 것도 아니다. 스스로 지켜야 한다. 스스로 자유를 보호하지 못하거나 폭력을 휘두르는 상대방과의 전쟁에서 패하면 모든 것을 승자에게 빼앗기고 노예 상태에 처할 것은 불을 보듯 뻔하다. 따라서 여러분이 젊은 날을 군 복무에 바치는 것은 여러분들의 자유, 재산, 그리고 가족의 생명을 보호하는 임무를 수행하기 위함임을 기억해야 한다. 그러니 자부심을 갖고 군복무를 수행하면 좋겠다.

적대 세력을 대하는 가장 현명한 방법은 <u>스스로를 보호할 수 있는 확고한 힘을 갖추는 것이다</u>. 그 힘에는 군사력뿐만 아니라 경제력, 정치력 그리고 문화력 등이 포함된다. 대한민국의 자랑스러운 군인인 여러분은 지금 그 힘의 중심에 서 있으며, 힘의 축적에 큰 기여를 할 수 있는 위치에 있다. 군 복무의 진정한 의미는 국가 공동체의 일원으로 국민의 생명과 자유, 그리고 재산을 지키는 임무를 수행하는 것이다. 안타깝게도 아직까지 우리 사회에서는 국민의 생명과 안전을 지키고 안보와 질서를 수호하는 '제복을 입은 사람들Men in Uniform'에 대한 존중과 존경이 높지 않은 실정이다. 이것은 국가라는 공동체의 미래를 위해서라도 반드시 고쳐져야 할 일이다. 두 아들을 군대에 보낸 아버지로서뿐만 아니라 대한민국 국민의 한 명으로서, 나는 열심히 국방의 의무를 짊어지고 있는 그대들에게 존경을 표한다.

정의란 무엇인가

정의란 무엇인가? 정의justice란 것의 묵직한 의미만큼이나 이것은 깊이 다룰 만하다. 걸출한 역사가인 폴 존슨이 집필한 역사책《모던타임즈》의 마지막 페이지에는 노작勞作의 결론이 등장하는데, 20세기 100년 동안 인류가 걸어온 길에서 얻어야 할 교훈을 이렇게 소개한다.

"20세기가 끝나면서 인류는 분명 몇 가지 교훈을 얻었다. 하지만 파멸적인 실패와 비극을 가능케 했던 근본적인 악(도덕적 상대주의의 등장, 개인적인 책임감의 소멸, 유대 기독교적 가치의 거부, 인간이 지적 능력을 통해 우주의 모든 신비를 해결할 수 있다는 오만한 믿음)이 사라져가는 과정에 있는지는 아직 확실치 않다. 20세기가 과거와 달리 인류에게 희망의 시대가 될 수 있을지는 여기에 달려 있다." [6]

폴 존슨의 지적 가운데서 내가 특별히 주목하는 부분은 '도덕적 상대주의相對主義의 등장'이다. 폴 존슨은 상대주의를 두고 "절대적으로 올바른 진리란 있을 수 없고 올바른 것은 그것을 정하는 기준에 의해 정해지는 것"이라고 주장했다. 나는 옳고 그름은 상황이나 환경에 따라 달라질 수 있으며, 절대적인 선이나 악은 존재하지 않는다고 생각한다. 인간은 가치 판단의 기준에 따라 올바른 것과 그렇지 않은 것을 구분하고, 이를 기준으로 행동한다. 기준이 흔들리면 어떤 행위도 합리화할 수 있다. 20세기에 일어났던 공산주의, 파시즘, 세계대전, 국가 권력에 의한 대규모 살상 등과 같은 조직적인 폭력은 모두 상대주의에 그 뿌리를 두고 있다.

물리학의 상대성이론을 상대주의와 혼동한 사람들 때문에 본인은 전혀 의도하지 않았던 상대주의에 기여한 물리학자 아인슈타인 Albert Einstein 은 상대성이론을 도덕적 상대주의로 오해하는 사람들 때문에 낙담했다. 자신의 이론을 오해하는 세상 때문에 그는 생의 마지막 순간에 자신이 차라리 물리학자가 아니라 평범한 시계 수선공으로 살았더라면 더 좋았을 것이라고 한탄하기도 했다. 상대주의가 도덕, 정치, 사회, 문화, 그리고 학계 전반과 대중들에게 미친 영향은 매우 컸다. 폴 존슨은 이를 두고 "시간과 공간, 선과 악, 지식과 가치에 대한 절대적인 기준이 사라졌다."고 우려했다. 21세기를 사는 우리 자신도 알게 모르게 상대주의적 시각에 젖어 있을 가능성이 매우 높다.

상대주의자들은 정의에 대해서도 보편타당성을 인정하지 않는다. 내가 생각하는 정의가 있고 당신이 생각하는 정의가 있다. 옳고 그름은 객관적이고 절대적인 기준이 아니라 바로 내 자신의 도덕 기준이라 말하는 사람들도 있다. 예를 들어, 마르크스와 엥겔스가 대표적인 사례에 속한다. 그들은 정의와 부정의를 절대적인 기준이 아닌 역사적 상황이나 전개 과정의 부산물 정도로 간주한다. 그들은 지배 계급의 정의와 압박받는 사람의 정의는 다르다고 보았다. 이렇게 계급에 따라 정의의 개념이 달라지는 것은 정의가 계급투쟁이라는 상황의 부산물이기 때문이다.

이 같이 "도덕론은 역사주의적이라고 특징지을 수 있으며, 그 까닭은 도덕적 범주가 역사적 상황에 의존하기 때문이다."라고 주장하는 것을 두고 '역사적 상대주의'라고 한다. 사회철학자 칼 포퍼Karl Popper는 《열린사회와 그 적들 II》이란 책에서 역사적 상대주의의 대표적인 사례 가운데 하나로 엥겔스Friedrich Engels의 주장을 소개한다. 엥겔스는 '오늘날 우리에게 설파되는 도덕은 어떤 것인가?'라는 질문에 대해 "과거 수세기 동안 물려받은 기독교 봉건도덕과 나란히 현대 부르주아 도덕과 미래의 프롤레타리아 도덕을 발견할 수 있다."고 말한다. 그들은 사회주의 교육에 의해 새로운 인간의 출현이 가능한 것처럼 새로운 도덕률의 발견도 가능하다고 보았다. 그들에게 절대적인 도덕률은 존재하지 않으며, 과거의 도덕을 대체할 수 있는 새로운 도덕의 개발이 얼마든지 가능하다는 주장이다.

상대주의는 추구할 만한 목표가 있다면 수단이나 방법은 얼마든지 동원할 수 있으며, 이들의 정당성은 도덕적으로 얼마든지 합리화할 수 있다고 믿는다. 우리가 주목해야 할 것은 목적이 정당한가에 상관없이 일단 목표가 정해지고 나면 수단이나 방법을 가리지 않고 도덕적 합리성을 얻을 수 있다는 것이 상대주의자의 입장이라는 사실이다.

아리스토텔레스는 《정치학》에서 "정치는 그 자체가 윤리적이어야 한다."고 말한다. 이것은 정의와 부정의를 명확히 구분할 수 있음을 뜻한다. 아리스토텔레스는 어떤 정치를 올바른 정치 즉, 정의로운 정치라고 말하였을까? 그는 "국가는 국민 일반의 행복을 위해 존재해야 한다."고 분명히 말한다. 올바른 국가는 국민 일반의 행복을 위해 존재하고, 사악한 국가는 한 명의 왕 혹은 소수의 지배 계급의 이익을 위해 존재한다고 말한다. 정치나 국가는 결코 가치중립적일 수가 없다. 정의는 코에 걸면 코걸이, 귀에 걸면 귀걸이와 같은 것이 아니다.

정의로운 국가라면 지도자뿐만 아니라 시민들도 정의에 대한 갈급함을 가져야 한다. 이런 맥락에서 보면 국가의 안보를 책임지는 임무를 수행하는 사람들은 사회의 정의를 실현하는 대표적인 사람들이다.

나는 아들에게 이런 이야기를 자주 들려준다. "명성을 쌓는 데는 수십 년이 걸린다. 그러나 어떤 순간의 실수로 모든 것을 잃어버리는 경우 또한 얼마든지 일어날 수 있다. 이런 실수를 저지르지 않기 위해서는 살면서 절대로 양보할 수 없는 어떤 기준 같은 것을 갖고 있어야 한다. 이것은 그 어떤 순간에도 양보할 수 없는 그 무엇이어야 할 것이다. 때로 그것을 양보하지 않기 때문에 기회를 놓치거나 상당한 손해를 봐야 하는 경우도 있다. 그래도 길게 보면 양보할 수 없는 원칙을 지키는 것이 훨씬 현명한 선택이다."

내가 아들에게 이런 말을 해주는 이유는 똑똑하고 유능함에도 불구하고 원칙을 저버리다가 많은 것을 잃어버리는 사람들을 봐왔기 때문이다. 부모로서 자식이 결코 그런 상황에 빠져들지 않기를 소망하기에, 나는 아들에게 귀에 못이 박힐 정도로 이 말을 들려주고 있다.

정의는 큰 범위에서만 적용되는 것은 아니다. 학교를 졸업하고 사회생활을 하다 보면 타협을 해야 할 때가 있다. 그런 타협 중에는 실정법을 위반해야 하거나 윤리적이지 않은 선택을 해야 하는 경우도 포함된다. 그런데 딱 한 번의 불법이 한 사람이 그동안 쌓아온 모든 것을 날려버릴 수도 있다. 따라서 확고한 정의관을 갖는 일은 길게 보면 자신을 성공의 길로 이끌고, 그 성공을 오래도록 굳건하게 유지하는 데 반드시 필요한 일이다.

대학은 잠시 머물다 떠나는 곳이다

"같은 과목을 신청하고 같은 시험을 보면서 친구들과 함께 대학을 다녔는데, 어느덧 서로의 길이 점점 달라지는 게 보입니다." 제대를 앞두고 휴가를 나온 아들이 친구들을 만나고 돌아와서 내게 한 말이다. 나는 "대학은 잠시 머물다 떠나는 곳이다."라는 말과 함께 "어떤 미래를 만들어갈 것인가는 각자의 몫이다."라고 답해주었다. 이와 관련해 내가 아들에게 자주 들려주는 이야기는 "대학 생활은 각자의 책임과 계획에 따라 행동하고 책임져야 하는 자율과 자기 통제의 시간이다."라는 것이다.

대학은 여러 이해당사자들로 구성된다. 크게 세 집단으로 나눠 보면 교수, 직원, 그리고 학생이 그 이해당사자들이다. 그래서 학생이 대학에 기대하는 역할과 대학이 실제로 수행하는 임무 사이에는 차이가 있다. 다양한 대학 평가의 활성화, 당국의 규제 압력, 그리고 인구의 감소는 대학 사이의 경쟁을 더욱더 치열하게 만들고 있다. 그래서인지 요즘 대학들은 할 수 있는 모든 방법을 이용해서 자교의 학생들을 도울 방편을 찾고 이를 실천에 옮기고 있다.

10여 년 정도 특강 때문에 대학을 방문하다 보니 대학마다 여러 가지 노력을 기울이고 있음을 알게 되었다. 노력의 방향은 어떻게 하면 우리 학교 학생들이 취업 전쟁에서 더 유리한 고지를 차지할 수 있을까를 고민하는 것으로 모아졌다. 과거 같으면 상상할 수 없는 방법들, 이를테면 취업 특별반을 편성해서 합숙 훈련을 병행하는 대학들도 있었다. 온갖 아이디어를 만들어내고 이를 통해서 평가에서 유리한 고지를 차지하기 위한 대학들의 노력은 눈물겨울 정도로 치열하다.

　이런 구체적인 노력에도 불구하고 대학이 학생들에게 제공할 수 있는 가장 큰 기여는 학사나 석사 학위와 같은 자격증을 제공하는 일이다. 그런데 이것은 마치 운전면허증을 제공하는 것과 마찬가지이다. 모두가 알고 있겠지만, 운전면허증을 발급받는다고 해서 당장 도로에서 자유롭게 운전을 할 수 있다는 보장은 없다. 마찬가지로 학사나 석사 학위는 직업 세계에서 일을 할 수 있는 최소한의 자격을 보증할 뿐이다. 운전면허증이 어디를 향해 운전해야 할지, 그리고 운전을 잘하기 위해 무엇을 해야 할지까지 가르쳐주지는 않는다. 이는 운전면허증을 받는 사람들이 각자 알아서 할 일이다. 대학 졸업장도 마찬가지다. 여기서 다시 강조하고 싶은 점은 '각자 알아서 할 일'이라는 사실이다. 거북하겠지만 이게 현실이다.

　전 세계가 경제 불황에 시달리고 있다. 따라서 노동 시장이 경직화되고 고령화 추세가 더해지는 속에서 경제 성장률은 앞으로도 답보 상태를 벗어나지 못할 것으로 보인다. 이런 상황에서 대학 자체의 노력이 학생들의 취업에 큰 도움이 되기는 쉽지 않다. 일자리라는 전체 파이가 늘어야 하는데, 늘기는커녕 점점 줄어들고 있기 때문이다. 그래서 정해진 파이를 갖고 나눠먹어야 하는 대학

사이에 제로섬 게임이 계속되고 있다. 사회가 젊은이들을 위해 괜찮은 일자리를 계속해서 만들어줘야 하는데, 현재와 같은 불황이 끝나지 않는다면 그 어떤 정권도 좋은 일자리를 창출해내는 데 어려움을 겪을 수밖에 없다.

사실 어른의 입장에서 이런 이야기는 대충 가려서 하고 싶었다. 여러분 입장에서는 상처에 소금을 뿌리는 것으로 느껴질 수도 있겠다는 생각이 들었기 때문이다. 하지만 현실은 있는 그대로 받아들이는 것이 현명하다. 여러분 앞에 펼쳐진 직업 세계가 만만치 않을 것임을 직시하는 것이 좋다. 세계 경제도 어렵고 국내 경제도 어렵지만, 더욱 큰 문제는 우리 스스로 고용을 늘리도록 구조적인 요인들을 개선하기 어렵다는 사실이다. 이 점을 여러분이 직시해야 한다.

현재 재학 중인 대학에 만족한다 하더라도, 결국 학교가 책임져야 할 일과 학생 스스로 책임져야 할 일 사이에 명확한 선을 그어야 한다. 대학은 조직 자체의 생존과 성장을 위해서 노력하는 단체이자 조직이다. 각종 평가가 존립 자체에 영향을 미치기 때문에 대학은 평가 기준에서 더 유리한 위치를 차지하기 위해 치열한 노력을 할 수밖에 없고, 앞으로도 그럴 것이다. 냉정하게 보면 이런 노력들은 학생을 위해서라기보다 대학의 생존과 성장을 위한 것이라 할 수 있다. 따라서 이런 대학의 노력이 학생들에게 양질의 교육을 제공하는 데는 간접적인 도움을 줄 수 있지만, 취업과 같은 직접적인 도움을 주는 데는 분명한 한계가 있다.

그럼에도 불구하고 분명한 것은 과거에 비해 학생들을 돕기 위한 대학의 노력이 훨씬 계획적이고 체계적이라는 사실이다. 따라서 이를 잘 활용하면 큰 도움을 받을 수도 있다. 관건은 각자가 대학이 제공하는 각종 정보나 기회를 어떻게 활용하느냐에 달려 있다.

대학들의 다양한 노력에도 불구하고 대학과 학생 사이에 발생하는 근본적인 책임의 문제는 명확히 해야 한다. 대학의 생존과 성장은 학생 자신의 생존과 성장과는 다른 문제이다. 대학에 몸담고 있는 교직원들이 재학생들을 열심히 돕는 것과 학생들 각자가 자신의 앞날을 개척하는 것은 엄격하게 구분해야 한다. 학생들에게 도움을 주기 위해 지도 교수는 호의를 갖고 대할 것이고, 직원들도 최대한의 노력을 기울일 것이다. 하지만 나는 그런 노력들은 각자가 자신의 직분에서 해야 할 임무를 수행하는 것 이상도 이하도 아니라고 생각한다. 결국 학교를 마친 이후에 새롭게 발을 들여놓을 직업 세계에서, 자신의 자리를 확보하고 긴 인생을 헤쳐 나가는 원동력은 타인이 아니라 자신의 의지와 노력에서 나오는 것이기 때문이다. 그러니 학생들은 학교가 여러분을 위해서 실질적인 도움을 줄 여력이 별로 없으며, 부모 또한 여러분을 위해 실질적으로 해줄 수 있는 일 역시 거의 없다는 사실을 냉철하게 받아들여야 한다. 그러면 가슴 깊은 곳에서 절실함과 긴장이 솟구칠 것이다. 모든 기회는 절실함을 가질 때부터 보이기 시작한다는 것을 떠올리면, 현재의 절실함과 긴장감 또한 즐길 수 있을 것이다.

젊은이들이 취업에 애를 먹는 것은 이웃 일본도 마찬가지이다. 정신과 의사이자 작가, 의사, 교수, 감독 등으로 명성을 얻고 있는 와다 히데키和田秀樹 박사는 자신의 저서에서 대기업에 취업을 하지 못해서 미적거리는 자식을 두고 보기보다는 부모가 마땅한 직장을 찾을 수 있도록 함께 나서야 한다는 말을 한다. "취업을 못했으니 부모가 돌봐주어야 한다면서 언제까지고 계속 경제적인 지원을 해준다면 자녀는 백수 상태에서 영영 빠져나오지 못하게 될지도 모른다. 그러므로 자녀가 취업에 실패했을 때 부모가 해야 할 일은 금전적인 부양을 하는 것이 아니라 취업 활동을 지원해주는 방식으로 돌봐주는 일이다." [7]

그렇다면 취업 전선에서 성공하는 효과적인 방법은 무엇일까? 오래 전에 마크 그라노베터 Mark Granovetter는 '약한 연결'과 '강한 연결'을 대비하면서 강력한 주장을 펼친 바 있다. 최근에 이를 쉽게 풀어쓴 책이 출간되었는데 리처드 코치 Richard Koch의 《낯선 사람 효과》이다. 여기서 '낯선 사람 효과'는 다음과 같은 의미를 갖고 있다.

"가깝고 친밀한 관계가 반드시 우리 삶을 이롭게 하는 것은 아니다. 그냥 알고 지내거나 별로 가깝지 않은 낯선 사람들과의 관계처럼, 실은 일상적으로 중요하게 여기지 않았던 인물이야말로 우리 삶을 흥미진지하고 풍요롭게 만들어줄 기회와 정보, 혁신의 가능성을 훨씬 더 많이 제공한다."[8]

그라노베터의 연구에 의하면 조사 대상 여섯 명 가운데 가족처럼 '강한 연결'을 통해서 일자리를 구한 사람은 한 명인데 반해, 나머지 다섯 명은 예전에 어디에선가 인사를 나눈 적은 있지만 빈번한 교류가 없었던 사람을 통해 일자리를 구했다고 한다. 삶을 살아가면서 우리가 인맥을 얼마나 소중하게 대해야 하는가를 잘 가르쳐주는 연구 결과이다.

아무튼 자신이 어떤 관점을 유지하는가는 타인이 어떻게 해볼 수 있는 문제가 아니다. 자신의 생각과 관점을 분명히 하고 세상을 바라봐야 한다. 대학은 잠시 머물다 떠나는 곳이다. 냉정하게 말하자면 대학을 구성하는 이해당사자들은 각자 자신의 이익에 따라 자신의 임무를 수행하고 있을 뿐이다. 가급적이면 머무는 기간을 늘리지 않도록 주의해야 한다. 요즘은 휴학이 유행처럼 번졌지만, 젊은 날의 1년은 이후의 1년과 비교할 수 없을 만큼 귀한 시간이다. 가능하면 대학에 오래 머물지 않도록 해야 한다.

국경의 테두리에 갇히지 마라

어떤 시대에 어떤 나라에서 태어날 것인가는 개인이 선택할 수 없는 운명이다. 나는 이따금 '내가 다른 시대에 태어났으면 어땠을까?' 하는 생각을 해본다. 옛사람들의 글을 읽다 보면 현대인들이 이따금 털어놓는 불평불만은 사치라는 생각이 들기 때문이다. 우리는 겪어보지 않은 과거에 대해서 아련한 향수를 가지고 있다. 하지만 실제로 과거는 살기 힘든 시대였다. 1960년대를 살았던 나에게는 아직도 가난한 시절의 아픈 기억들이 또렷하게 남아 있다.

역사서를 읽다 보면 걸출한 인물들의 운명이 태어난 시대와 장소에 따라 크게 달라지는 것을 볼 수 있다. 우리가 살아가는 이 시대와 사회에는 분명 적지 않은 문제점이 있지만, 한 가지 분명한 사실은 과거와 비교할 수 없을 정도로 선택의 폭이 넓어졌다는 것이다. 태어나서 자란 곳이 자신에게 더 많은 기회를 주고 더 많은 기쁨을 준다고 여겨지면, 근거지를 옮길 필요 없이 계속해서 머물면 된다. 하지만 그렇지 않다면 외국으로 나가 새로운 활동 무대를 만들 수도 있다.

해외에서 터전을 닦은 한국인들은 공식 통계상 600만 명에 이른다. 이들은 2002년부터 '세계한상(韓商)대회'를 개최하고, 또 매년 10월에 국내에서 대규모 대회를 개최하고 있다. 젊은 날부터 익숙하지 않은 땅에서 자신의 운명을 실험해보는 것은 위험한 일일 수도 있다. 하지만 별다른 준비가 되어 있지 않았던 앞 세대에 비해 지금의 젊은이들은 훨씬 여건이 좋다. 문제는 자신의 운명을 실험해보려는 도전 의지를 갖고 있느냐다. 그런 의지까지 가르쳐줄 수 있는 기관이나 사람은 없다.

권병하 회장은 신발 사업으로 한 시대를 풍미했던 국제그룹에 입사해서 4년을 일했다. 그러다 전두환 정권에 의해 국제그룹이 해체되는 것을 목격하면서 고국을 떠나기로 결심하고, 업무차 자주 들렀던 말레이시아에서 새로운 터전을 잡기로 마음먹었다. 그리고 수많은 우여곡절 끝에 말레이시아에서 성공적으로 창업을 하게 된다. 권 회장이 설립한 말레이시아의 헤니퀀 그룹은 40개국에 발전 설비 등 전기제품을 수출해서 1억 6,000만 달러의 매출을 올렸다. 그는 젊은이들에게 이런 조언을 아끼지 않는다. "우리 세대는 열심히 공부하고 취직해 부모님께 보답해야 한다는 생각을 누구나 갖고 있었지만, 지금 젊은이들은 더 좋은 환경에 살아서인지 절박함이 없는 것 같습니다. 영어 등 외국어에도 능통하고 인터넷에도 익숙한 젊은 사람들이 넓은 세상을 보고 꿈을 키워야 합니다." 그가 젊은이에게 진실로 하고 싶은 이야기는 자신의 활동 무대를 굳이 모국으로 한정지을 필요는 없다는 것이다.

중요한 것은 넓은 세계를 보는 안목과 시야인데, 이런 부분에 일찍 눈을 뜨는 것이 쉽지만은 않다. 대부분 정해진 틀에 따라 꽉 짜인 교육을 받아왔기 때문에, 정도를 벗어나는 파격적인 생각을 하지 못하기 때문이다. 하지만 환경에서도 틀을 부수고 나간 한국인들도 세계 도처에 많이 있다.

스물다섯의 나이에 칠레로 유학을 떠났다가 32년 만에 칠레의 '아웃도어 왕'이 된 정원재 사장이 대표적인 예이다. 그는 한 인터뷰에서 주 칠레 대사로 있던 아버지 친구의 조언을 듣고 대학 1년을 마친 후 군에 입대했고, 제대하자마자 칠레행을 결정했다고 한다. 그는 "칠레에서 아웃도어로 성공했다는 건 다른 무엇이라도 할 수 있다는 거예요. 결국 장사니까 텐트 장사가 다른 물건도 팔 수 있다는 거죠."라면서 "자신이 원하는 일 그리고 하고 싶은 일을 하도록 허용해준 칠레라는 사회에 고맙다."는 말을 전했다. [9]

정 사장과 달리 자신이 태어난 곳에 머물면서 환경을 개선하기를 소망한다면 정책이나 제도의 변화에 관심을 가져야 한다. 하지만 자신이 몸담고 있던 곳을 떠나 또 다른 곳에서 활동을 개시할 용기를 가져볼 것을 권한다.

친구 관계를 솔직히 돌아보라

진실한 친구를 갖는 일은 세상을 사는 큰 즐거움 가운데 하나이자 대단한 선물이다. 친구 관계 역시 다른 인간관계와 마찬가지로 오르막과 내리막이 있는데, 고교 시절의 친구는 서로를 선택할 수 있는 여지가 별로 없기 때문에 미운 정 고운 정이 더 드는 편이다. 대학 친구와 달리 싫다고 해서 학교를 옮기거나 함께 듣는 과목을 바꿔버릴 수 없기 때문이다. 그래서 대학 시절의 친구가 상대적으로 고교 시절의 친구보다 적은 것 같다.

그런데 요즘에는 고교 시절의 친구들도 예전에 비해 끈끈하지가 않다. 고교 입시가 있던 시절에는 스스로 원하는 학교를 선택해 입학할 수 있었다. 그 당시에 고교에 입학한 사람들 중에는 졸업한 지 수십 년이 지난 지금까지도 친구 관계는 물론이고 선후배 관계까지 돈독하게 유지하는 경우도 있다. 내가 아는 한 분은 수십 년 전에 서울의 한 명문 고교를 졸업하였는데, 60세를 앞둔 지금까지 고교 동문들과 밴드부 활동을 계속하고 있다. 정기적으로 밴드부 선후배들이 만나서 연습을 하고 연주회까지 열고 있는 것이다. 고교 졸업 이후 거의 40년 가까이 관계가 지속되는 것은 참으로 예외적인 일이다. 그분에게 40년 가까이 어린 시절의 친구들과 만나는 기분이 어떤가를 물었더니 "순수한 시절에 악기 연주라는 취미 활동을 통해 만났고 오랜 시간을 함께했기 때문에, 나이를 먹었어도 만나면 늘 즐겁고 행복하다."고 했다.

이런 사람들이 있는 반면에 사람들과 관계를 맺는 일이 서툴고 그런 일 자체를 별로 좋아하지 않는 사람들도 있다. 주로 자기 세계관이 뚜렷한 사람들이 이런 경우가 많다. 처음에는 타고난 기질과 같은 특성이 친구 관계에 영향을 미치지만 나중에는 직업과 일 자체의 특성이 친구 관계에 영향을 미치기도 한다.

일단은 여러분이 어떤 성향을 갖고 있는가를 면밀히 살펴보고 자신을 잘 알아야 한다. 아리스토텔레스의《니코마코스 윤리학》이란 책을 보면 "각자는 무엇보다도 자기 자신의 친구이니까, 따라서 자기 자신을 가장 사랑해야 하는 것이다."라는 말이 나온다. 좋은 친구가 되기를 소망하는 사람이라면 우선 자신과 좋은 친구가 될 수 있어야 한다는 사실을 강조한 말이다. 정확한 지적이다. 자신을 소중히 아낄 수 있는 사람이라야 다른 사람들도 소중하게 대할 수 있다. 언젠가 시간을 낼 수 있다면 《니코마코스 윤리학》의 전체 열 권 가운데 제9권의 '친애' 즉, 친구간의 우정에 관한 부분을 뽑아서 읽어보기를 권한다. 친구 관계의 본질을 더 잘 이해하면 좋은 우정을 나누는 데 도움을 얻을 수 있다. 또한 잠시 반짝하였다가 사라질 수 있는 관계에 지나치게 많은 시간과 에너지를 투입하는 것도 피할 수 있을 것이다.

젊은 날이 가고 여러 친구들의 부침을 보면서 갖게 되는 현실적인 문제를 생각해보자. 옳고 그름을 떠나서 친구 사이에도 물질적으로나 지위 면에서 너무 큰 차이가 발생하게 되면 자연히 멀어진다. 나를 포함해서 보통 사람들은 이런 일을 그렇게 바람직하게 보지 않는다. 좋을 때나 나쁠 때나 변함없는 인간관계를 유지해야 한다고 생각하기 때문이다. 하지만 현실은 그렇지 않다.

한때 허물없이 지냈던 절친한 친구를 잠시 떠올려보자. 초등학교, 중학교, 고등학교 친구 가운데서 '저 친구가 없으면 어떻게 살 수 있을까?' 하는 생각이 들 정도로 진한 우정을 나눈 친한 친구를 생각해보라. 아무리 절친한 친구라 하더라도 서로 비슷하게 성공하고 성장할 수는 없는 일이다. 그래서 나이가 들면서 친구간에 사회적 지위와 재산 등에서 격차가 벌어지는 일이 자주 발생한다. 그리고 그 가운데 '저 친구는 분명히 잘 풀렸어야 했는데' 하는 아쉬움이 드는 친구가 반드시 생기게 마련이다. 혹은 전혀 기대하지 않았던 친구는 잘 풀리는데 기대를 받았던 친구가 예상 밖으로 큰 어려움을 겪는 것을 목격하기도 한다.

이럴 때 어색해져버리는 우정을 어떻게 바라볼 것인가? 아리스토텔레스는 그런 격차가 생기면 자연스럽게 우정이 해체되어가는 것도 어찌할 수 없다는 현실적인 조언을 한다.

"한 친구는 사려에 있어서 여전히 소년으로 남아 있고 다른 친구는 대단히 훌륭한 성인으로 성장한 경우, 어떻게 둘이 여전히 친구일 수 있단 말인가? 취향도 동일하지 않고 동일한 것에 기뻐하거나 슬퍼하지도 않는데, 그들은 서로에 대해서조차 이러한 공동의 것들을 가지고 있지 않은데, 이것들이 없으면 친구일 수 없기 때문이다." [10]

세상의 모든 것이 변화하듯이 우정도 변할 수밖에 없다. 한때의 절친한 우정이 사라지는 것에 안타까움을 느끼겠지만 이를 막을 방법은 없다. 특히 젊은 날에 갖는 우정(친애)의 원천은 즐거움과 유용함에 그 뿌리를 둘 수 있다. 그러니 그 즐거움이나 유용함이 사라지면 우정 또한 약해질 수밖에 없다. 아리스토텔레스는 이런 부분에 대해서도 다소 지나치다 싶을 정도로 냉정한 조언을 한다. "유익이나 즐거움을 근거로 친구가 된 사람들의 경우, 그들이 이것들을 더 이상 가지고 있지 않다면 그 우정이 해체되는 것은 하등 이상할 것이 없다. 그들은 그것들의 친구였으니까. 그것들이 없어졌으므로 더 이상 사랑하지 않는 것은 당연한 일이다."[11]

여러분이 학창 시절에 쌓는 친구들과의 우정 역시 시간이 흐름에 따라 자연스럽게 소멸된다. 학창 시절에 만나는 친구들과의 관계는 매우 소중하다. 하지만 친구들과의 우정에 지나치게 많은 시간을 투입해서 나중에 후회하지 않도록 해야 할 것이다.

여러분이 사랑하는 여자친구에 대해서도 생각해보자. 지금은 그 관계가 영원토록 계속될 것으로 보이지만 이런 관계 또한 일부는 즐거움의 친구가 될 수도, 또 일부는 유용함의 친구가 될 수도 있다. 우정이나 사랑의 원천에 진실할 수 있다면 우리는 옳지 않은 일을 행할 가능성을 크게 줄이게 된다.

예를 들어, 어떤 여자친구를 오랜 기간 동안 사귀어 왔다고 해보자. 남자는 여자친구와 오래 함께할 의도를 갖고 있지는 않지만 군 생활을 하면서 외롭기 때문에 친구 관계를 유지하려는 의도를 가질 수 있다. 일률적으로 말할 수는 없지만 외로움을 해소하기 위한 원천이나 즐거움을 구할 수 있는 원천으로 여자친구와의 관계를 유지하는 것이다.

그렇다면 군 생활을 마무리하고 그런 원천이 사라졌을 때는 어떤 일이 일어나겠는가? 아리스토텔레스는 즐거움의 원천이 사라지면 우정이나 사랑도 사라지고 만다고 얘기했다. 왜냐하면 그들은 서로의 성품이나 품성에 이끌려 친구가 된 것이 아니라 함께 있으면 즐겁거나 유익하기 때문에 친구가 되었기 때문이다. 이 점에 대해서도 아리스토텔레스는 "그들은 그것들(유익이나 즐거움)의 친구였으니까, 그것들이 없어졌으므로 더 이상 사랑하지 않는 것은 당연한 일이다."라고 분명하게 자신의 입장을 밝힌다.

요컨대 친구 관계든 이성 관계든 간에 품성이나 성품에 바탕을 둔 관계인지, 아니면 즐거움이나 유익함 혹은 외로움의 해소라는 데 바탕을 둔 관계인지에 대해 솔직해져야 한다. 솔직하면 할수록, 친구 관계나 이성 관계에서 실패를 줄일 수 있다.

부모의 마음을 헤아리다

"자식 이기는 부모 없다."는 말이 있다. 의견 충돌이나 다툼이 일어나면 더 사랑하는 사람이 지게 되어 있다. 부모는 자식을 한없이 사랑하기 때문에, 대부분은 져줄 수밖에 없다. 부자지간에 의견이 충돌하더라도 아들이 끝까지 우기면 아버지가 대부분 양보하고 만다. 아들과 아버지 사이에 원활하게 대화가 이뤄지는 가정도 있지만 그렇지 않은 가정도 상당히 많다. 아버지가 자신의 의사를 잘 표현하든 그렇지 않든 간에 세상 아버지가 갖고 있는 바람은 별로 다르지 않다. 자식이 자기 길을 씩씩하게 개척해나가길 소망하고 기도하는 것이다.

울산에서 저녁 모임을 할 때의 일이다. 참석한 분들에게 "언제 가장 기쁜가요?"라는 질문을 던져보았다. 자기 일에서 어떤 성취를 이끌어냈을 때 기분이 좋다고 답한 분들도 많았지만, 이보다 "아이들이 잘 커줄 때 기쁘다."고 대답한 분들이 더 많았다. 대부분의 부모는 그런 마음을 갖고 자식을 키운다. 그래서인지 대학 졸업을 앞둔 다 큰 자녀를 둔 아버지들이 가장 편안해 보인다. 이런 아버지들을 만날 때면 나는 "정말 장하십니다."라는 덕담을 계속해서 한다. 아버지들의 얼굴에 담긴 자긍심과 자랑스러움이 그만큼 대단하기 때문이다.

그런데 입대를 전후해서 아버지와 아들 사이에도 변화가 일어난다. 집을 떠나 생활을 하다 보면 가족에 대해 한 번 더 생각을 하게 되고, 아들은 아버지가 자신들을 키우기 위해 얼마나 고생을 하는지 어렴풋하게나마 짐작해보게 된다. 그래서 군대를 다녀오면 아버지를 대하는 아들의 태도는 달라지게 마련이다. 사실 세상의 아버지들은 구구절절 자식에게 집안 사정을 털어놓지 않는다. 남자들이 결혼을 해서 자신이 아버지가 되어보면, 아버지를 다시 생각하게 된다. 본인이 직접 아버지가 되었을 때야 비로소 아버지를 진정으로 이해할 수 있게 되는 것이다.

대부분의 청년들은 결혼을 하기 전에는 가족이나 자식에 대해 별로 생각해보지 않는다. 낯설 뿐만 아니라 자기 앞가림을 하기에도 급급하기 때문이다. 하지만 결혼을 해서 아이가 생기게 되면 삶을 대하는 태도는 거의 180도 바뀐다.

자식이 태어났다는 것은 묵직한 책임감을 동반한다. 그 책임감 가운데 으뜸은 어떤 상황에서든 아이를 제대로 가르쳐야 한다는 것이다. 남자들이 강한 책임감을 갖고 아이들에게 더 나은 교육 기회를 주기 위해 헌신하는 데에는 문화적인 요인도 있을 것이다. 개인적으로 나는 생물학적으로 그렇게 만들어져 있다고 생각한다. 모든 유전자가 후손을 남기는 데 적합하게 만들어져 있다면, 아이들에게 더 나은 미래를 만들어주려는 아버지의 행동은 충분히 예상할 수 있다. 아버지들은 40대까지는 신체적인 변화를 크게 경험하지 못한다. 40대 말부터 50대에 이르게 되면 자신이 늙어가고 있음을 감지하게 되고, 그때부터는 자식이 교육을 마치는 기간을 이따금 점검해보게 된다.

자기 사업을 하는 아버지라면 사업에 기복이 많기 때문에 아이들이 공부를 하는 동안에 큰 변화가 일어나지 않기를 소망한다. 나는 이따금 젊은이들을 만나면 사업하는 아버지를 둔 사람이 있는지 손을 들어보게 한다. 그러고는 시간을 내서 정기적으로 아버지에게 격려의 문자 메시지를 보내보라고 권한다. 불확실한 환경에서 사업하는 아버지가 느낄 스트레스와 불안감은 상상을 초월한다. 혹시라도 자신이 통제할 수 없는 문제가 발생하여 사업이 기울게 되면 자식의 공부를 마무리해주지 못할까봐 걱정하는 아버지들이 정말 많다. 그런 감정들은 한 가정을 책임져야 하는 아버지가 되어서야 느낄 수 있는 것이다. 아무것도 모르는 어린 시절에는 아버지가 마치 현금지급기처럼 돈을 척척 내놓는다고 믿었을 것이다. 하지만 세월이 가고 나이가 들고 세상을 알게 되었다면, 아버지의 고민과 고뇌가 얼마나 크고 깊을지를 헤아려봐야 한다.

한편 직장 생활을 하는 아버지들이 처한 상황도 만만치 않다. 내 연배만 하더라도 결혼 적령기가 늦지 않았다. 20대 말에 직장을 가지면 대부분은 곧바로 결혼을 했다. 서른을 전후로 자식을 낳더라도 50대 중후반까지는 아이들을 교육시켜야 한다. 그런데 직장 정년은 점점 짧아지고 있다. 평생직장이라는 개념은 사라진 지 오래다. 정년은커녕 '사오정' 세대라고 해서 '45세 정년'이라는 용어가 생긴 지 오래고, '육이오' 세대라고 '62세까지 회사에서 일하면 오적'이라는 말도 생겼다. 대기업도 사정은 별반 다르지 않다. 임원으로 승진하지 못한 이상 50대는커녕 40대에 직장을 자의반 타의반으로 떠나야 하는 경우가 많다. 공직은 예외이지만 대부분의 사기업에서는 정년이 연장되더라도 50대 중후반까지 머물기는 쉬운 일이 아니다. 그런데 요즘은 결혼 시점이 늦어지고 있기 때문에 훗날 자식을 부양하는 일과 회사를 떠나는 시점과의 미스매치 문제로 큰 곤경을 겪게 되지 않을까 걱정이 된다.

요즘은 1~2년 정도 휴학하는 학생들도 많기 때문에 휴학을 하겠다고 하면 아버지 입장에서는 "도움이 되면 하라."라고 할 수밖에 없다. 하지만 머릿속으로는 복잡한 생각이 오고갈 것이다. 아버지는 자신이 현직에 있는 동안 어떻게 해서든 아이들 교육 문제를 마무리해야 한다는 생각을 하기 때문이다.

아버지는 대부분 자식들이 대학을 들어갈 때까지 다소 무리한 수준이 되더라도 교육비를 지원한다. 사교육비를 투입하지 않으면 좋겠지만 더 나은 성적을 올릴 수 있다는 약속에 지갑을 열지 않을 아버지는 그렇게 많지 않다. 자신의 형편 그 이상으로 아이들에게 더 나은 교육을 제공하기 위해 교육비를 들이다 보면 정년이 다가온다. 그러면 아무것도 준비하지 못한 상태에서 노후를 맞이하고 만다. 대한민국 대다수의 아버지들이 이런 상황에 처하게 될 것이다. 자신의 노후를 탄탄하게 준비해놓은 아버지가 얼마나 되겠는가?

그러나 아버지들은 공부하는 데 혹여 지장을 줄까 싶어 아들에게는 이런 상황을 잘 알려주지 않는다. 나 또한 내 아버지가 그랬듯이 그렇게 해야 한다고 생각한 적도 있었다. 하지만 지금은 그런 입장에 반대한다. 자식도 가족 구성원이기 때문에 집안의 경제 사정에 대해서 어느 정도 책임감을 갖는 것이 올바르다고 생각한다. 따라서 나는 아들들에게 집안의 경제 사정에 대해 진솔하게 이야기를 해주는 편이다. 자식들도 집안 형편을 정확하게 알아야 한다. 나는 그것이 그들을 진정한 가족의 구성원이자 성인으로 대접하는 일이라고 생각한다.

사업을 하든 직장에 다니든 간에 아들이 군에 입대할 즈음이 되면 경제적인 형편이나 아이들의 교육 마무리 그리고 노후 준비 등으로 대다수의 아버지들은 압박감을 느낀다. 요즘처럼 경기가 침체되는 때에는 더더욱 커다란 부담감을 느끼게 마련이다.

이런 상황에서 자식은 졸업과 동시에 자신의 몫을 다해주어야 한다. 젊은이라면 졸업과 동시에 경제적으로나 심리적으로 '홀로서야 한다'는 것에 대해 절박감을 갖고 있어야 한다. 아버지의 부담 가운데 큰 부분을 해결해주어야 한다. 군 복무를 기점으로 아들은 나이 들어가는 아버지가 더 이상 자신에게 많은 지원을 해줄 수 없다는 사실을 알아야 한다.

친척 모임에서 한 분이 나에게 군대를 다녀온 다음에 큰 아이가 보인 변화 가운데 뚜렷한 것이 부모에게 손을 벌리고 지원을 받는 것을 부담스러워하기 시작했다는 점이라는 이야기를 했다. 군대 전에는 아버지 생각을 별로 하지 않던 아이가 집안의 경제 사정뿐만 아니라 아버지의 은퇴 문제까지 심각하게 생각하기 시작하였다고 한다. 그분은 당연하게 생각할 수 있는 부모의 지원에 대해서도 아들이 고마움을 느끼고, 자립의 필요성을 느끼게 되었다는 점이 가장 큰 변화였단다.

군 복무의 장점 중 하나는 또래의 젊은이들과 집단생활을 하면서 고민을 공유한다는 점이다. 고참과 동기, 후임병들 중에는 자신보다 더 어려운 환경에서 지내다 온 사람도 있을 것이고, 유복한 환경 속에서 생활한 사람도 있을 것이다. 이런 사람들과 함께 먹고 자면서 자신이 가진 것들과 누리고 있는 것들을 차분하게 돌아볼 수 있게 된다. 가족이라는 울타리에서 벗어나면서 겪게 되는 자연스러운 성장인 셈이다.

그런데 집안 형편을 빨리 아는 것이 과연 정말로 도움이 되는가? 내가 대학에 입학한 이후에 우리 집안은 형편이 그다지 좋지 않았다. 아버지가 사업 확장으로 큰 손실을 보고 부도가 난 것이 대학 입학 무렵이었으니까 말이다. 나도 대략 눈치를 채고 있었다. 그래서 항상 머리 한 곁에는 부모의 부담을 덜어주어야 한다는 생각이 떠나지 않았다. 원래 독립적인 성향이 강한 편이었지만 부모의 경제적 형편에 대한 걱정이 늘 함께했던 것 같다. 물론 집안 사정을 알았다고 해서 아버지에게 직접 도움을 드리지는 못했지만, 내 자신의 미래를 준비하는 데는 크게 도움을 받았다. 부모가 나를 도와줄 수 없으니 내가 내 자신을 도와야겠다는 생각을 굳게 가질 수 있었기 때문이다. 때로는 고난과 역경 같은 시련이 인간의 성장에 큰 도움이 되기도 한다.

대개 시골에서 성장한 사람들은 어머니와 아버지 가운데 어머니를 더 그리워한다. 부모가 고생을 하더라도 어머니의 고생이 더 애달프게 다가온다. 그러나 나는 지금도 아버지 생각을 훨씬 더 많이 한다. 아버지로서 생계를 유지하고 자식들에게 교육 기회를 제공하기 위해 헌신했던 삶이 너무나 고달팠을 것이라는 생각이 들기 때문이다. 내가 반듯하게 열심히 살려고 노력하는 것도 아버지의 헌신을 아직도 생생하게 기억하고 있는 덕분이다.

언젠가 미국 뉴욕 시 지하철 선로에서 흑인에게 떠밀려 숨진 한 한인의 이야기가 소개된 적이 있다. 25년 전 가족들과 함께 미국으로 이민을 간 그분은 2년 전 사업을 접었다고 한다. 가족들의 말에 따르면 그는 최근까지 직업을 갖지 못해서 일자리를 구하려 가던 길에 참변을 당했다고 한다. 그 가족의 사정을 세세한 부분까지 알 길은 없으나 금융위기가 덮치고 경기 불황이 장기화하면서 오랜 기간 힘들게 꾸려 왔던 사업체가 어려움을 겪었을 것이라는 추측을 해본다. 사고를 당한 아버지를 회고하는 딸은 "아버지는 항상 누군가를 도우려고 노력했다."는 말과 함께 "마지막으로 아버지를 얼마나 사랑했는지 말할 기회가 있었으면 좋았을 텐데……."라는 말을 전했다.

아버지가 언제까지 함께할 수는 없다. 이 점을 기억하고 언제 어디서나 자주 "아버지 사랑합니다."라는 말을 전하기 바란다.

가족이되 독립된 개인으로 성장하라

"구성원 각자가 자신의 직분을 최고로 잘 발휘하는 상태."

플라톤이 국가 차원에서 정의(올바름)를 설파한 내용이다. 그렇다면 가족이라는 조직에서의 정의는 무엇일까? 그것 역시 가족 구성원 각자가 자신의 몫(직분)을 다해주는 일이다.

언제부터인가 나는 거리를 걷다가 아이를 업고 가는 어머니를 발견하면 주의 깊게 바라보게 되었다. 정확하게는 어린아이의 예쁜 양말에 담긴 작은 발에 유독 눈길을 주게 되었다. 한두 살 정도의 아이들은 전적으로 어머니에게 의존할 수밖에 없다. '이렇게 조그맣고 혼자서는 아무것도 할 수 없는 아이가 자라 자기 몫을 충분히 해내려면 얼마나 더 자라야 할까?' 아이들을 볼 때마다 이런 생각이 들었다. 내 아내도 이런 생각을 하는지, 함께 길을 걷다 어린아이를 업은 아주머니를 만나면 어김없이 "아이가 몇 살인가요?" 하고 묻는다. 말을 하지는 않지만 마음속으로 '자기 앞가림을 하고 사람 구실을 하기에는 얼마나 오랜 세월과 부모의 손이 들어가야 할까?' 하는 생각을 하는 것이리라.

사실 인간처럼 오랜 기간 동안의 교육과 지원이 필요한 동물은 없다. 자식을 낳아서 제 손으로 밥을 먹고 제 머리로 생계를 유지하는 데까지는 참으로 긴 시간과 노력이 들어간다. 그래서 요즘 젊은 세대들이 아이를 낳지 않으려 하는 것이 이해가 되기도 한다.

이렇게 오랜 기간을 지원하였음에도 요즘에는 학교를 졸업하고도 부모에게 기대 홀로서기에 실패하는 젊은이들이 늘어나서 사회적인 문제가 되고 있다. 불황이란 큰 요인도 있지만 젊은이들 스스로 기대를 만족시키지 못하는 일을 하지 않으려고 하는 것도 큰 요인이다. 어른들의 입장에선 "도대체 일거리가 있는데 왜 일을 하지 않으려 하는가?"라고 한탄할 수도 있지만, 요즘 젊은이들은 하기 싫은 일을 하면서 평생을 살기보다는 아르바이트를 하면서 더 나은 기회를 찾기를 원한다. 그런데 괜찮은 일자리가 만들어지는 속도는 더딘 데 반해 좋은 일자리를 찾는 젊은이들의 숫자는 엄청나게 늘어났다. 1970년에 우리나라의 대학생은 16만 8,000명에 지나지 않았지만 지금은 300만 명에 육박한다. 이 많은 학생들이 모두 이름만 대면 알 만한 대기업에 들어가기를 원한다면 어떤 방법으로 이들의 수요를 충족시킬 수 있겠는가?

물론 우리 때와는 비교할 수 없을 정도로 높아진 등록금을 생각하면 대학생들이 좋은 직장에 집착하는 것이 이해가 간다. 더군다나 다니고 있는 직장이 곧 사회적인 신분과 곧바로 연결되는 대한민국의 특성상, 젊은이들이 취업 전선에서 사투를 벌이는 것은 당연한 일이다. 어떤 어른들은 젊은이들이 좋은 직장만을 찾는다며 모험심과 패기가 사라졌다고 말한다. 하지만 높은 등록금을 생각하면 청년들에게 좋은 직장을 선택하는 건 배부른 투정이 아니라 남은 인생을 결정짓는 중요한 문제다. 또한 막상 눈높이를 낮추라고 하는 기성세대들 역시 좋은 직장에 대한 열망이 강하다. 그래서 자식이 좋은 직장에 다니지 못하면 인생의 낙오자 취급을 하는 경우가 많다.

이런 점을 감안하더라도 젊은 세대들이 받는 생존에 대한 압박감은 기성세대와는 크게 차이가 난다. 부모의 형편이나 심경이야 어떠하든 당분간은 부모에게 기대어 살 수 있다는 생각도 취업에 대한 기대 수준을 조정하는 일을 어렵게 만든다. 여기서 눈여겨볼 것은 '당분간은'이라는 조건이 붙는다는 사실이다. 이 조건이 붙어 있는 한 직업 세계로의 진입은 어려워질 것이다. 부모들의 애끓는 뒷받침 속에서 안주한다면 홀로서기는 힘들어진다. 자꾸만 "당분간은, 당분간은"을 외치다가는 그 속에서 헤어 나올 타이밍을 영영 놓칠 수도 있기 때문이다. 부모들의 보호 때문에 요즘 젊은이들은 기성세대들이 경험하였던 생존에 대한 압박감이나 공포감이 상대적으로 적다. 이것도 젊은이들이 홀로서는 데 실패하는 큰 요인이 아닐 수 없다.

최근 들어 경제 상황이 어려워진 것을 충분히 고려하더라도, 나는 한 남자가 진정한 의미의 성인이 되었으면 가족 구성원으로 해야 할 정의와 부정의에 대해서 나름의 의미를 명쾌하게 정리하고 살아야 한다고 생각한다. 가족에게도 정의와 부정의가 있다면 당연히 정의는 자신의 맡은 바 직분을 다하는 것을 뜻한다. 그것은 어떻게든 자신의 직분을 최대한 수행하는 일이라고 본다. 노력하였음에도 불구하고 그렇게 되지 못한 사람을 비난하거나 나무랄 의도는 없다. 그러나 선과 악, 옳고 그름이라는 기준을 중심으로 보면, 올바른 것과 올바르지 않은 것을 구분할 수 있다는 사실은 분명히 짚고 넘어가는 것이 좋겠다.

여러분이 가진 젊음이란 자원도 한정되어 있고, 가족이 사용할 수 있는 자원도 한정되어 있다. 한 가족이 긴 시간에 걸쳐 한정된 자원 가운데 가장 많은 부분을 투입하는 것은 자식 교육이다. 모든 경제나 경영은 효율성을 기준으로 잘함과 못함을 구분한다. 인생경영, 가정경영, 기업경영, 국가경영 등에서 주목하는 공통된 성과는 한정된 자원의 효율적인 배분이다. 이것을 가정에 투영해보면, 오랜 기간에 걸쳐서 많은 자원을 투입하였음에도 정규 교육 과정을 마친 다 자란 자식들이 부모에게 의지해서 살아가려 한다는 것은 여간 난감한 일이 아니다. 부모 스스로도 자식을 돕는 일에 어려움을 겪기 때문에 교육 투자의 실패는 가정 전체의 문제가 되고 만다.

주변에서 부모가 퇴직하였음에도 불구하고 자식이 자격증이나 고시 같은 수험 준비 때문에 독립하지 못하고 부모에게 얹혀사는 것을 많이 본다. 이 때문에 서른에 육박하거나 서른을 넘기고도 부모에게 용돈을 타서 쓰는 젊은이들이 꽤 많다. 퇴직한 부모의 입장에서는 가슴이 답답할 일이다. 독립하지 못한 자식의 미래도 걱정이지만, 자신들의 노후도 걱정이 될 것이다. 그러나 이런 경우에 처하더라도 부모는 자식에게 쉽사리 취업을 종용할 수 없다. 자식의 마음이 상할까 걱정되는 마음에 입을 다물고 있는 것이다.

나는 가족 일원으로서 자식들은 가정의 가장 소중한 자원이 자신에게 투자되고 있다는 사실을 잊지 않아야 한다는 점을 강조하고 싶다. 그리고 그런 투자는 계속될 수 없다는 사실도 알아야 한다. 부모의 자원이 투입되고 있는 기간 동안에 젊음을 낭비하는 일은 절대로 피해야만 한다.

어느 집안이나 같은 교육 기회를 주더라도 그 기회를 열심히 활용하는 자식이 있고 그렇지 않은 자식이 있을 수 있다. 부모가 가장 소망하는 것은 자식들이 부모가 주는 기회를 모두 잘 활용하는 것이다.

가족이라면 서로를 위하는 마음을 갖고 살아가는 것이 가장 중요하다. 그리고 동시에 다른 구성원에게 폐를 끼치지 않아야겠다는 생각도 필요하다. 아울러 자신이 가족을 구하는 힘을 가진 사람이 되어야겠다는 생각을 가져야 하며, 나이 들어가는 부모가 의지할 수 있는 버팀목이 되겠다는 생각도 해야 한다. 모든 자녀 교육의 최종 목표는 자녀가 스스로의 힘으로 살아갈 수 있게 해주는 것이다. 이런 목표는 자식도 명심해야 한다. 나는 이 같은 메시지를 엄격하게 말하고 있지만, 그 안에 당연히 녹아 있는 깊은 '아버지의 정父情'을 내 아들들은 알아주리라 믿는다.

《비전의 충돌》 토머스 소웰 지음, 채계병 옮김, 이카루스미디어, 2006
　보수와 진보라는 세계관을 '제약적 비전'과 '무제약적 비전'이란 용어로 대비시키면서 세계관 사이의 근본적인 차이를 설명한 책이다. 세계관의 특성을 이해함으로써 탄탄한 인생의 기초를 구축하는 데 도움이 되는 책이다.

《선택할 자유》 밀튼 프리드만 지음, 민병균 외 옮김, 자유기업원, 2011
　자본주의를 옹호하는 고전이다. 출간된 지 제법 시간이 흘렀지만 자본주의의 운영원리를 이처럼 간단명료하게 정리한 책이 있을까 싶을 정도로 명저이다.

《2013-2014 세계경제의 미래》 해리 덴트 · 로드니 존슨 지음, 권성희 옮김, 청림출판, 2012
　글로벌 금융위기 이후의 경제 상황과 앞으로의 불황과 그것의 전개 방향 및 그 원인을 심층 분석한 책이다. 현재의 경제 상황에 관심을 가진 사람이라면 읽어볼 만하다.

《모던타임즈 I, II》 폴 존슨 지음, 조윤정 옮김, 살림, 2008
　반듯한 역사관에 바탕을 두고 근현대 세계사를 풀어쓴 역사책으로, 세계사에 대한 올바른 시각들 갖도록 돕는 책이다. 지나치게 서구적 시각으로 접근한 역사서라는 비판도 있지만, 폴 존슨이란 작가의 이름만으로 신뢰를 가질 수 있는 작품이다.

327

《미친 연구 위대한 발견》 빌리 우드워드 외 지음, 김소정 옮김, 우희종 감수, 푸른지식, 2011
20세기, 100년 동안 의학 기술의 발전에 결정적으로 기여한 열 명의 과학자들의 삶과 업적을 감동적으로 소개한 책이다. 혈액형, 인슐린, 콜레스테롤 억제제, 백신, 페니실린 개발자 등이 소개되어 있다.

《이념의 힘》 복거일 지음, 나남, 2007
한국의 대표적인 자유주의자인 소설가 복거일이 자신의 시각에서 바라본 사회 현상에 대한 단상들을 정리한 책이다. 사회문제의 핵심과 자유주의 사상을 쉽게 이해하는 데 도움이 되는 책이다.

《대항해시대》 주경철 지음, 서울대학교출판부, 2008
근대 세계사를 해양 세계의 발전이라는 새로운 관점으로 재해석한 책이다. 세계사를 이해할 때 자칫 서구 중심주의에 깊이 빠져들 수 있는 부작용을 방지하도록 돕는다.

《대한민국의 기원》 이정식 지음, 일조각, 2006
정치학자 이정식 박사가 30여 년간 펴낸 논문들 가운데서, 대한민국 정부가 수립되는 과정에 관련된 글들을 모아 묶어낸 책이다. 건국 전후 이야기를 객관적인 시각에서 이해하도록 돕는다.

《콜디스트 윈터》 데이비드 핼버스탬 지음, 정윤미·이은진 옮김, 살림, 2009
한국전쟁의 실상과 전후 이야기를 자세하게 그린 책이다. 한국전쟁이 우리 역사 속에서 매우 중요한 부분이었음에도 불구하고 상대적으로 많은 관심을 갖지 못했던 사람들에게 큰 도움이 되는 책이다.

《완전한 승리, 바다의 지배자》 존 R. 헤일 지음, 이순호 옮김, 다른세상, 2011
민주정치를 채택했던 고대 그리스의 아테네와 이에 맞섰던 스파르타를 중심으로 하는 고대 그리스 역사서이다. 마치 소설을 읽듯이 재미있게 서양 문명과 전쟁사에 대해 이해할 수 있다.

《열린사회와 그 적들 1, 2》 칼 포퍼 지음, 이한구 옮김, 민음사, 2006
전체주의 체제의 등장 배경, 본질 그리고 그 위험성을 예리하게 분석한 책. 열린사회의 적의 확산에 플라톤과 헤겔이 결정적인 기여를 했음을 지적하고 있다. 다소 난해한 책지만 지적으로 도전정신을 가진 사람에게 권할 만한 책이다.

《니코마코스 윤리학》 아리스토텔레스 지음, 이창우 · 김재홍 · 강상진 옮김, 이제이북스, 2006
행복에 관해 다룬 책이지만 제9권은 친구간의 우정 즉, '친애'를 다루고 있다. 다소 어렵지만 우정에 관심을 가진 사람이라면 읽어볼 만하다.

《삶의 의미를 찾아서》 빅터 프랭클 지음, 김충선 옮김, 청아출판사, 1995
빅터 프랭클의 대표작 가운데 하나로 '삶의 의미'라는 부분에 주목하는 독자라면 반드시 읽어봐야 할 명저이다. 특히 젊은 독자들이 삶의 지표를 찾는 데 큰 도움을 얻을 수 있는 책이다.

《죽음의 수용소에서》 빅터 프랭클 지음, 이시형 옮김, 청아출판사, 2005
빅터 프랭클의 《삶의 의미를 찾아서》와 함께 읽을 수 있는 대표작이다. 그의 마지막 작품인 《책에 쓰지 않은 이야기》(책세상)도 참고할 만하다.

《빅터 프랭클》 안나 S. 레드샌드 지음, 황의방 옮김, 두레, 2008
청소년 상담 교사이자 작가인 저자가 객관적 입장에서 빅터 프랭클의 일대기와 그의 주장 그리고 그 주장이 미친 파급효과를 설명한 책이다. 빅터 프랭클의 주장을 손쉽게 파악할 수 있다.

《이것이 인간인가》 프리모 레비 지음, 이현경 옮김, 돌베개, 2007
아우슈비츠 생환 작가인 프리모 레비의 수용소 생존 기록이다. 극한 상황에 처한 인간의 실존 문제를 생생하게 보여주는 책으로, 어려운 상황에 처한 사람에게 성찰의 기회를 준다.

필자가 쓴 관련 서적

《진화심리학을 통해 본 5년 후 대한민국》 21세기북스, 2013

《고전강독 4: 아리스토텔레스에게 희망의 정치를 묻다》 해냄, 2012

《고전강독 3: 아리스토텔레스에게 진정한 행복을 묻다》 해냄, 2012

《고전강독 2: 소크라테스와 플라톤에게 다시 정의를 묻다》 해냄, 2012

《고전강독 1: 소크라테스와 플라톤에게 최고의 인생을 묻다》 해냄, 2012

주석

제1장 • 입대하기 전 마음속에 새겨야 할 것들

1. 공병우, 《나는 내 식대로 살아왔다》, 대원사, 2002, p.238
2. 공병우, 《나는 내 식대로 살아왔다》, p.214
3. 피터 드러커, 《피터 드러커 자서전》, 이동현 역, 한국경제신문사, 2005, pp.363-364
4. 루드비히 폰 미제스, 《자본주의 정신과 반자본주의 심리》, 김진현 역, 자유기업센터, 1997, p.235
5. 루드비히 폰 미제스, 《자본주의 정신과 반자본주의 심리》, p.143
6. 에릭 킴(싱어송라이터), '삼포세대', 디지털레코드, 2011
7. Dane Stangler, 〈The Economic Future Just Happened〉, Ewing Marion Kauffan Foundation, June 9, 2009
8. 말로 토마스 등, 《나를 바꾼 그때 그 한마디2》, 김소연 역, 여백미디어, 2003, p.23
9. 배영대, "철학, 문학 아우른 60년 … 이제 다시 시작이죠", 〈중앙일보〉, 2013.1.2

제2장 • 군대에서 실천하는 7가지 좋은 습관

1. 빅토르 E. 프랑클, 《책에 쓰지 않은 이야기》, 박현용 역, 책세상, 2012, pp.149-150
2. 리처드 칼슨, 《직장의 사소한 일에 목숨을 거는 당신에게》, 까치, 1999, p.328
3. 하이럼 스미스, 《성공하는 시간 관리와 인생 관리를 위한 10가지 자연법칙》, 김경섭 역, 김영사, 1998, p.179
4. 한현우, "1300년의 기다림 … 신라 명필 김생의 환생", 〈조선일보〉, 2012.4.7
5. 마커스 버킹엄 · 도널드 클리프턴, 《위대한 나의 발견, 강점혁명》, 박정숙 역, 청림출판, 2005, p.34
6. 정혁훈, "글로벌 빅샷에 듣는다", 〈매일경제〉, 2012.1.3

331

제3장 ● 후회 없기 살기 위한 인생의 지침

1. 백영중,《나는 정직과 성실로 미국을 정복했다》, 중앙M&B, 1999, p.132.
2. 라인하르트 K. 슈프렝어,《결정은 네 손에 달려 있다》, 홍명희 역, 생각의 나무, 1998, pp.98-99
3. 프리드리히 A. 하이에크,《자유헌정론》, 김균 역, 자유기업원, 1996, p.43.
4. 클레이튼 M. 크리스텐슨,《당신의 인생을 어떻게 평가할 것인가》, 이진원 역, RHK, 2012, p.267
5. 클레이튼 M. 크리스텐슨,《당신의 인생을 어떻게 평가할 것인가》, p.253
6. 공병호,《공병호의 공부법》, 21세기북스, 2012, p.17

제4장 ● 세상을 올바르게 바라보는 창

1. 이정식,《대한민국의 기원》, 일조각, 2006, p.454
2. 공병호,《진화심리학을 통해 본 5년 후 대한민국》, 21세기북스, 2013, p.120
3. 해리 덴트·로드니 존슨,《2013-2014 세계경제의 미래》, 권성희 역, 청림출판, 2012, p.13,15
4. 아리스토텔레스,《정치학》, 제1권 2장 1253a25-28, Ernest Barker 역, Oxford University, 1995, p.11
5. 플라톤,《법률》, 제1권 626b1~4, Trevor J. Saunders 역, Pemguin Group. 2004. p.6
6. 폴 존슨,《모던타임즈Ⅱ》, 조윤정 역, 살림, 2008, p.764
7. 와다 히데키,《9040 법칙》, 좋은책만들기, 유가영 역, 2012, p.88
8. 리처드 코치·그렉 록우드,《낯선 사람 효과》, 박세연 역, 흐름출판, 2012, PP.18-19
9. 한현우, "칠레 토종 최강 브랜드 키운 정원재 '도이떼' CEO",〈조선일보〉, 2012.11.10
10. 아리스토텔레스,《니코마코스 윤리학》, 제9권 1165b 26-30, 이창우·김재홍·강상진 역, 이제이북스, 2006, pp.322-323
11. 아리스토텔레스,《니코마코스 윤리학》, 제9권, 1165b1-3, p.321